本书为中国艺术研究院 2010 年招标课题

《人神共享的西周礼乐重器——西周编钟研究》

（批准号 10ZYYB092010）成果

西周甬钟篆带云纹研究

王清雷 著

文物出版社

图书在版编目（ＣＩＰ）数据

西周甬钟篆带云纹研究 / 王清雷著. —— 北京 : 文
物出版社, 2021.11
ISBN 978-7-5010-6707-7

Ⅰ.①西… Ⅱ.①王… Ⅲ.①铜器纹饰(考古)—研究
—中国—西周时代 Ⅳ.①K876.414

中国版本图书馆CIP数据核字(2021)第099917号

西周甬钟篆带云纹研究

著　　者	王清雷

责任编辑	刘良函
责任印制	王　芳

出版发行	文物出版社
社　　址	北京市东城区东直门内北小街2号楼
邮政编码	100007
网　　址	http://www.wenwu.com
经　　销	新华书店
制版印刷	天津图文方嘉印刷有限公司
开　　本	787mm×1092mm　1/16
印　　张	22.75
版　　次	2021年11月第1版
印　　次	2021年11月第1次印刷
书　　号	ISBN 978-7-5010-6707-7
定　　价	430.00元

本书版权独家所有，非经授权，不得复制翻印

欲穷千里目

更上一层楼

刘绪于畅春园

目 录

绪 论

一 选题缘起、目的与意义 / 011

　　（一）选题缘起 / 011

　　（二）选题目的与意义 / 013

二 以往研究成果述评 / 015

　　（一）李纯一的编钟纹饰研究文献 / 015

　　（二）有关青铜器纹饰的研究文献 / 016

　　（三）有关西周编钟的研究文献 / 018

三 本书的研究方法、标本的选择与年代分期 / 021

　　（一）研究方法 / 021

　　（二）研究标本的选择 / 022

　　（三）西周年代的分期 / 023

四 本书需要说明的两个问题 / 024

　　（一）图片来源说明 / 024

　　（二）撰写过程中厘定的谬误 / 024

第一章

西周甬钟篆带云纹的分类与定名

第一节　甲组西周甬钟篆带云纹定名考 / 030

　　（一）甲组西周甬钟篆带云纹的不同称谓 / 030

　　（二）甲组西周甬钟篆带云纹定名考辨 / 034

第二节　乙组西周甬钟篆带云纹定名考 / 041

（一）乙组西周甬钟篆带云纹定名考辨 / 041

（二）乙组西周甬钟篆带云纹定名 / 052

第三节　丙组西周甬钟篆带云纹定名考 / 053

（一）丙组西周甬钟篆带云纹定名考辨 / 053

（二）丙组西周甬钟篆带云纹定名 / 058

第四节　丁组西周甬钟篆带云纹定名考 / 060

（一）丁组西周甬钟篆带云纹定名考辨 / 060

（二）丁组西周甬钟篆带云纹定名 / 069

第五节　戊组西周甬钟篆带云纹定名考 / 070

（一）戊组西周甬钟篆带云纹定名考辨 / 070

（二）戊组西周甬钟篆带云纹定名 / 078

第六节　己组西周甬钟篆带云纹定名考 / 081

（一）己组西周甬钟篆带云纹定名考辨 / 081

（二）己组西周甬钟篆带云纹定名 / 094

第二章
西周甬钟篆带连续云纹的类型学研究

第一节　西周甬钟篆带连续云纹的分型分式 / 100

（一）Aa 亚型（燕尾云纹）/ 100

（二）Ab 亚型（横 G 形云纹）/ 144

（三）Ac 亚型（螺旋形云纹）/ 170

（四）Ad 亚型（横 C 形云纹）/ 181

（五）Ae 亚型（横 S 形云纹）/ 191

第二节　西周甬钟篆带连续云纹的类型学分析 / 201

（一）型式分析 / 201

（二）时代分析 / 205

（三）地域与族属分析 / 208

第三章

西周甬钟篆带适合云纹的类型学研究

第一节　西周甬钟篆带适合云纹的分型分式 / 217

（一）Ba 亚型（斜角云纹）/ 217

（二）Bb 亚型（横 C 形云纹）/ 242

（三）Bc 亚型（横 S 形云纹）/ 291

第二节　西周甬钟篆带适合云纹的类型学分析 / 306

（一）型式分析 / 306

（二）时代分析 / 309

（三）地域与族属分析 / 311

结 语

一　本书各章的主要内容及结论 / 313

（一）第一章的主要内容及结论 / 313

（二）第二章的主要内容及结论 / 317

（三）第三章的主要内容及结论 / 322

二　本书的创新之处 / 324

（一）资料的创新 / 324

（二）方法的创新 / 329

（三）观点的创新 / 330

三　本书选题尚存在的问题以及解决途径 / 333

附 录

一　插图目录 / 335

二　表格目录 / 349

参考文献

后 记

绪 论

一　选题缘起、目的与意义

（一）选题缘起

笔者自1999年师从王子初先生攻读硕士，开始踏入音乐考古学研究的大门。后来又师从子初先生和刘绪先生攻读博士，研究的重点一直放在编钟上。笔者的硕士论文是《从山东音乐考古发现看周代乐悬制度的演变》[1]，博士论文是《西周乐悬制度的音乐考古学研究》[2]，前者主要使用山东所见的编钟资料，后者主要使用西周编钟的资料。当年，有一个问题一直困扰着笔者，那就是在撰写硕士和博士论文的过程中，笔者发现有些编钟的断代存在问题：一是有些编钟的断代过于宽泛，无法做类型学的研究；二是有些编钟的断代存在多种观点，令笔者有些无所适从。限于笔者当时的学术水平，尚无能力对其做断代研究。故对于断代过于宽泛的

---

[1] 王清雷：《从山东音乐考古发现看周代乐悬制度的演变》，中国艺术研究院硕士学位论文，2002 年。
[2] 王清雷：《西周乐悬制度的音乐考古学研究》，中国艺术研究院博士学位论文，2006 年。

编钟只能放弃，对于有多种断代观点的编钟只能选择其中某一种主流的断代观点进行论述。但这个问题一直装在笔者的心里，惴惴然无法释怀。

2010年，笔者成功申报2010年中国艺术研究院招标课题《人神共享的西周礼乐重器——西周编钟研究》（批准号10ZYYB092010）。在该课题的撰写过程当中，笔者深深地意识到纹饰对于西周编钟分期断代研究的重要性。

郭沫若先生指出："余意花纹形式之研究最为切要，近世考古学即注意于此。……如将时代性已定之器作为标准，就其器之花纹形式比汇而系统之，以按其余之时代不明者，余意必大有创获也。"[1]"大凡一时代之器必有一时代之花纹与形式。今时如是，古亦如是。故花纹形式在决定器物之时代上占有极重要之位置，其可依据，有时过于铭文，在无铭文之器则直当以二者为考订时代之唯一线索。凡今后研究殷、周彝器者，当以求出花纹形式之历史系统为其最主要之事业。"[2]

李学勤先生在为《商周青铜器幻想动物纹研究》[3]一书所作序言中指出："蒙他要我写几句话，正好我一贯认为青铜器纹饰的研究非常重要，故乐于从命。""青铜器仅有一部分具有铭文，但几乎所有的青铜器都有纹饰（素面在一定意义上也是一种纹饰）。在青铜器的各种因素中，纹饰的时代性、地域性最为鲜明，流迁变化最是敏感，就像服装的时尚一样。因此，我常说纹饰可称作青铜器的'语言'，能告诉人们许许多多的信息……今天研究青铜器，则应并重其形制、纹饰、铭文、功能工艺及艺术性质等方面，做多角度的综合研究，而纹饰一项尤有关键的意义。"[4]

显然，如果不能把编钟纹饰这个专题研究彻底解决，笔者就无法完成《人神共享的西周礼乐重器——西周编钟研究》这一课题的撰写。故此，自2010年课题立项后，笔者把大部分精力都放到编钟纹饰的研究上，阅读了大量青铜器纹饰的研究

［1］黄淳浩：《郭沫若书信集》（上），中国社会科学出版社，1992年，第321、322页。
［2］郭沫若：《金文丛考"毛公鼎"之年代》，《沫若文集》第14卷，人民文学出版社，1957年，第671页。
［3］段勇：《商周青铜器幻想动物纹研究》，上海古籍出版社，2003年。
［4］李学勤：《〈商周青铜器幻想动物纹研究〉·序》，上海古籍出版社，2003年，第1页。

文献，花了5年左右的时间基本攻克了这一难题，接着就是西周编钟的分型分式与分期断代。2017年，课题顺利结项。之后，笔者一直想就编钟纹饰这个专题研究写一本书，希望能把自己在编钟纹饰研究方面的心得与学界分享，毕竟目前尚没有专门研究编钟纹饰的著作。最初，笔者设想的题目为《西周编钟纹饰研究》。但经梳理资料后发现这个题目有些大，因为编钟的纹饰包括甬部纹饰、舞部纹饰、篆带纹饰、正鼓部纹饰和侧鼓部纹饰。如果完成的话，预计篇幅约为50万字，完成难度较大。于是，笔者将题目缩小为《西周编钟篆带纹饰研究》。经笔者初步梳理西周编钟的篆带纹饰，发现篆带纹样有多种，如：龙纹、窃曲纹、蝉纹、云纹、雷纹、重环纹、波带纹等，有的纹样里面形态很丰富，可以分多种亚型与式。如果完成的话，预计篇幅为30～40万字，笔者觉得完成周期还是有些长，最好控制在一篇博士论文的篇幅。故此，笔者最终将本书题目定为《西周甬钟篆带云纹研究》（约25万字），这就是本书的选题缘起。

（二）选题目的与意义

1.编钟篆带纹饰定名

朱凤瀚先生指出："对于青铜器纹饰研究来说，纹饰的分类、定名自然是研究工作的基础与前提。"[1]对于西周甬钟篆带云纹的研究，自然也不例外。笔者按照云纹形态的不同，将西周甬钟篆带云纹分为六组：甲组、乙组、丙组、丁组、戊组和己组。通过梳理大量的文献，笔者发现在不同的文献中，对于这六组西周甬钟篆带云纹有着多种不同的称谓。据笔者初步统计，至少有34种，远远超出了笔者的想象。如：斜角云纹、阴线斜角云纹、斜角卷云纹、斜格云纹、阳线云纹、细阳线云纹、细线云纹、细阳线连续云纹、横向S形云纹、横"S"形云纹、"⌒"形云纹、S形云纹、阴线双勾"⌒"形云纹、细阴线云纹、阴线云纹、阴云纹、卷云纹、阴刻勾连式卷云纹、长体合卷云纹、阴刻勾连式卷云纹、勾连云纹、卷草样云纹、卷草形云纹、卷草状云纹、变形云纹、斜角雷纹、三角雷纹、斜角云雷纹、

[1]朱凤瀚：《中国青铜器综论》，上海古籍出版社，2009年，第535页。

云雷纹、细阳线云雷纹、卷曲纹、窃曲纹、断裂S形无目窃曲纹、变形兽纹等。有些属于名同而实异，有些属于名异而实同。

对于青铜器纹饰定名的不统一、不规范的研究现状，李学勤先生早在十多年前就指出了这一问题的严重性。李先生说："这一学科分支有大量专有名词，包括纹饰，但诸家分歧很多，容易造成混淆紊乱。在翻译成外文的时候，问题更是复杂，莫衷一是。在学科业已相当成熟的当前情况下，这种现象亟须加以改变，应该加强有关方面的研究整理，逐步推进，最后在适当的时机，召开专门名词的制订会议。相信做到这一点，会使青铜器研究更迅速顺利地前进。"[1]李先生所言可谓振聋发聩。如果这些基础理论问题都难以科学化、统一化和体系化，又如何构建有中国特色、中国风格、中国气派的中国考古学话语体系。尤其是在全球学科视野下的当今，其必将成为制约学科大数据建设的一个难以突破的瓶颈。基于此，本书将对这些纷繁复杂的云纹名称进行考辨，希冀能给予每一组西周甬钟篆带云纹一个合理的定名。

2.为西周编钟断代提供一个较为可靠的时代标尺

断代是编钟研究的重要前提，若其时代断错，产生的严重后果可想而知。它就像多米诺骨牌的第一张骨牌，一旦倒下，那么以其构建的编钟谱系及相关研究成果均会陆续坍塌。正因如此，西周编钟的断代一直是考古界关注的重要问题，是西周青铜器研究中不可或缺的重要组成部分。

从事考古类型学研究的学者都知道，类型学的研究对象一定要选择时代变化较快的器物或者元素。笔者在研究编钟纹饰的过程中发现，相对于甬部纹饰、舞部纹饰、正鼓部纹饰和侧鼓部纹饰而言，篆带纹饰更具时代与地域特色。例如湖北随州叶家山M111二式钟（2件，M111:7、11号）的篆带纹饰，笔者将其命名为"横G形云纹"（图1·2·1）。这种云纹属于二方连续纹样，由2个或3个单元纹样构成，每一个单元纹样均由2个一上一下的横G形勾连而成。笔者根据构成横G形云纹的G形数量，将横G形云纹分为两式：Ⅰ式由6个G形勾连而成，Ⅱ式由4个G形勾连而成。

---

[1] 李学勤:《《商周青铜器幻想动物纹研究》·序》，上海古籍出版社，2003年，第2、3页。

经笔者研究发现，Ⅰ式横G形云纹仅见于西周早期的康昭之世，如陕西宝鸡竹园沟BZM7:12号钟的篆带纹饰、湖北随州叶家山M111二式钟（2件，M111:7、11号）的篆带纹饰等；Ⅱ式横G形云纹却不见于西周早期，主要见于西周中期穆王之世，如长甶墓编钟（4号）的篆带纹饰、山西翼城大河口M1017:15号钟的篆带纹饰等。

故此，笔者希望能够通过对西周甬钟篆带云纹的类型学研究，初步构建一个西周甬钟篆带云纹的发展谱系，为西周编钟断代提供一个较为可靠的时代标尺。

二　以往研究成果述评

据笔者所知，目前学界既没有一部专门研究编钟篆带纹饰的著作，也没有一篇专门研究编钟篆带纹饰的文章。故此，笔者无法对本选题的以往研究成果进行述评。但是，在本选题的前期资料搜集整理阶段和后期书稿撰写阶段，有些涉及编钟研究的著作和文章对笔者的影响很大，简要述评如下：

（一）李纯一的编钟纹饰研究文献

李纯一先生早在20多年前就关注到编钟纹饰研究的重要学术价值，并撰写了数篇重量级的学术文章，如《周代甬钟正鼓云纹断代》[1]《周代钟镈正鼓对称顾龙纹断代》[2]。10多年前，笔者在阅读这两篇文章之后才知道，原来音乐考古学不仅可以对编钟做乐学、律学的研究，还可以对其纹饰做研究。不仅如此，这两篇文章还告诉笔者，纹饰研究是编钟断代的重要手段和途径，具有非常重要的学术价值。而且，编钟纹饰研究基本是一片未被开垦的处女地，是一片大有可为的新天地。纯一先生的这两篇文章，为笔者的音乐考古研究指明了新的方向，使笔者的研究领域由编钟的乐学、律学与礼制研究，拓展到编钟纹饰研究。

在2019年出版的《"宁慢爬，勿稍歇"——李纯一先生九五华诞学术研讨会文集》一书中，收录了3篇纯一先生未曾发表过的关于编钟纹饰研究的文章，分别

---

[1] 李纯一：《周代甬钟正鼓云纹断代》，《音乐研究》1996年第3期。
[2] 李纯一：《周代钟镈正鼓对称顾龙纹断代》，《中国音乐学》1998年第3期。

为：《周代钟镈正鼓对夔纹和蟠虺纹断代》[1]《东周钟镈正鼓蟠龙纹和兽面纹的断代》[2] 和《关于一些中原地区东周钟鼓部纹饰的思索》[3]。

　　纯一先生的这5篇文章，是音乐考古学学科领域第一批通过对编钟鼓部纹饰研究为编钟进行断代的学术成果，具有重要的奠基与开拓意义。在纯一先生文章的启发下，笔者先后指导了两篇有关编钟鼓部纹饰研究的硕士学位论文，分别为：《河南所见周代编钟正鼓部纹饰研究》[4]《山东所见周代编钟鼓部纹饰的音乐考古学研究》[5]，在编钟鼓部纹饰的类型学研究方面做了一些有益探索，也为本书的研究初步奠定了理论基础。

（二）有关青铜器纹饰的研究文献

　　编钟纹饰研究属于青铜器纹饰研究中的一个专题。故此，要想从事编钟纹饰研究，必须熟练掌握青铜器纹饰研究的基础知识与理论。

　　目前，有关青铜器纹饰专题研究的代表性著作有《商周青铜器纹饰》[6]《商周青铜器幻想动物纹研究》[7]《河南商周青铜器纹饰与艺术》[8]《中国古代青铜器造型纹饰》[9]《殷周青铜器综览（第二卷）殷周时代青铜器纹饰之研究》[10] 等；有关青铜器纹饰专题研究的代表性文章有《殷周青铜容器上鸟纹的断代研

［1］李纯一：《周代钟镈正鼓对夔纹和蟠虺纹断代》，《"宁慢爬，勿稍歇"——李纯一先生九五华诞学术研讨会论文集》，中国文联出版社，2019年，第11～20页。

［2］李纯一：《东周钟镈正鼓蟠龙纹和兽面纹的断代》，《"宁慢爬，勿稍歇"——李纯一先生九五华诞学术研讨会论文集》，中国文联出版社，2019年，第21～34页。

［3］李纯一：《关于一些中原地区东周钟鼓部纹饰的思索》，《"宁慢爬，勿稍歇"——李纯一先生九五华诞学术研讨会文集》，中国文联出版社，2019年，，第35～38页。

［4］陈洁：《河南所见周代编钟正鼓部纹饰研究》，中国艺术研究院硕士学位论文，2017年。

［5］张玲玲：《山东所见周代编钟鼓部纹饰的音乐考古学研究》，中国艺术研究院硕士学位论文，2019年。

［6］上海博物馆青铜器研究组：《商周青铜器纹饰》，文物出版社，1984年。

［7］段勇：《商周青铜器幻想动物纹研究》，上海古籍出版社，2003年。

［8］河南省文物考古研究所：《河南商周青铜器纹饰与艺术》，河南美术出版社，1995年。

［9］陈振裕：《中国古代青铜器造型纹饰》，湖北美术出版社，2001年。

［10］［日］林巳奈夫：《殷周青铜器综览（第二卷）殷周时代青铜器纹饰之研究》，上海古籍出版社，2019年。

究》[1]《殷周青铜容器上兽面纹的断代研究》[2]《西周青铜器窃曲纹研究》[3]
《青铜器窃曲纹的来源及分型》[4]等。除了以上这些专门研究青铜器纹饰的文献
外，大多研究青铜器的著作中均有专门章节探讨青铜器的纹饰，如《商周彝器通
考》[1]《殷周青铜器通论》[6]《中国青铜器》[7]《中国青铜器发展史》[8]《中
国青铜器综论》[9]等。

从这些文献中，笔者知道了："青铜器纹饰在定名上的标准化与系统化，应始
于1941年容庚所撰《商周彝器通考》。该书专用一章篇幅列举纹饰七十七种，首次
系统地对青铜器作了分类……自此后，研究青铜器者虽对于个别纹饰在定名上有异
说，但容氏之说已基本为大家所从。"[10]故《商周彝器通考》就成为笔者关注的
重点书目。《商周青铜器幻想动物纹研究》一书指出："与青铜器铭文研究和器型
研究的广度、深度相比，纹饰研究仍处于相对落后的状况。"[10]正是了解了青铜
器纹饰的研究现状，才坚定了笔者撰写本书的信心。这里特别要感谢《商周青铜器
幻想动物纹研究》一书，因为该书是笔者所见青铜器研究著作中罕有的一部有述有
评的著作，其中的评价最具学术价值[11]，使笔者可以充分了解诸多青铜器文献的
创新和不足之处，从而实现对已有研究成果批判性的继承与吸收。

笔者对以上著作反复阅读，深入研习，重点关注青铜器的纹样形态与定名之间
的逻辑关系，深入思考不同著作对于同一种纹饰不同定名的立论依据及其得失，这
为本书的撰写积累了系统的基础知识理论与方法论。

[1] 陈公柔、张长寿：《殷周青铜容器上鸟纹的断代研究》，《考古学报》1984年第3期。
[2] 陈公柔、张长寿：《殷周青铜容器上兽面纹的断代研究》，《考古学报》1990年第2期。
[3] 彭裕商：《西周青铜器窃曲纹研究》，《考古学报》2002年第4期。
[4] 张德良：《青铜器窃曲纹的来源及分型》，《文物》2009年第4期，第90页。
[1] 容庚：《商周彝器通考》（重印版），上海人民出版社，2008年。
[6] 容庚、张维持：《殷周青铜器通论》，文物出版社，1984年。
[7] 马承源：《中国青铜器》，上海古籍出版社，1991年。
[8] 杜廼松：《中国青铜器发展史》，紫禁城出版社，1995年。
[9] 朱凤瀚：《中国青铜器综论》，上海古籍出版社，2009年。
[10] 同[8]，第539页。
[10] 段勇：《商周青铜器幻想动物纹研究》（前言），上海古籍出版社，2003年，第2页。
[11] 段勇：《商周青铜器幻想动物纹研究》，上海古籍出版社，2003年，第2~23页。

（三）有关西周编钟的研究文献

1.著作类

（1）有关西周编钟的青铜器研究著作

在诸多研究西周青铜器的著作中，都会涉及一些西周编钟的代表性器物，从中笔者可以了解到考古学界、古文字学界的诸多学者对于这些西周编钟或同或异的断代及其断代依据。具有代表性的西周青铜器研究著作主要有《商周铜器群综合研究》[1]《西周青铜器铭文分代史徵》[2]《西周铜器断代》[3]《西周青铜器分期断代研究》[4]《西周青铜器年代综合研究》[5]《西周微氏家族青铜器群研究》[6]等。

（2）有关西周编钟的音乐考古学著作

在涉及西周编钟的音乐考古学著作中，有些是专门研究乐钟或编钟的著作，如《先秦乐钟之研究》[7]《中国青铜乐钟研究》[8]《楚钟研究》[9]《先秦编钟研究》[10]等；有些音乐考古学著作中涉及一些西周编钟的研究，如《中国上古出土乐器综论》[11]《西周乐悬制度的音乐考古学研究》[12]等；有些是音乐文物的资料集，收录了大量西周编钟的资料，以黄翔鹏先生、王子初先生主编的《中国音乐文物大系》系列丛书（16本19卷）最具代表性。笔者根据本书的选题，重点关注

［1］郭宝钧：《商周铜器群综合研究》，文物出版社，1981年。

［2］唐兰：《西周青铜器铭文分代史徵》，中华书局，1986年。

［3］陈梦家：《西周铜器断代》，中华书局，2004年。

［4］王世民、陈公柔、张长寿：《西周青铜器分期断代研究》，文物出版社，1999年。

［5］彭裕商：《西周青铜器年代综合研究》，巴蜀书社，2003年。

［6］陕西周原考古队、尹盛平：《西周微氏家族青铜器群研究》，文物出版社，1992年，第37页。

［7］朱文玮、吕琪昌：《先秦乐钟之研究》，台湾南天书局，1994年。

［8］陈荃有：《中国青铜乐钟研究》，上海音乐学院出版社，2005年。

［9］邵晓洁：《楚钟研究》，人民音乐出版社，2010年。

［10］王友华：《先秦编钟研究》，广西师范大学出版社，2013年。

［11］李纯一：《中国上古出土乐器综论》，文物出版社，1996年。

［12］王清雷：《西周乐悬制度的音乐考古学研究》，文物出版社，2007年。

《中国音乐文物大系·陕西卷》[1]《中国音乐文物大系·上海卷》[2]《中国音乐文物大系·北京卷》[3]《中国音乐文物大系II·湖南卷》[4]《中国音乐文物大系II·江西卷》[5]等卷本。

在研习以上著作时，笔者重点关注诸家对西周编钟篆带纹饰的不同称谓，厘清不同的命名逻辑；考辨诸家的编钟断代依据，以确定其断代是否妥当。毕竟编钟断代的准确与否，直接关系到本书所构建的西周甬钟篆带云纹发展谱系的准确与否。特别是，《中国音乐文物大系》给笔者的西周甬钟断代研究，提供了非常珍贵的调音资料。

2.论文类

有关西周编钟研究的代表性论文主要有：《扶风五郡西村西周青铜器窖藏编钟及相关问题》[6]《中国青铜乐钟的音乐学断代——钟磬的音乐考古学断代之二》[7]《论叶家山曾国编钟及有关问题》[8]《叶家山M111号墓编钟初步研究》[9]《湖北随州叶家山新出西周青铜编钟略说》[10]《湖北宜昌万福垴遗址出土甬钟年代及相关问题研究》[11]《楚季编钟及其他新见楚铭铜器研究》[12]《应

[1] 方建军：《中国音乐文物大系·陕西卷》，大象出版社，1996年。
[2] 马承源：《中国音乐文物大系·上海卷》，大象出版社，1996年。
[3] 袁荃猷：《中国音乐文物大系·北京卷》，大象出版社，1999年。
[4] 高至喜、熊传薪：《中国音乐文物大系II·湖南卷》，大象出版社，2006年。
[5] 彭适凡、王子初：《中国音乐文物大系II·江西卷》，大象出版社，2009年。
[6] 陈亮：《扶风五郡西村西周青铜器窖藏编钟及相关问题》，《文物》2007年第8期。
[7] 王子初：《中国青铜乐钟的音乐学断代——钟磬的音乐考古学断代之二》，《中国音乐学》2007年第1期。
[8] 方建军：《论叶家山曾国编钟及有关问题》，《中国音乐学》2015年第1期。
[9] 方勤：《叶家山M111号墓编钟初步研究》，《黄钟》2014年第1期。
[10] 黄凤春：《湖北随州叶家山新出西周青铜编钟略说》，《东亚音乐考古研究论集》，中州古籍出版社，2014年。
[11] 黄文新、赵芳超：《湖北宜昌万福垴遗址出土甬钟年代及相关问题研究》，《江汉考古》2016年第4期。
[12] 刘彬徽：《楚季编钟及其他新见楚铭铜器研究》，《湖南省博物馆馆刊》（第九辑），岳麓书社，2013年。

侯见工钟的组合与年代》[1]《应侯见工钟（两件）》[2]《论应侯视工诸器的时代》[3]《应侯钟的音列结构及有关问题》[4]，等等。对于每一位从事学术研究的学者而言，关注新的研究成果至关重要。笔者就以上诸多论文的研习，择要谈3点收获：

（1）应侯视工钟的最新断代

1975年，韧松、樊维岳先生将应侯视工钟断为西周中期共王之器[5]。之后学界普遍将其视为西周中期共王之世编钟的断代标准器，就连1999年出版的《西周青铜器分期断代研究》（夏商周断代工程报告集）一书，也认为其"应为西周中期恭王前后器"[6]，可见其在考古界的影响之深远。2001年，王世民先生首先对其断代提出异议，指出其时代应为西周中期孝、夷之世[7]。之后，李学勤先生又提出新见，认为应侯视工钟应为西周晚期厉王之器[8]。经笔者考察该钟的调音情况，赞同李学勤先生所言的"厉王的早年"[9]的断代观点。每一位从事考古学研究的学者都会明白，一件曾经数十年被视为断代标准器其断代的改变，意味着什么。

（2）湖北宜昌万福垴2012YWTN03E20:2号钟的侧鼓部纹饰

对于宜昌万福垴2012YWTN03E20:2号钟侧鼓部纹饰的识别，曾使笔者纠结数年之久，当初曾认为它可能是某种海洋生物。直到2017年，笔者阅读到《湖北宜昌万福垴遗址出土甬钟年代及相关问题研究》一文，才终于揭开了庐山的真面目。因为在该文中有2012YWTN03E20:2号钟侧鼓部纹饰的拓片（图2·1·8之5）[10]，一目了然，该钟的侧鼓部纹饰竟然是常见的小鸟纹。当初之所以产生误读，是因为这个

[1] 王世民：《应侯见工钟的组合与年代》，《保利藏金（续）》，岭南美术出版社，2001年。

[2] 朱凤瀚：《应侯见工钟（两件）》，《保利藏金（续）》，岭南美术出版社，2001年。

[3] 李学勤：《论应侯视工诸器的时代》，《文物中的古文明》，商务印书馆，2008年。

[4] 方建军：《应侯钟的音列结构及有关问题》，《音乐研究》2011年第6期。

[5] 韧松、樊维岳：《记陕西蓝田县新出土的应侯钟》，《文物》1975年第10期，第69页。

[6] 王世民、陈公柔、张长寿：《西周青铜器分期断代研究》，文物出版社，1999年，第173页。

[7] 同［1］，第256、257页。

[8] 同［3］，第254～257页。

[9] 同［3］，第255页。

[10] 黄文新、赵芳超：《湖北宜昌万福垴遗址出土甬钟年代及相关问题研究》，《江汉考古》2016年第4期，第68页，图五之2。

小鸟纹在编钟上的呈现姿态不是站立式，而是横躺式（图2·1·8之4）。只有将该钟顺时针旋转90度之后，才能看清这是一只站立的小鸟，这是笔者当初没有想到的。加之当初笔者在拍照的时候，编钟的文保工作还没有做完，小鸟纹部位的泥锈没有清理干净，局部线条被覆盖遮蔽，如小鸟的头和喙等，以致无法看清纹饰全貌，所以一直不知其所饰为何物。试想，如果笔者没有阅读《湖北宜昌万福垴遗址出土甬钟年代及相关问题研究》一文，很可能就会搞出一个雷人的"新发现"。

（3）湖北随州叶家山M111编钟的测音数据

湖北随州叶家山M111编甬钟共计4件，是西周早期编钟的断代标准器，其重要的学术价值自不待言。从其钲、篆和枚区的界隔方式来看，可以分为两式，应为不同时代所铸。但究竟为西周早期哪一王世所铸，难以考证。非常幸运的是，《叶家山M111号墓编钟初步研究》一文公布了这套编钟的测音数据，并对这套编钟的音乐性能做了总体评价："全组编钟音高稳定、音调明确、音色醇美。"[1]这为笔者从音乐考古学的视角为叶家山M111甬钟的断代，提供了非常珍贵、不可或缺的测音数据资料。

三　本书的研究方法、标本的选择与年代分期

（一）研究方法

断代是编钟研究的重要前提，若其时代断错，产生的严重后果可想而知。它就像多米诺骨牌的第一张骨牌，一旦倒下，那么以其构建的编钟谱系及相关研究成果均会陆续坍塌。正因为此，西周编钟的断代一直是考古界关注的重要问题。

王子初先生指出："调音锉磨是中国青铜时代各个历史时期造钟工匠最核心的秘密，……在对编钟进行调音时留下的锉磨遗痕，是追溯当时铸钟工匠调音手法的最好依据，也是对这种乐器进行断代分析的重要物证。事实上，那些位于乐钟于口内面留存至今的锉磨痕迹，看似沟沟洼洼，零零星星，却隐藏着极为深刻的声学含

---

[1] 方勤：《叶家山M111号墓编钟初步研究》，《黄钟》2014年第1期，第95页。

义，不存在哪怕是一点点的随意性。它们随着中国青铜乐钟的发展而发展，随着人们对调音技术认识的深化，时时留下了时代的印记。"[1]从目前考古界有关编钟断代的研究成果来看，尚没有将调音作为西周编钟断代的有效手段。故此在本书中，对于西周中晚期已经有调音的编钟断代研究，笔者将调音置于众多断代元素中的首位，即：调音、纹饰、铭文（如果有的话）和器型，充分发挥音乐考古学交叉学科的专业优势。

为了保证断代的准确性，在用调音断代法对所研编钟断代之后，再仔细观察该钟的纹饰、铭文（如果有的话）和器型这几个断代元素，审校其与同一时代的编钟以及前后时代的编钟是否有矛盾之处。如果经综合元素断代之后没有发现龃龉之处，那么该断代结论应该是立得住的。这种以调音为核心元素的综合断代方法，笔者称之为"多重断代法"，这对于那些时代有争议的西周中晚期编钟断代具有重要的实践意义和现实意义。

（二）研究标本的选择

对于西周甬钟篆带云纹的类型学研究，研究标本的选择至关重要。

郭宝钧先生在《商周铜器群综合研究》一书中指出："我们先选出几个地点可靠、时代明确的分群，定为划定时代的界标，作为进一步比较其他器群器物类型的尺度。"[2]邹衡先生指出，《商周铜器群综合研究》一书"取材于发掘品，其根据一般是比较可靠的。在这种基础上采用界标法，的确是一个比较科学的方法。中国青铜器发展的历史好比全部旅程，在这漫长的旅程中，树立一些里程碑，只要看一看里程碑，就知道走了多少路。当我们研究一群铜器时，只要把它同前后两个界标（即两个标准器组）比一比，就可确定它处于哪个发展阶段了。"[3]按照这一原则，笔者选定了9组（件）可以作为界标的西周甬钟标准器，分别是：

［1］王子初：《中国青铜乐钟的音乐学断代——钟磬的音乐考古学断代之二》，《中国音乐学》2007年第1期，第18页。
［2］郭宝钧：《商周铜器群综合研究》，文物出版社，1981年，第3页。
［3］邹衡：《夏商周考古学论文集（续集）》，科学出版社，1998年，第332页。

1. 湖北随州叶家山M111一式钟（2件，M111:8、13号），西周早期成王晚段；

2. 陕西宝鸡竹园沟BZM7:12号钟，西周早期康昭之世；

3. 湖北随州叶家山M111二式钟（2件，M111:7、11号），西周早期昭王之世；

4. 长囟墓编钟（2件，4、3号）、山西翼城大河口编钟（2件，M1017:15、86号），西周中期穆王之世；

5. 一式兴钟76FZH1:64号、四式兴钟76FZH1:31号，西周中期孝王之世；

6. 二式兴钟（4件，76FZH1:29、10、9、32号），西周中期夷王之世；

7. 三式兴钟（2件，76FZH1:62、65）、四式兴钟（2件，76FZH1:28、57号），西周晚期厉王前段；

8. 二式晋侯苏钟（12件，73631～73640号，M8:32、33号），西周晚期厉王后段；

9. 陕西眉县杨家村乙组编钟（逑钟），西周晚期宣王之世。

邹衡先生指出，《商周铜器群综合研究》一书"把研究的基点放在发掘品上是对的，但完全否认了传世品的重要性，也容易走向另一个极端。"[1]故此，本书还选择了少数学界多有研究的西周编钟传世品作为研究对象，如应侯视工钟（保利艺术博物馆藏）、盄钟、楚公豪钟、纪侯钟等。另外，笔者还选择了几套不是出土自墓葬的考古发掘品。通过与以上9组（件）西周甬钟标准器的比对，基本可以确定其铸造年代。如陕西扶风五郡西村编钟（5件）、湖北宜昌万福垴编钟（12件）等。

（三）西周年代的分期

关于西周年代的分期，笔者按照《西周铜器断代》[2]《西周青铜器分期断代研究》两书的观点，将西周分为早中晚三期，每期的具体划分为："西周早期相当于武、成、康、昭四个王世"[3]，"西周中期相当于穆、恭、懿、孝、夷五个王

---

[1] 邹衡：《夏商周考古学论文集（续集）》，科学出版社，1998年，第333页。

[2] 陈梦家：《西周铜器断代》，中华书局，2004年，第354页。

[3] 王世民、陈公柔、张长寿：《西周青铜器分期断代研究》，文物出版社，1999年，第251页。

世"[1]，"西周晚期相当于厉王（包括共和）、宣王和幽王时期"[2]。

四　本书需要说明的两个问题

（一）图片来源说明

考虑到本书的研究对象为西周甬钟篆带云纹，故此笔者使用了许多西周甬钟的纹饰图片资料，共计368幅。其中，213幅为笔者亲自所拍或制图，92幅出自《中国音乐文物大系》，54幅为张玲玲所绘的线图、拍摄的照片或制作的统计图，少部分图片出自发掘简报，还有个别图片来自网络或由专家提供。对于每一张图片的来源，笔者都标注得清清楚楚、明明白白，严格遵守学术规范。

10多年来，笔者因学术会议或者田野考古工作等，曾拍摄过一些音乐考古新发现的编钟图片，例如湖北随州叶家山M111编钟（5件）、山西翼城大河口M1017编钟（3件）等。但是，未经考古发掘单位授权，笔者是不能公开使用这些图片的，这是考古界的职业操守，笔者一直秉持。好在这些新出土的编钟都曾在一些博物馆公开展出过，笔者于是在这些博物馆的展厅隔着玻璃拍摄了这些编钟的图片，然后安排张玲玲做修图、换底处理。这样，本书就可以公开使用这些笔者有版权的考古新发现的编钟图片了。

对于个别出自网络的图片，并非在现有的著作中找不到，而是因为现有著作中的图片质量不高，如楚公豪钟（1、3号）拓片、虘钟一（日本京都泉屋博古馆藏之大钟）拓片。所以笔者出于对图片质量的考量，最终选择使用网上搜索到的高清大图。

（二）撰写过程中厘定的谬误

笔者在本书的撰写过程中，发现在一些文献中存在着一些客观性的谬误。试举如下几例：

---

[1] 王世民、陈公柔、张长寿：《西周青铜器分期断代研究》，文物出版社，1999年，第252页。
[2] 同[1]，第254页。

1.《西周乐悬制度的音乐考古学研究》一书的表一一"弬伯旨墓编甬钟测音数据分析表"[1]中有误。从3号钟的侧鼓音音高来看，其阶名不是"和"，而应该是"宫"。

2.《中国音乐文物大系·陕西卷》载："甲组Ⅱ号钟……内壁有隧4条，前壁左、右侧鼓各1，后壁正鼓1，右铣1。"[2]经笔者亲自考察甲组Ⅱ号钟的调音可知，其钟腔内壁有调音槽5条（图2·1·2之17），而不是"4条"。

3.《陕西扶风县新发现一批西周青铜器》一文图九的图注是"甬钟甲（2006FWXJ1:1）纹饰拓片"[3]。但笔者发现，图片并非是2006FWXJ1:1号钟的纹饰拓片。经笔者查阅有关材料，最终厘定图九是2006FWXJ1:3号钟的纹饰拓片。

4.《先秦大型组合编钟研究》认为："Ⅶ式兴钟2件侧鼓有小鸟纹"[4]。经笔者亲自考察这两件兴钟，发现其侧鼓部没有任何纹饰，当然也就没有"小鸟纹"。

5.《湖北宜昌万福垴遗址发掘简报》封面三将万福垴2012YWTN03E20:9号钟的图片错误地配成了2012YWTN03E20:7号钟的图片[5]。

一些初入学术之门的研究生，大多会采取拿来主义，即原封不动的引用这些材料或结论。试想，他们一旦在研究中使用了这些错误的材料，其结论必然会出现或多或少的偏差，甚至是大的错误。故此，笔者对于在本书撰写过程中发现的客观性谬误，均在相关章节一一指出，并予以详细考辨，希望能对使用这些材料的朋友提供一点帮助。

［1］王清雷：《西周乐悬制度的音乐考古学研究》，文物出版社，2007年，第87页。
［2］方建军：《中国音乐文物大系·陕西卷》，大象出版社，1996年，第60页。
［3］宝鸡市考古队、扶风县博物馆：《陕西扶风县新发现一批西周青铜器》，《考古与文物》2007年第4期，第6页，图九。
［4］王友华：《先秦大型组合编钟研究》，中国艺术研究院博士学位论文，2009年，第133页。
［5］湖北省文物考古研究所、武汉大学历史学院考古系、宜昌博物馆：《湖北宜昌万福垴遗址发掘简报》，《江汉考古》2016年第4期，封面三，图3、4。

第一章

西周甬钟篆带云纹的

分类与定名

《殷周青铜器通论》指出："殷代铜器的装饰纹样中，最典型的几何形纹样，是以一连续的螺旋形所构成的，通常是用极细致的线条，但有时也以粗线条。这些螺旋形有时是圆的，有时是方的。前者习称为云纹，后者即称为雷纹。"[1] 该书将云纹的基本形态分为四型：圆形、C形、T形和S形，此外还有斜角相对和两云相钩的形态[2]。《中国青铜器综论》将商周青铜器上的云纹研究进一步规范化与体系化，将其分为A型圆螺旋形云纹、B型C形云纹、C型T形云纹、D型S形云纹、E型斜角云纹和F型勾连云纹[3]。

云纹在西周甬钟篆带上颇为常见，形态多样。笔者按照云纹形态的不同，将西周甬钟篆带云纹分为六组：甲组、乙组、丙组、丁组、戊组和己组，其中有些云纹的形态已经超出了《中国青铜器综论》所论六型的范畴。如何给予这些学界没有统一定名的云纹以恰当的称谓，是青铜器纹饰研究领域一个亟待解决的现实问题。

同时，在不同的文献中，对于六组西周甬钟篆带云纹有着各自不同的称谓。据笔者初步统计，至少有34种，如斜角云纹、阴线斜角云纹、斜角卷云纹、斜格云纹、阳线云纹、细阳线云纹、细线云纹、细阳线连续云纹、横向S形云纹、横"S"形云纹、"⌒"形云纹、S形云纹、阴线双勾"⌒"形云纹、细阴线云纹、阴线云纹、阴云纹、卷云纹、阴刻勾连式卷云纹、长体合卷云纹、阴刻勾连式卷云纹、勾连云纹、卷草样云纹、卷草形云纹、卷草状云纹、变形云纹、斜角雷纹、三角雷纹、斜角云雷纹、云雷纹、细阳线云雷纹、卷曲纹、窃曲纹、断裂S形无目窃曲纹、变形兽纹等。纵观这34种不同的云纹名称，有些属于名同而实异，有些属于名异而实同。由此可见当今青铜器纹饰定名问题之复杂，争议之纷繁！对于青铜器纹饰定名的不统一、不规范的研究现状，李学勤先生早在十多年前就指出了这一问题的严重性。李先生说："这一学科分支有大量专有名词，包括纹饰，但诸家分歧很多，容易造成混淆紊乱。在翻译成外文的时候，问题更是复杂，莫衷一是。在学科

[1] 容庚、张维持：《殷周青铜器通论》，文物出版社，1984年，第103页。
[2] 同[1]，第104页。
[3] 朱凤瀚：《中国青铜器综论》，上海古籍出版社，2009年，第594页。

业已相当成熟的当前情况下，这种现象亟须加以改变，应该加强有关方面的研究整理，逐步推进，最后在适当的时机，召开专门名词的制订会议。相信做到这一点，会使青铜器研究更迅速顺利地前进。"[1]李先生所言可谓振聋发聩。如果这些基础理论问题都难以科学化、统一化和体系化，又如何构建有中国特色、中国风格、中国气派的中国考古学话语体系。尤其是在全球学科视野下的当今，其必将成为制约学科大数据建设的一个难以突破的瓶颈。同时，"对于青铜器纹饰研究来说，纹饰的分类、定名自然是研究工作的基础与前提。"[2]基于此，笔者在本章将对这些纷繁复杂的云纹名称进行考辨，希冀给予每一组西周甬钟篆带云纹一个合理的定名。同时，这也是笔者第二、三章对西周甬钟篆带云纹做类型学分析研究的前提条件。

[1] 李学勤：《〈商周青铜器幻想动物纹研究〉·序》，上海古籍出版社，2003年，第2、3页。
[2] 朱凤瀚：《中国青铜器综论》，上海古籍出版社，2009年，第535页。

第一节

甲组西周甬钟篆带
云纹定名考

　　该组西周甬钟篆带云纹属于适合纹样，具体纹样特点为：由两个单元云纹构成；每个单元云纹的线条回折，形成一个为锐角的斜角；在一条篆带内，两个单元云纹呈对角关系；两个单元云纹相邻的两条线基本呈平行关系。该组云纹具有代表性的西周甬钟实物有11例，分别为：三式兴钟（2件，76FZH1:62、65号）（图1·1·1之1）（图1·1·1之2）、五式兴钟（76FZH1:63号）（图1·1·1之3）、陕西扶风东渠甬钟（图1·1·1之4）、日本泉屋博古馆藏虘钟（大钟）（图1·1·1之5）、北京故宫博物院藏虘钟（图1·1·1之6）、鲜钟（图1·1·1之7）、山东黄县和平村甬钟（图1·1·1之8）、纪侯钟（图1·1·1之9）、山西洪洞永凝堡M11甬钟（图1·1·1之10）、陕西长安马王村甬钟（2件，16、17号）（图1·1·1之11）、云雷纹钟（甘肃省博物馆藏）（图1·1·1之12）等。

（一）　甲组西周甬钟篆带云纹的不同称谓

　　在不同的文献中，对于甲组西周甬钟篆带云纹多有不同的称谓。据笔者初步统计，至少有10种，分别为斜角云纹、阴线斜角云纹、斜角卷云纹、斜格云纹、阳线云纹、细阳线云纹、斜角雷纹、三角雷纹、斜角云雷纹、夔龙纹，详述如下：

1.斜角云纹

《西周微氏家族青铜器群研究》一书认为，三式兴钟（6件，76FZH1:8、30、16、33、62、65号）中的62号钟（图1·1·1之1）和65号钟（图1·1·1之2）的篆带均饰"斜角云纹"[1]。

需要指出的是，笔者在梳理三式兴钟的资料时，发现诸多文献将6件三式兴钟视为纹饰相同的一组，如《中国上古出土乐器综论》认为三式兴钟（76FZH1:8、30、16、33、62、65号）的篆带均饰"阴线斜角两头夔纹"[2]；《先秦乐钟之研究》认为三式兴钟（6件）的篆带均饰"斜角双头兽纹"[3]；《中国音乐文物大系·陕西卷》将三式兴钟（6件）的篆带纹饰均称为"对角双头兽纹"[4]，等等。但事实上，6件三式兴钟的纹饰并不相同，其中4件三式兴钟（76FZH1:8、30、16、33号）的篆带纹饰均为对角两头龙纹。《西周微氏家族青铜器群研究》一书是笔者见到的第一部发现6件三式兴钟中的62号和65号钟篆带纹饰与其他4件（76FZH1:8、30、16、33号）不同的文献，但该书对于这两件甬钟篆带均饰"斜角云纹"[5]的界定并不准确。经笔者反复观察62号和65号三式兴钟的篆带图片发现，62号钟背面的3条篆带饰斜角云纹，背面右侧下面的篆带饰横S形窃曲纹；65号钟背面左侧2条篆带纹饰为两头龙纹，右侧2条篆带纹饰为斜角云纹。由此可知，6件三式兴钟中的62号和65号钟的篆带纹饰并非是单一的斜角云纹，非常罕见。

《先秦乐钟之研究》一书将陕西扶风东渠甬钟的篆带纹饰（图1·1·1之4）称为"斜角云纹"[6]。

[1] 陕西周原考古队、尹盛平：《西周微氏家族青铜器群研究》，文物出版社，1992年，第39页。
[2] 李纯一：《中国上古出土乐器综论》，文物出版社，1996年，第191页。
[3] 朱文玮、吕琪昌：《先秦乐钟之研究》，台湾南天书局，1994年，第75、76页。该书没有使用"三式兴钟"的表述，而是用"'兴钟'丙、丁组共6件"的表述，查阅《陕西扶风庄白一号西周青铜器窖藏发掘简报》可知，丙组2件（76FZH1：8、30），丁组4件（76FZH1：16、33、62、65），恰为6件三式兴钟，故本文采用学界的主流称谓，即三式兴钟，特此说明。
[4] 方建军：《中国音乐文物大系·陕西卷》，大象出版社，1996年，第41~44页。
[5] 同[1]。
[6] 同[3]，第70页。

《中国上古出土乐器综论》一书亦将陕西扶风东渠甬钟的篆带纹饰（图1·1·1之4）称为"斜角云纹"[1]。

《西周青铜器分期断代研究》一书将日本泉屋博古馆藏虘钟（大钟）的篆带纹饰（图1·1·1之5）和北京故宫博物院所藏虘钟的篆带纹饰（图1·1·1之6）均称为"斜角云纹"[2]。

《北方西周早期甬钟的特点及甬钟起源探索》一文认为鲜钟的篆带纹饰（图1·1·1之7）为"斜角云纹"[3]。

2.阴线斜角云纹

《先秦乐钟之研究》认为日本泉屋博古馆藏虘钟（大钟）的篆带纹饰（图1·1·1之5）和山东黄县和平村甬钟的篆带纹饰（图1·1·1之8）均为"阴线斜角云纹"[4]。《中国音乐文物大系·山东卷》认为山东黄县和平村甬钟的篆带纹饰为"夔纹"[5]。仔细观察黄县和平村甬钟的篆带纹饰图片，可知其确为云纹，并非"夔纹"，这可能是因为图片不清晰而造成的误判，并非纹饰命名方面的问题。

3.斜角卷云纹

《西周青铜器年代综合研究》一书认为纪侯钟的篆带纹饰（图1·1·1之9）为"斜角卷云纹"[6]。

4.斜格云纹

《中国青铜器综论》一书认为日本泉屋博古馆藏虘钟（大钟）的篆带纹饰（图1·1·1之5）为"斜格云纹"[7]。

5.阳线云纹

《中国音乐文物大系·陕西卷》认为长安马王村甬钟（10件）中的16和17号钟

［1］李纯一：《中国上古出土乐器综论》，文物出版社，1996年，第192页。

［2］王世民、陈公柔、张长寿：《西周青铜器分期断代研究》，文物出版社，1999年，第163页。

［3］高西省：《北方西周早期甬钟的特点及甬钟起源探索》，《西周青铜器研究》，陕西人民出版社，2005年，第63页。

［4］朱文玮、吕琪昌：《先秦乐钟之研究》，台湾南天书局，1994年，第73页。

［5］周昌富、温增源：《中国音乐文物大系·山东卷》，大象出版社，2001年，第80页。

［6］彭裕商：《西周青铜器年代综合研究》，巴蜀书社，2003年，第498页。

［7］朱凤瀚：《中国青铜器综论》，上海古籍出版社，2009年，第363页。

的篆带纹饰（图1·1·1之11）均为"阳线云纹"[1]。

6.细阳线云纹

《中国音乐文物大系·陕西卷》认为五式兴钟（3件，76FZH1:61、63、66号）中的76FZH1:63号钟的篆带纹饰（图1·1·1之3）为"细阳线云纹"[2]。

7.斜角雷纹

《商周彝器通考》一书将虘钟的篆带纹饰（图1·1·1之5）和纪侯钟的篆带纹饰（图1·1·1之9）均称为"斜角雷纹"[3]。笔者查阅该书，发现在该书中有"斜角雷纹"的界定，即："（三六）斜角雷纹其状两斜角相对，首端作雷纹。"[4]比照该书所附的4张图片[5]可知，该书对虘钟、纪侯钟篆带纹饰的命名，是符合该书对"斜角雷纹"的界定的。《殷周青铜器通论》一书将虘钟和纪侯钟的篆带纹饰亦均称为"斜角雷纹"[6]，这与《商周彝器通考》一书的观点相同[7]。

虘钟著录5件，现存3件，其中1件藏于北京故宫博物院，另两件藏于日本京都泉屋博古馆。这两本书所言的虘钟不知是指其中的哪一件。对照《商周彝器通考》和《殷周青铜器通论》两书所附之图[8]，笔者查阅有关资料后确定，这两本书所言的虘钟是指藏于日本京都泉屋博古馆2件中的大钟（通高44.9厘米）[9]。

关于纪侯钟的篆带纹饰，《先秦乐钟之研究》认为其并非云纹，属于该书划分的E型V式甬钟，"V式：篆饰斜角双头兽纹"[10]。《中国音乐文物大系·山东卷》认为纪侯钟的"篆带饰双头龙纹"[11]。仔细观察纪侯钟的篆带纹饰图片（图1·1·1之9），可知其确为云纹，并非"斜角双头兽纹"或"双头龙纹"，此误判应

---

［1］方建军：《中国音乐文物大系·陕西卷》，大象出版社，1996年，第80页。

［2］同［1］，第47页。

［3］容庚：《商周彝器通考》（重印版），上海人民出版社，2008年，第374页。

［4］同［3］，第103页。

［5］同［3］，第104页，图一七一至图一七四。

［6］容庚、张维持：《殷周青铜器通论》，文物出版社，1984年，第75页，图版壹伍叁：292。

［7］同［3］。

［8］a.同［3］，第900页，图九五三。b.同［6］，第75页，图版壹伍叁：293。

［9］王世民、陈公柔、张长寿：《西周青铜器分期断代研究》，文物出版社，1999年，第163页。

［10］朱文玮、吕琪昌：《先秦乐钟之研究》，台湾南天书局，1994年，第75页。

［11］周昌富、温增源：《中国音乐文物大系·山东卷》，大象出版社，2001年，第80页。

为《先秦乐钟之研究》《中国音乐文物大系·山东卷》这两本著作的作者观察不细所致，并非是出于对同一种纹饰命名的不同看法。

8.三角雷纹

《中国音乐文物大系·北京卷》一书认为北京故宫博物院藏虢钟的篆带纹饰（图1·1·1之6）为"三角雷纹"[1]。

9.斜角云雷纹

《先秦乐钟之研究》一书将鲜钟的篆带纹饰（图1·1·1之7）和山西洪洞永凝堡M11甬钟的篆带纹饰（图1·1·1之10）均称为"斜角云雷纹"[2]。

10.夔龙纹

《中国音乐文物大系·甘肃卷》一书将云雷纹钟（甘肃省博物馆藏）的篆带纹饰称为"夔龙纹"[3]。

（二）　甲组西周甬钟篆带云纹定名考辨

以上是目前学界对于甲组西周甬钟篆带云纹的10种不同称谓，那么哪一种名称比较合理呢？

从语言学的角度讲，以上10种命名词语都属于多层定语。"纹"属于单音节的单纯词，是命名的中心语，其他几个名词都是"纹"的限制性定语，给中心语"纹"逐层添加特征，由此将其与不具有此特点的纹饰区别开来。

1.从命名的第一层定语来看

从命名的第一层定语来看，以上10种命名可以分为四类：雷纹、云纹、云雷纹、龙纹，以表示该种纹饰的整体形状。《商周彝器通考》一书将"宋之所称为云雷者，今概称为雷纹。"[4]也就是说，该书将今天学界普遍称为云纹、雷纹或云

---

［1］袁荃猷：《中国音乐文物大系·北京卷》，大象出版社，1996年，第38页。

［2］朱文玮、吕琪昌：《先秦乐钟之研究》，台湾南天书局，1994年，第75页。

［3］郑汝中、董玉祥：《中国音乐文物大系·甘肃卷》，大象出版社，1998年，第44页。

［4］容庚：《商周彝器通考》（重印版），上海人民出版社，2008年，第92、93页。

雷纹的纹饰均统称为雷纹。故此，该书必然且只能有"斜角雷纹"的命名。有的学者可能会提出异议，因为《商周彝器通考》在"第六章花纹"中有"云纹"的类分。对此，笔者业已关注。该书对于云纹的界定为："云纹其状若轻云卷舒，通行于战国。"[1] 这显然与当今学界所言的云纹不是一种纹饰，属于名同而实异。无独有偶，《商周彝器通考》的这种纹饰类分，还见于《商周青铜器纹饰》一书。"雷纹是青铜器最基本的几何图案，以前有人认为雷纹起源于人的指纹，但是商代早期的雷纹非常粗犷，与精细的指纹完全联系不起来。雷纹的普遍出现是在殷墟早期，这时离商的开国已有二百多年了。因此，要寻求雷纹的来源可能是没有多大意义的。雷纹或回纹实际是单线或双线往复自中心向外环绕的构图，它像篆文雷字的局部形状，故而得名。青铜器上各种形态的雷纹都是不同的几何形组合，也是中国青铜器纹饰最基本的结构。"[2] 今天的我们都知道，云纹和雷纹是两种相近但不相同的纹饰。《殷周青铜器通论》指出："容庚编纂《商周彝器通考》一书，始有专章论述花纹，列举纹样七七种，略加诠释，但也是一些材料的罗列，没有很好的分析，只供研究者有所取材而已。我们现在再次考察，觉得该章的分类未免繁琐，所以有进一步加以整理的必要。"[3] 对于将云纹、雷纹和云雷纹统一称为雷纹的问题，容庚先生在《殷周青铜器通论》一书中予以自我修正，并将这一纹饰系统化、科学化。该书指出："殷代铜器的装饰纹样中，最典型的几何形纹样，是以一连续的螺旋形所构成的，通常是用极细致的线条，但有时也以粗线条。这些螺旋形有时是圆的，有时是方的。前者习称为云纹，后者即称为雷纹。"[4] 《中国青铜器》指出："用柔和的回旋线条组成的是云纹，有方折角的回旋线条是雷纹。"[5] 《中国青铜器综论》指出："云纹和雷纹在商周青铜器中是出现率最高的几何形纹饰，其最常见的形象是由细或粗线条构成的连续的螺旋形。螺旋形作圆形者，通称为云纹，其作方形者通称为雷纹，但实际上由于方、圆的区别并不明

[1] 容庚：《商周彝器通考》（重印版），上海人民出版社，2008年，第127页。
[2] 马承源：《商周青铜器纹饰综述》，《商周青铜器纹饰》，文物出版社，1984年，第26页。
[3] 容庚、张维持：《殷周青铜器通论》，文物出版社，1984年，第102页。
[4] 同[3]。
[5] 马承源：《中国青铜器》（修订版），上海古籍出版社，2003年，第332页。

显，或方、圆兼用，故有的著作即称之为‘云雷纹’。”[1]我们逐一观察图1·1·1所示11例西周甬钟的篆带纹饰，将其与《殷周青铜器通论》《中国青铜器综论》等著作中所附的云纹和雷纹图片比照可知，将这11例西周甬钟的篆带纹饰名称定为云纹比较妥当。由此，从对这10种命名的第一层定语的考辨，可以将斜角雷纹、三角雷纹、斜角云雷纹、夔龙纹这4种命名排除。

2.从命名的第二层定语来看

从命名的第二层定语出发，我们再看剩余的6种命名：阴线斜角云纹、斜角云纹、斜角卷云纹、斜格云纹、阳线云纹、细阳线云纹，第二层定语分别为斜角、卷、斜格、阳线和细阳线，以表示该种云纹的典型形态特征，下面逐一剖析。

先说卷云纹。从《殷周青铜器通论》[2]《中国青铜器》[3]和《中国青铜器综论》[4]等几本著作对云纹形态特征的描述可知，云纹的形态本身就是卷的，“卷”根本就不是这种云纹的典型形态特征，故“斜角卷云纹”的命名可以排除。

接着说斜格云纹。斜格是指表格中的一种格式，一般位于表头的最左侧（图1·1·2，红色框的表格），是用一条斜线将一个长方形表格分为两个不等边直角三角形。从被称为“斜格云纹”[5]的虘钟篆带纹饰（图1·1·1之5）来看，这种云纹是由两组云纹构成，两组云纹呈斜格分布。由此可见，斜格描述的是这种云纹的构图方式，而非这种云纹本身的典型形态特征，故“斜格云纹”的命名也不妥当。

再说阳线云纹。《中国音乐文物大系·陕西卷》认为长安马王村甬钟（10件）中的16、17号钟的篆带纹饰（图1·1·1之11）均为“阳线云纹”[6]。经笔者仔细观察这两件甬钟的篆带纹饰后发现，该纹饰并非由阳线构成，而是由阴线构成，显然“阳线云纹”的称谓是错误的，故这种命名可以排除。

那么细阳线云纹的称谓呢？《中国音乐文物大系·陕西卷》认为五式兴钟中

［1］朱凤瀚：《中国青铜器综论》，上海古籍出版社，2009年，第593、594页。

［2］容庚、张维持：《殷周青铜器通论》，文物出版社，1984年，第103页。

［3］马承源：《中国青铜器》（修订版），上海古籍出版社，2003年，第332页。

［4］同［1］。

［5］同［1］，第363页。

［6］方建军：《中国音乐文物大系·陕西卷》，大象出版社，1996年，第80页。

的76FZH1:63号钟的篆带纹饰（图1·1·1之3）为"细阳线云纹"[1]。从该钟的形态和工艺手法来看，使用"细阳线云纹"的称谓并非不可。但是陕西扶风吊庄钟（4号）、湖北随州叶家山M111编钟（M111:13号）（图1·4·1之2）、陕西宝鸡竹园沟M7编甬钟（BZM7:12号）（图1·2·1之1）和一式兴钟（76FZH1:64号）（图1·3·1之1、图1·5·2之6）等诸多西周甬钟的篆带纹饰均为细阳线云纹，但是它们的纹样形态却各不相同。也就是说，细阳线云纹是指一类纹饰线条为细阳线的云纹，并非专指某一种云纹。如果将五式兴钟中的76FZH1:63号钟的篆带纹饰称为细阳线云纹，那么就无法对其做进一步的分型分式研究，故应该给予这种纹饰一个具象的、能够体现这种纹饰形态特征的专有名称。

　　最后说斜角云纹。在龙纹中，有一种龙纹被称为"斜角龙纹"，其纹饰特点与斜角云纹有着异曲同工之处。斜角龙纹的纹饰特点为：由两条独立的龙构成；每条龙的龙尾向龙头的一侧回折，与龙头相对，龙尾与龙身形成一个斜角；两条龙的龙头均回顾，在一条篆带内呈对角关系；两条龙的龙身基本呈平行关系。与斜角龙纹对应的是，斜角云纹属于适合纹样，其纹样特点为：由两个单元云纹构成；每个单元云纹的线条回折，形成一个为锐角的斜角；在一条篆带内，两个单元云纹呈对角关系；两个单元云纹相邻的两条线基本呈平行关系。这种云纹纹样恰好符合《殷周青铜器通论》一书中"斜角相对"[2]的云纹形态特征。在《中国青铜器综论》一书中，这种云纹属于"E型"，被正式称为"斜角云纹"[3]。故此，将该种云纹称为"斜角云纹"是合理的。

　　3.从命名的第三层定语来看

　　从命名的第三层定语来看，这种云纹就只剩一种命名了，即阴线斜角云纹。阴线，是限定该种云纹形态的线条特征。从命名为"阴线斜角云纹"[4]的日本泉屋博古馆藏虘钟（大钟）的篆带纹饰（图1·1·1之5）来看，阴线斜角云纹的称谓是没

[1] 方建军：《中国音乐文物大系·陕西卷》，大象出版社，1996年，第47页。
[2] 容庚、张维持：《殷周青铜器通论》，文物出版社，1984年，第104页。
[3] 朱凤瀚：《中国青铜器综论》，上海古籍出版社，2009年，第594页。
[4] 朱文玮、吕琪昌：《先秦乐钟之研究》，台湾南天书局，1994年，第73页。

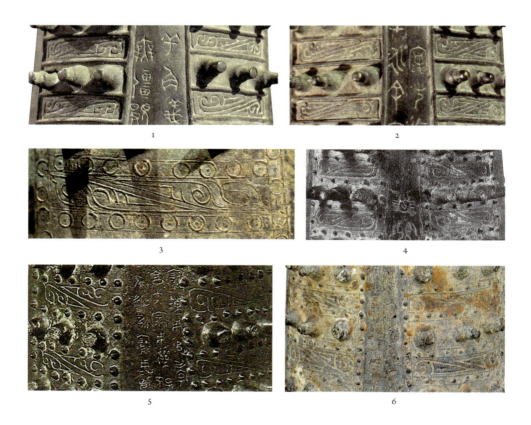

图1·1·1之1～6　甲组西周甬钟篆带云纹

1. 三式兴钟（76FZH1:62号）篆带（王清雷摄）　2. 三式兴钟（76FZH1:65号）篆带（王清雷摄）　3. 五式兴钟（76FZH1:63号）篆带（王清雷摄）　4. 陕西扶风东渠甬钟篆带[1] 5. 日本泉屋博古馆藏虘钟（大钟）篆带[2] 6. 北京故宫博物院藏虘钟篆带[3]

[1] 方建军：《中国音乐文物大系·陕西卷》，大象出版社，1996年，第74页，图1·5·28a。"4. 陕西扶风东渠甬钟篆带"由王清雷裁剪自"图1·5·28a"。

[2] [日]朝日新闻社、大田信男：《东洋美术》（第五卷·铜器），昭和四十三年（1968年），第80页。该书将虘钟称为"西周雷文钟"。"5. 日本泉屋博古馆藏虘钟（大钟）篆带"由王清雷裁剪自该书第80页的"西周雷文钟"全景图。

[3] 袁荃猷：《中国音乐文物大系·北京卷》，大象出版社，1996年，第38页，图1·5·2a。"6. 北京故宫博物院藏虘钟篆带"由王清雷裁剪自"图1·5·2a"。

图1·1·1之7～10　甲组西周甬钟篆带云纹

7. 鲜钟篆带[1]　8. 山东黄县和平村甬钟篆带[2]　9. 纪侯钟篆带[3]　10. 山西洪洞永凝堡M11甬钟篆带[4]

---

[1] 方建军：《中国音乐文物大系·陕西卷》，大象出版社，1996年，第86页，图1·5·36a。"7. 鲜钟篆带"由王清雷裁剪自"图1·5·36a"。

[2] 周昌富、温增源：《中国音乐文物大系·山东卷》，大象出版社，2001年，第61页，图1·5·2中的右侧钟。"8. 山东黄县和平村甬钟篆带"由王清雷裁剪自"图1·5·2"的右侧钟。该书将此钟称为龙口和平村甬钟。

[3] 国家图书馆金石拓片组：《国家图书馆藏陈介祺藏古拓本选编》（青铜器），浙江古籍出版社，2008年，第10页左图。该书将此钟称为"己（纪）侯虎钟"。"9. 纪侯钟篆带"由王清雷裁剪自该书第10页左图。

[4] 项阳、陶正刚：《中国音乐文物大系·山西卷》，大象出版社，2000年，第49页，图1·3·5。"10. 山西洪洞永凝堡M11甬钟篆带"由王清雷裁剪自"图1·3·5"。

11　　　　　　　　　　　　　　　　　　　12

图1·1·1之11～12　甲组西周甬钟篆带云纹

11. 陕西长安马王村17号钟篆带[1]　　12. 甘肃省博物馆藏云雷纹钟篆带[2]

	星期一	星期二	星期三
第1节			
第2节			
第3节			
第4节			
第5节			
第6节			

图1·1·2　斜格表格示例（王清雷绘）

有问题的。但是，如果将图1·1·1所示甲组11例西周甬钟的篆带纹饰均称为"阴线斜角云纹"，就不能成立了。因为有的篆带纹饰线条为阴线，还有的篆带纹饰线条为细阳线，个别的为阳刻平雕加阴线刻，并非都是阴线。

显然，用"阴线斜角云纹"的命名无法涵盖甲组11例西周甬钟的篆带纹饰，其所指范畴过于狭窄。故此，将"阴线斜角云纹"的第三层定语"阴线"删除，仅保留两层限制性定语，即"斜角云纹"是比较妥当的。

　　通过以上对甲组西周甬钟篆带云纹的10种不同称谓的综合分析，笔者认为第一种称谓，即"斜角云纹"[3]，是最为合理的。

［1］方建军：《中国音乐文物大系·陕西卷》，大象出版社，1996年，第80页，图1·5·34d。"11. 陕西长安马王村甬钟（17号）篆带"由王清雷裁剪自"图1·5·34d"。

［2］郑汝中、董玉祥：《中国音乐文物大系·甘肃卷》，大象出版社，1998年，第44页，图1·5·2a。"12. 甘肃省博物馆藏云雷纹钟篆带"由王清雷裁剪自"图1·5·2a"。

［3］朱凤瀚：《中国青铜器综论》，上海古籍出版社，2009年，第594页。

第二节

乙组西周甬钟篆带
云纹定名考

该组云纹具有代表性的西周甬钟实物主要有10例，分别为：陕西宝鸡竹园沟M7甬钟（即弲伯各墓编甬钟，3件中的BZM7:12号）（图1·2·1之1）、长甶墓编甬钟（2件，4、3号）（图1·2·1之2）、七式兴钟（2件，76FZH1:59、67号）（图1·2·1之3、4）、陕西扶风官务吊庄钟（总0122，扶官吊02号）（图1·2·1之5）、陕西岐山梁田钟（图1·2·1之6）、江西吉水甬钟（297号）（图1·2·1之7）、湖南宁乡回龙铺钟（图1·2·1之8）、湖北宜昌万福垴编甬钟（2012YWTN03E20:10号）（图1·2·1之9）、湖北随州叶家山M111编甬钟（2件，M111:7、11号）（图1·2·1之10、11）、山西翼城大河口M1017:15号钟（图1·2·1之12、13）等。

（一） 乙组西周甬钟篆带云纹定名考辨

在不同的文献中，对于乙组西周甬钟篆带云纹多有不同的称谓。据笔者初步统计，至少有11种，分别为云纹、横向S形云纹、横"S"形云纹、阳线云纹、细阳线云纹、细阳线连续云纹、细阴线云纹、云雷纹、细阳线云雷纹、卷曲纹、窃曲纹。那么，这些称谓是否合理呢？笔者将这11种称谓分为4类，分别考辨如下：

1."云纹"类纹饰说

"云纹"类纹饰的称谓有7种:云纹、横向S形云纹、横"S"形云纹、阳线云纹、细阳线云纹、细阳线连续云纹、细阴线云纹。分别考辨如下:

(1)"云纹"说

《中国音乐文物大系·陕西卷》一书认为陕西岐山梁田钟的篆带(图1·2·1之6)饰"云纹"[1]。

从岐山梁田钟篆带所饰纹样来看,这种纹饰确实属于云纹的范畴,故将其称为"云纹"并非错误。但云纹是一类纹饰的总称,而不是专指某一种具体的纹饰。对于岐山梁田钟篆带所饰纹样而言,如果没有具体而恰当的称谓,就无法对其做进一步的类型学分析。所以,"云纹"这种笼统而空泛的称谓并不妥当。

(2)"横向S形云纹""横"S"形云纹"说

"横向S形云纹"和"横"S"形云纹"这两种称谓基本相同,故放在一起探讨。

①"横向S形云纹"说见于《西周青铜器分期断代研究》一书。该书认为长由墓编甬钟中的第2件(3号)[2]和"庄白乳钉钟"[3]这两例西周甬钟的篆带纹饰均为"横向S形云纹"。其中,该书对"庄白乳钉钟"的描述为:"1976年陕西扶风庄白1号青铜器窖藏出土,现藏周原博物馆。通高45.5厘米。钲间有二铭刻符号。"[4]笔者根据这段文字描述,再结合该书所附庄白乳钉钟的图片[5]确认,"庄白乳钉钟"是指七式兴钟的76FZH1:67号。[6]

②"横"S"形云纹"说见于《山西翼城大河口西周墓地1017号墓发掘》一文。该文认为山西翼城大河口M1017:15号钟(图1·2·1之12、13)的"篆带饰细阳线

[1]方建军:《中国音乐文物大系·陕西卷》,大象出版社,1996年,第77页。

[2]王世民、陈公柔、张长寿:《西周青铜器分期断代研究》,文物出版社,1999年,第162、163页。

[3]同[2]。

[4]同[2],第163页。

[5]同[2],第162页,钟4。

[6]同[1],第50页。

横‘S’形云纹”[1]。

笔者仔细观察这3例西周甬钟篆带所饰纹样的组织结构，发现其均为二方连续纹样。例如长由墓编甬钟中的第2件（3号），《长安普渡村西周墓的发掘》一文指出，其“纹饰与4号全同”[2]。从4号钟的篆带纹饰（图1·2·1之2）来看，其是由两个单元纹样构成，每个单元纹样均为横G形云纹，两个单元纹样呈顺序排列。如果将这两个单元纹样上下摞起来，所有的纹饰线条都会重叠，也就是说这两个单元纹样是相同的，这就是二方连续纹样。考虑到这些纹样为手工制作，而非模印，故此线条细部有些差别也是正常的。但如果这是一个横S形云纹，那就不能将其拆分为左右两个独立的单元纹样。如果非要人为地将横S形云纹拆分为左右两个部分，再将这两个部分上下摞起来的话，其纹饰线条是不能重叠的，而是交叉的。如果要使这两部分重叠的话，必须使其中一部分旋转180度之后再摞起来方可。另外，如果按照《西周青铜器分期断代研究》一书的观点，即长由墓编甬钟中的第2件（3号）的篆带纹饰是一个“横向S形云纹”的话，那么其组织结构也就不是二方连续纹样，而是适合纹样。故此，《西周青铜器分期断代研究》一书将长由墓编甬钟中的第2件（3号）和七式兴钟76FZH1∶67号的篆带纹饰均称为“横向S形云纹”，《山西翼城大河口西周墓地1017号墓发掘》一文将翼城大河口M1017∶15号钟的篆带纹饰称为“横‘S’形云纹”，都是不能成立的。

（3）“阳线云纹”“细阳线云纹”说

“阳线云纹”和“细阳线云纹”这两种称谓基本相同，故放在一起探讨。

①“阳线云纹”说见于《长江流域青铜器研究》，该书认为陕西宝鸡竹园沟M7甬钟（BZM7∶12号）的篆带（图1·2·1之1）饰“阳线云纹”[3]。

②“细阳线云纹”说最为多见，诸多文献均持此说。具体如下：

《宝鸡强国墓地》一书认为陕西宝鸡竹园沟M7甬钟（BZM7∶12号）的篆带

［1］山西省考古研究所、临汾市文物局、翼城县文物旅游局联合考古队、山西大学北方考古研究中心：《山西翼城大河口西周墓地1017号墓发掘》，《考古学报》2018年第1期，第132页。

［2］陕西省文物管理委员会：《长安普渡村西周墓的发掘》，《考古学报》1957年第1期，第78页。

［3］施劲松：《长江流域青铜器研究》，文物出版社，2003年，第146、147页。

（图1·2·1之1）纹饰为"细阳线云纹"[1]。《中国音乐文物大系·陕西卷》[2]《北方西周早期甬钟的特点及甬钟起源探索》[3]亦持此说。

《中国音乐文物大系·陕西卷》认为七式兴钟（2件，76FZH1:59号、67号）[4]（图1·2·1之3、4）、陕西扶风官务吊庄编钟（总0122，扶官吊02号）[5]（图1·2·1之5）这两例西周甬钟的篆带纹饰均为"细阳线云纹"。

《湖北随州叶家山新出西周青铜编钟略说》一文认为湖北随州叶家山M111编甬钟（2件，M111:7、11号）（图1·2·1之10、11）的"篆带饰以细阳线云纹。"[6]《叶家山M111号墓编钟初步研究》一文与上文的意见完全相同[7]。

《北方西周早期甬钟的特点及甬钟起源探索》一文认为长甶墓编甬钟（图1·2·1之2）和陕西岐山梁田钟（图1·2·1之6）这两例西周甬钟的篆带纹饰均为"细阳线云纹"[8]。需要说明的是，后一例编钟在该文中的表述语焉不详，原文称为"岐山青化出土一件"钟[9]。后经笔者查阅有关资料可知，该文所言的"岐山青化出土一件"钟是指《中国音乐文物大系·陕西卷》所载的陕西岐山梁田钟[10]。

通过梳理以上资料可知，"阳线云纹"和"细阳线云纹"这两种称谓共涉及6例西周甬钟，分别为陕西宝鸡竹园沟M7甬钟（BZM7:12号）（图1·2·1之1）、长甶墓甬钟（4号）（图1·2·1之2）、七式兴钟（2件，76FZH1:59、67号）（图1·2·1之3、4）、陕西扶风官务吊庄编钟（总0122，扶官吊02号）（图1·2·1之5）、陕西岐山梁田钟（图1·2·1之6）和湖北随州叶家山M111编甬钟（2件，M111:7、11号）（图1·2·1

[1] 卢连成、胡智生：《宝鸡强国墓地》，文物出版社，1988年，第96、97页。
[2] 方建军：《中国音乐文物大系·陕西卷》，大象出版社，1996年，第29页。
[3] 高西省：《北方西周早期甬钟的特点及甬钟起源探索》，《西周青铜器研究》，陕西人民出版社，2005年，第70页。
[4] 同[2]，第50页。
[5] 同[2]，第79页。
[6] 黄凤春：《湖北随州叶家山新出西周青铜编钟略说》，《东亚音乐考古研究论文集》，中州古籍出版社，2014年，第51页。
[7] 方勤：《叶家山M111号墓编钟初步研究》，《黄钟》2014年第1期，第93页。
[8] 同[3]，第70、71页。
[9] 同[3]，第71页。
[10] 同[2]，第77页。

之10、11）。笔者仔细观察这6例西周甬钟篆带所饰纹样后发现，其确为细阳线构成的云纹，故称其为"阳线云纹"或"细阳线云纹"并非错误。但从分类学的视角而言，"阳线云纹"或"细阳线云纹"是一类云纹的称谓，包括由细阳线构成的多种形态的云纹，如细阳线构成的斜角云纹、横G形云纹、螺旋形云纹、横S形云纹等，而不是指某一种云纹。笔者认为，应该给予乙组西周甬钟篆带云纹一个具有唯一性的具象命名，这样才可以对这种云纹做进一步的类型学分析与研究。故此，"阳线云纹"或"细阳线云纹"的称谓尚需斟酌。

（4）"细阳线连续云纹"说

"细阳线连续云纹"说出自《中国上古出土乐器综论》一书。

该书认为宝鸡竹园沟M7甬钟（BZM7:12号）的篆带饰"细阳线连续云纹"[1]。

该书认为长甶墓编甬钟（2件，4、3号）"形制如上例，纹饰也基本相同"[2]。这里所言的"上例"是指宝鸡茹家庄M1编甬钟（3件）。该书认为宝鸡茹家庄M1编甬钟（3件）的纹饰与宝鸡竹园沟M7编甬钟基本相同[3]。宝鸡竹园沟M7编甬钟（3件）的前两件篆带均饰"细阳线连续云纹"[4]，那么长甶墓编甬钟（3件）的篆带纹饰亦为"细阳线连续云纹"。需要指出的是，宝鸡茹家庄M1编甬钟（3件）的篆带其实是素面，并没有装饰"细阳线连续云纹"，这是该书的一个小失误。如有学者引用这条资料，请务必注意，以避免可能带来的学术错误。

笔者仔细观察该书所言的两例西周甬钟篆带所饰云纹发现，其线条确为细阳线，组织结构为连续式，故称其为"细阳线连续云纹"并非错误。但是"细阳线连续云纹"是一类云纹的称谓，虽然它比"细阳线云纹"的范围缩小了，仅包括其中的连续式云纹，但其仍然不是一种具有唯一性的云纹称谓。例如长甶墓编甬钟（4号）（图1·2·1之2）和湖北随州叶家山M111编甬钟（M111:13号）（图1·4·1之2）的篆

---

[1] 李纯一：《中国上古出土乐器综论》，文物出版社，1996年，第181页。
[2] 同[1]，第182页。
[3] 同[1]。
[4] 同[1]。

带纹饰均属于"细阳线连续云纹",但是从其形态来看,二者显然不属于同一种云纹。故此,"细阳线连续云纹"的称谓并不妥当。

(5)"细阴线云纹"说

《中国青铜器综论》认为陕西宝鸡竹园沟M7编甬钟(3件)中的第一件BZM7:12号钟的篆带(图1·2·1之1)饰"细阴线云纹"[1]。

从宝鸡竹园沟BZM7:12号钟的篆带纹饰图片可以清楚地看出,其纹饰线条为细阳线。笔者考察过原钟,也确实如此。故此"细阴线云纹"的称谓是错误的。

2."云雷纹"类纹饰说

"云雷纹"类纹饰说包括"云雷纹"和"细阳线云雷纹"这两种称谓,分述如下:

(1)"云雷纹"说

《赣江流域出土商周铜铙和甬钟研究》认为江西吉水甬钟(3件)中的2号钟(297号)的篆带(图1·2·1之7)饰"云雷纹"[2]。

《中国音乐文物大系II·湖南卷》认为湖南宁乡回龙铺钟的篆带(图1·2·1之8)饰"云雷纹"[3]。

(2)"细阳线云雷纹"说

《先秦乐钟之研究》认为陕西宝鸡竹园沟M7编甬钟(3件)的篆带(图1·2·1之1)饰"细阳线云雷纹"[4]。需要指出的是,3件钟的前两件钟的篆带均饰有纹样,而第3件BZM7:10号钟的"篆部朴素无纹"[5]。同时,该书认为长甶墓编甬钟(3件)的篆带(图1·2·1之2)亦饰"细阳线云雷纹"[6]。

那么"云雷纹"和"细阳线云雷纹"这两种称谓是否妥当呢?云雷纹包括两种

[1] 朱凤瀚:《中国青铜器综论》,上海古籍出版社,2009年,第363页。

[2] 彭适凡:《赣江流域出土商周铜铙和甬钟研究》,《中国南方青铜器研究》,上海辞书出版社,2011年,第177页。

[3] 高至喜、熊传薪:《中国音乐文物大系II·湖南卷》,大象出版社,2006年,第70页。

[4] 朱文玮、吕琪昌:《先秦乐钟之研究》,台湾南天书局,1994年,第70页。

[5] 卢连成、胡智生:《宝鸡강国墓地》,文物出版社,1988年,第96、97页。

[6] 同[4]。

含义：其一，指云纹和雷纹这两类纹饰的总称。如果这种纹饰属于云雷纹的范畴，那么将其称为"云雷纹"显然过于笼统，无法对其做进一步的类型学研究，没有实际意义，故此"云雷纹"的称谓并不妥当；其二，指一种既含有云纹又杂有雷纹的组合纹样。"由于方、圆的区别并不明显，或方、圆兼用，故有的著作即称之为'云雷纹'。"[1]笔者仔细观察"云雷纹"类纹饰说涉及的4例西周甬钟的篆带纹饰，其并不具备这种纹样特征，属于名实不符。故从这一层含义而言，将其称为"云雷纹"也不合理。"细阳线云雷纹"说自然也不妥当。

3．"卷曲纹"说

《中国音乐文物大系·北京卷》认为长甶墓编甬钟（3件）（图1·2·1之2）"形制相同，大小相次，纹饰略有差异。……篆间及鼓部饰卷曲纹。"[2]笔者梳理了一系列研究青铜器纹饰以及涉及青铜器纹饰的文献，如《商周青铜器纹饰》[3]《河南商周青铜器纹饰与艺术》[4]《商周青铜器幻想动物纹研究》[5]《中国古代青铜器造型纹饰》[6]《商周彝器通考》[7]《殷周青铜器通论》[8]《中国青铜器》[9]《中国青铜器综论》[10]《西周青铜器分期断代研究》[11]等，并没有发现"卷曲纹"这种纹饰。

既然在以往的青铜器纹饰研究文献中均没有"卷曲纹"，那么这种新的称谓是否合理呢？我们先来了解一下"卷曲"的含义，《现代汉语词典》的释义为"弯

[1] 朱凤瀚：《中国青铜器综论》，上海古籍出版社，2009年，第593、594页。
[2] 袁荃猷：《中国音乐文物大系·北京卷》，大象出版社，1996年，第36页。
[3] 上海博物馆青铜器研究组：《商周青铜器纹饰》，文物出版社，1984年。
[4] 河南省文物考古研究所：《河南商周青铜器纹饰与艺术》，河南美术出版社，1995年。
[5] 段勇：《商周青铜器幻想动物纹研究》，上海古籍出版社，2003年。
[6] 陈振裕：《中国古代青铜器造型纹饰》，湖北美术出版社，2001年。
[7] 容庚：《商周彝器通考》(重印版)，上海人民出版社，2008年。
[8] 容庚、张维持：《殷周青铜器通论》，文物出版社，1984年。
[9] 马承源：《中国青铜器》，上海古籍出版社，1991年。
[10] 朱凤瀚：《中国青铜器综论》，上海古籍出版社，2009年。
[11] 王世民、陈公柔、张长寿：《西周青铜器分期断代研究》，文物出版社，1999年。

曲"[1]。那么什么又是"弯曲"呢？《现代汉语词典》的释义为"不直"[2]。按照"卷曲"的这种释义，只要纹饰线条不直的纹饰均可以称为"卷曲纹"，那么云纹、雷纹、窃曲纹等纹饰均属于"卷曲纹"的范畴。显然，"卷曲纹"的称谓太过宽泛，根本无法对其做进一步的分型分式，缺乏实际意义，故此这种新的称谓并不合理。

4."窃曲纹"说

"窃曲纹"说出自以下两部文献：

（1）《湖北宜昌万福垴遗址发掘简报》认为湖北宜昌万福垴编钟（12件）中的2012YWTN03E20:10号钟篆带（图1·2·1之9）饰"细单阳线条勾勒的窃曲纹"[3]。

（2）《中国音乐文物大系II·江西卷》认为江西吉水甬钟（297号）的篆带（图1·2·1之7）饰"窃曲纹"[4]。

关于窃曲纹，许多学者并不陌生，《商周彝器通考》《殷周青铜器通论》《西周青铜器分期断代研究》《西周青铜器年代综合研究》[5]《中国青铜器综论》这5部著作以及《西周青铜器窃曲纹研究》[6]和《青铜器窃曲纹的来源及分型》[7]这两篇文章均对窃曲纹有深入研究。窃曲纹其名首见于《商周彝器通考》，该书云："窃曲纹《吕氏春秋》云：'周鼎有窃曲，状甚长，上下皆曲'。"[8]该书根据窃曲纹的不同形态特征，将其细分为15种[9]。《殷周青铜器通论》一书在《商周彝器通考》一书的基础上做了大幅修改与删减，该书仅保留了《商周彝器通考》一书中的六、八、十这3种窃曲纹，将原来的15种窃曲纹缩减到3种。《西周青铜器分

[1] 中国社会科学院语言研究所词典编辑室：《现代汉语词典》（第7版），商务印书馆，2016年，第710页。

[2] 同[1]，第1346页。

[3] 湖北省文物考古研究所、武汉大学历史学院考古系、宜昌博物馆：《湖北宜昌万福垴遗址发掘简报》，《江汉考古》2016年第4期，第30页。

[4] 彭适凡、王子初：《中国音乐文物大系II·江西卷》，大象出版社，2009年，第54页。

[5] 彭裕商：《西周青铜器年代综合研究》，巴蜀书社，2003年，第547、548页。

[6] 彭裕商：《西周青铜器窃曲纹研究》，《考古学报》2002年第4期，第421页。

[7] 张德良：《青铜器窃曲纹的来源及分型》，《文物》2009年第4期，第90页。

[8] 容庚：《商周彝器通考》（重印版），上海人民出版社，2008年，第108页。

[9] 同[8]，第108~111页。

期断代研究》一书按照"目"的有无，将窃曲纹分为两型（有目窃曲纹和无目窃曲纹），每型各分5式，共计10种窃曲纹[1]。《西周青铜器年代综合研究》一书按照窃曲纹的不同来源，将窃曲纹分为A型（饕餮窃曲纹）和B型（龙纹窃曲纹），其中A型分为3个亚型10种窃曲纹，B型分为2个亚型8种窃曲纹[2]。《中国青铜器综论》一书将窃曲纹分为五类：S形窃曲纹、◡形窃曲纹、S和◡结合形窃曲纹、L形窃曲纹、分解形窃曲纹。其中，该书仅对前两类窃曲纹做了分型分式。将S形窃曲纹分为A、B两型，A型分为4个亚型，B型分为2个亚型，Aa亚型分为2式，Ba亚型分为4式，其他亚型不分式。将◡形窃曲纹分为A、B、C三型，其中A型分为两个亚型，Aa亚型分为2式，其他型和亚型均不分式[3]。《西周青铜器窃曲纹研究》一文[4]见于《西周青铜器年代综合研究》一书的第六章第二节，此不赘述。另一篇研究窃曲纹的文章《青铜器窃曲纹的来源及分型》[5]将窃曲纹分为Ⅰ、Ⅱ两型，其中Ⅰ型分为2个亚型10式，Ⅱ型分为3个亚型11式。

笔者全面梳理了以上研究文献及所附图片，并没有发现宜昌万福垴2012YWTN03E20:10号钟篆带所饰或类似的纹样。同时，就纹样的工艺手法而言，绝大多数窃曲纹为阳刻平雕加阴线刻，少数仅为阳刻平雕，不加阴线。《中国青铜器综论》指出："被青铜器研究者们通称为'窃曲纹'的纹饰形式较复杂，但均有共同特征，即每一种图案的主要母题皆是卷曲的细长条纹。"[6]宜昌万福垴2012YWTN03E20:10号钟和江西吉水甬钟（297号）篆带所饰的纹样均为细阳线单勾而成。细阳线仅是一条线，只有一个维度（即长度），无法构成窃曲纹图案的"细长条纹"。故从纹样的工艺手法来看，宜昌万福垴2012YWTN03E20:10号钟和江西吉水甬钟（297号）篆带所饰纹样也不可能是窃曲纹。

故此，《湖北宜昌万福垴遗址发掘简报》认为宜昌万福垴2012YWTN03E20:10

［1］王世民、陈公柔、张长寿：《西周青铜器分期断代研究》，文物出版社，1999年，第182～193页。

［2］彭裕商：《西周青铜器年代综合研究》，巴蜀书社，2003年，第547～574页。

［3］朱凤瀚：《中国青铜器综论》，上海古籍出版社，2009年，第578～581页。

［4］彭裕商：《西周青铜器窃曲纹研究》，《考古学报》2002年第4期，第421～435页。

［5］张德良：《青铜器窃曲纹的来源及分型》，《文物》2009年第4期，第86～91页。

［6］同［3］，第578页。

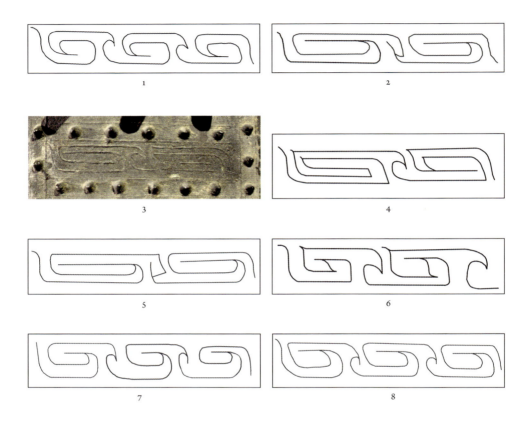

图1·2·1之1～8　乙组西周甬钟篆带云纹

1. 陕西宝鸡竹园沟BZM7:12号钟背面右侧上方篆带线图（张玲玲绘）　2. 长甶墓4号钟篆带线图（张玲玲绘）　3. 七式兴钟（76FZH1:59号）背面右侧上方篆带（王清雷摄）　4. 七式兴钟（76FZH1:67号）背面左侧下方篆带线图（张玲玲绘）　5. 陕西扶风官务吊庄钟（总0122，扶官吊02号）背面右侧上方篆带线图（张玲玲绘）　6. 陕西岐山梁田钟篆带线图（张玲玲绘）　7. 江西吉水甬钟（297号）背面左侧上方篆带线图（张玲玲绘）　8. 湖南宁乡回龙铺钟（总0792）背面右侧下方篆带线图（张玲玲绘）

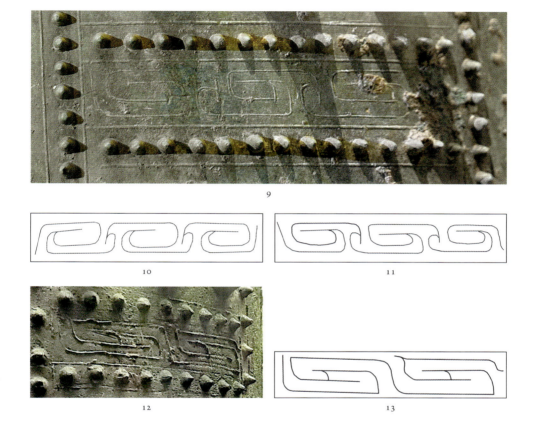

图1·2·1之9～13　乙组西周甬钟篆带云纹

9. 湖北宜昌万福垴2012YWTN03E20:10号钟背面右侧上方篆带（王清雷摄于湖北省博物馆展厅）　10. 湖北随州叶家山M111:7号钟背面篆带线图（张玲玲绘）　11. 湖北随州叶家山M111:11号钟背面篆带线图（张玲玲绘）　12. 山西翼城大河口M1017:15号钟篆带（张玲玲摄于临汾博物馆展厅）　13. 山西翼城大河口M1017:15号钟篆带线图（张玲玲绘）

号钟篆带所饰的纹样属于"窃曲纹"[1]、《中国音乐文物大系Ⅱ·江西卷》认为江西吉水甬钟（297号）的篆带纹样属于"窃曲纹"[2]的观点，均不能成立。

[1] 湖北省文物考古研究所、武汉大学历史学院考古系、宜昌博物馆：《湖北宜昌万福垴遗址发掘简报》，《江汉考古》2016年第4期，第30页。

[2] 彭适凡、王子初：《中国音乐文物大系Ⅱ·江西卷》，大象出版社，2009年，第54页。

（二）　乙组西周甬钟篆带云纹定名

综上所论，目前学界对于乙组西周甬钟篆带所饰云纹的11种不同称谓均存在着或大或小的问题，无论哪一种称谓均有不妥之处。那么，究竟该如何称呼乙组西周甬钟篆带所饰的云纹呢？这一问题困扰了笔者很久。

图1·2·2　横G形云纹构成示意图（张玲玲描）

2019年6月24日，笔者就这种纹饰的命名问题请教刘绪师，刘老师说，对于青铜器纹饰的命名，"考古界目前没有统一的标准"，"你认为哪种合理，取之即可。"刘老师的话，给了笔者极大的勇气和自信。笔者最初想过几个称谓，如勾连云纹、浪花纹、细阳线单勾连续云纹等，但是在反复思考、多次比对有关图案后，最终还是一一放弃了。后来，笔者在研究窃曲纹时，发现《西周青铜器年代综合研究》一书将一种窃曲纹称为"横G字形"[1]窃曲纹。在《青铜器窃曲纹的来源及分型》一文中，作者认为其中的一型窃曲纹是"由横G形构成的窃曲纹"[2]。笔者由此受到启发。在仔细观察10例乙组西周甬钟篆带所饰纹样（图1·2·1）后发现，其组织结构均属于二方连续纹样，由2个或3个单元纹样构成，每一个单元纹样均由2个一上一下的横G形勾连而成。为了方便读者看懂其构图，笔者在湖北宜昌万福垴编钟（2012YWTN03E20:10号）的原件篆带上，用红色和黄色分别勾勒出两个不同的横G形。从这种云纹的构成示意图（图1·2·2）来看，2个横G形的线条稍异，二者为首与首相勾，尾与尾相连，呈逆对称的关系。故此，笔者将乙组西周甬钟篆带所饰云纹命名为"横G形云纹"。

---

[1] 彭裕商：《西周青铜器年代综合研究》，巴蜀书社，2003年，第568页。

[2] 张德良：《青铜器窃曲纹的来源及分型》，《文物》2009年第4期，第90页。

第三节

丙组西周甬钟篆带
云纹定名考

该组具有代表性的西周甬钟实物主要有4例，分别为：一式兴钟（76FZH1:64号）（图1·3·1之1）、陕西扶风任家村钟（总0069，七三·634）（图1·3·1之2）、湖北宜昌万福垴编甬钟（2012YWTN03E20:9号）（图1·3·1之3）、山西翼城大河口M1017:86号钟（图1·3·1之4、5）。

（一）丙组西周甬钟篆带云纹定名考辨

在不同的文献中，对于丙组西周甬钟篆带所饰云纹多有不同的称谓。据笔者初步统计，至少有7种，分别为云纹、"⌒"形云纹、S形云纹、横"S"形云纹、细阳线云纹、细阳线连续云纹、窃曲纹。那么，这些称谓是否合理呢？笔者将这7种称谓分为两类，分别考辨如下：

1."云纹"类纹饰说

"云纹"类纹饰的称谓有6种：云纹、"⌒"形云纹、S形云纹、横"S"形云纹、细阳线云纹、细阳线连续云纹。分别考辨如下：

（1）"云纹"说

《中国音乐文物大系·陕西卷》认为扶风任家村钟（总0069，七三·634）篆带饰"云纹"[1]。

从扶风任家村钟（总0069，七三·634）篆带所饰纹样（图1·3·1之2）来看，这种纹饰确实属于云纹的范畴，故将其称为"云纹"并非不可。但云纹是一类纹饰的统称，而不是专指某一种具体的纹饰。对于该钟篆带所饰纹样而言，如果没有具体而恰当的称谓，就无法对其做进一步的类型学分析。所以，"云纹"这种笼统而空泛的称谓并不妥当。

（2）"'⌣'形云纹""S形云纹""横'S'形云纹"说

"'⌣'形云纹""S形云纹""横'S'形云纹"这3种称谓基本相同，故放在一起探讨。

①"'⌣'形云纹"说见于《中国上古出土乐器综论》，该书认为扶风任家村钟（总0069，七三·634）的篆带（图1·3·1之2）饰"'⌣'形云纹"[2]。

②"S形云纹"说见于《湖北宜昌万福垴遗址发掘简报》一文，认为湖北宜昌万福垴编钟（12件）中的2012YWTN03E20:9号钟篆带（图1·3·1之3）"饰细阳线勾勒的S形云纹"[3]。

③"横'S'形云纹"说见于《山西翼城大河口西周墓地1017号墓发掘》一文。该文认为山西翼城大河口M1017:86号钟（图1·3·1之4、5）的"形制、纹饰与M1017:15近似"[4]，而M1017:15号钟的"篆带饰细阳线横'S'形云纹"[5]，故翼城大河口M1017:86号钟的篆带纹饰亦为"横'S'形云纹"。

笔者在最初接触这3例西周甬钟的篆带纹饰时，也赞同称之为"'⌣'形云

---

［1］方建军：《中国音乐文物大系·陕西卷》，大象出版社，1996年，第73页。在该书中，此钟被称为扶风蝉纹钟。

［2］李纯一：《中国上古出土乐器综论》，文物出版社，1996年，第196页。

［3］湖北省文物考古研究所、武汉大学历史学院考古系、宜昌博物馆：《湖北宜昌万福垴遗址发掘简报》，《江汉考古》2016年第4期，第30页。

［4］山西省考古研究所、临汾市文物局、翼城县文物旅游局联合考古队，山西大学北方考古研究中心：《山西翼城大河口西周墓地1017号墓发掘》，《考古学报》2018年第1期，第133页。

［5］同［4］，第132页。

纹""S形云纹"或"横'S'形云纹"。

但后来从纹饰的组织结构视角切入，才发现自己最初的认识是错误的。笔者仔细观察这3例西周甬钟篆带所饰纹样的组织结构，发现其均为二方连续纹样。例如扶风任家村钟（总0069，七三·634），其篆带纹饰是由两个单元纹样构成，每个单元纹样为螺旋形云纹，两个单元纹样呈顺序排列（图1·3·1之2）。如果将这两个单元纹样上下摞起来的话，所有的纹饰线条都会重叠，也就是说这两个单元纹样是相同的，这就是二方连续纹样。考虑到这些纹样为手工制作，而非模印，故此纹饰线条的细部略有差别也是正常的。但如果是一个横S形云纹，是不能将其拆分为左右两个独立的单元纹样的。同时，如果人为地将横S形云纹拆分为左右两个部分，再将这两个部分上下摞起来的话，其纹饰线条是不能重叠的，而是交叉的。如果要使这两部分完全重叠的话，必须使其中一部分旋转180度之后再摞起来方可。另外，如果按照《中国上古出土乐器综论》一书的观点，即扶风任家村钟（总0069，七三·634）篆带纹饰是一个"'〰'形云纹"的话，那么其组织结构也就不是二方连续纹样，而是适合纹样。所以，从纹样的组织结构视角来判断，其篆带纹饰并不是"'〰'形云纹"。湖北宜昌万福垴2012YWTN03E20:9号钟和山西翼城大河口M1017:86号钟的篆带纹饰组织结构也是如此。

综上分析，从这3例西周甬钟篆带纹饰的组织结构来看，《中国上古出土乐器综论》《湖北宜昌万福垴遗址发掘简报》和《山西翼城大河口西周墓地1017号墓发掘》这3部文献提出的"'〰'形云纹""S形云纹"和"横'S'形云纹"的称谓，是不能成立的。

（3）"细阳线云纹"说

《先秦乐钟之研究》认为陕西扶风任家村钟（总0069，七三·634）篆带（图1·3·1之2）饰"细阳线云纹"[1]。

《中国音乐文物大系·陕西卷》认为一式兴钟（76FZH1:64号）[2]的篆带纹饰（图1·3·1之1）为"细阳线云纹"。

[1] 朱文玮、吕琪昌：《先秦乐钟之研究》，台湾南天书局，1994年，第73页。
[2] 方建军：《中国音乐文物大系·陕西卷》，大象出版社，1996年，第37页。

《北方西周早期甬钟的特点及甬钟起源探索》一文认为一式兴钟（76FZH1:64号）篆带纹饰为"细阳线云纹"[1]。需要说明的是，该文对于此钟的表述语焉不详，原文仅说"扶风庄白一号窖藏出土一件"[2]。后经笔者查阅有关资料确认，该文所言的"扶风庄白一号窖藏出土一件"钟是指一式兴钟（76FZH1:64号）[3]。

笔者仔细观察这两例西周甬钟篆带所饰纹样发现，其确为细阳线构成的云纹，故称其为"细阳线云纹"并非错误。但从分类学的视角而言，"细阳线云纹"是一类云纹的称谓，包括由细阳线构成的多种形态的云纹，如细阳线构成的斜角云纹、横G形云纹、横S形云纹等，而不是指某一种云纹。笔者认为，应该给予丙组西周甬钟篆带云纹一个具有唯一性的具象命名，这样才可以对这种云纹做进一步的类型学分析与研究。故此，"细阳线云纹"的称谓并不妥当。

（4）"细阳线连续云纹"说

《中国上古出土乐器综论》一书认为一式兴钟（76FZH1:64号）"形制与纹饰均略同于例3"[4]。该书所言的"例3"是指长由墓编甬钟（3件），其篆带纹饰为"细阳线连续云纹"，那么一式兴钟（76FZH1:64号）的篆带纹饰亦为"细阳线连续云纹"。

笔者仔细观察一式兴钟（76FZH1:64号）篆带所饰的云纹（图1·3·1之1）发现，其线条确为细阳线，组织结构为连续式，故称其为"细阳线连续云纹"并非错误。但"细阳线连续云纹"是一类云纹的称谓，虽然它比"细阳线云纹"的范围缩小了，仅包括其中的连续式云纹，但其仍然不是一种具有唯一性的具象云纹称谓。例如陕西宝鸡竹园沟M7编甬钟（BZM7:12号）（图1·2·1之1）和湖北随州叶家山M111编甬钟（M111:13号）（图1·4·1之2）的篆带纹饰与一式兴钟（76FZH1:64号）均属于"细阳线连续云纹"，但是从其纹样形态来看，三者显然不属于同一种云纹。故此，"细阳线连续云纹"的称谓并不妥当。

[1] 高西省：《北方西周早期甬钟的特点及甬钟起源探索》，《西周青铜器研究》，陕西人民出版社，2005年，第70、71页。
[2] 同[1]，第71页。
[3] 方建军：《中国音乐文物大系·陕西卷》，大象出版社，1996年，第36、37页。
[4] 李纯一：《中国上古出土乐器综论》，文物出版社，1996年，第188页。

2. "窃曲纹"说

《西周青铜器年代综合研究》认为一式兴钟（76FZH1:64号）的篆带（图1·3·1之1）饰"BbⅢ式窃曲纹"[1]。

关于窃曲纹，许多学者并不陌生，《商周彝器通考》《殷周青铜器通论》《西周青铜器分期断代研究》《西周青铜器年代综合研究》[2]《中国青铜器综论》这5部著作以及《西周青铜器窃曲纹研究》[3]和《青铜器窃曲纹的来源及分型》[4]这两篇文章均对窃曲纹有深入研究。

笔者全面梳理了以上研究文献及所附图片，并没有发现一式兴钟（76FZH1:64号）篆带所饰或类似的纹样。同时，就纹样的工艺手法而言，窃曲纹均为阳刻平雕；在此基础上，绝大多数窃曲纹还加刻阴线，少数仅为阳刻平雕，不加阴线。《中国青铜器综论》指出："被青铜器研究者们通称为'窃曲纹'的纹饰形式较复杂，但均有共同特征，即每一种图案的主要母题皆是卷曲的细长条纹。"[5]一式兴钟（76FZH1:64号）篆带所饰的纹样均为细阳线单勾而成。细阳线仅是一条线，只有一个维度（即长度），无法构成窃曲纹图案的"细长条纹"。故从纹样的工艺手法来看，一式兴钟（76FZH1:64号）篆带所饰纹样也不可能是窃曲纹。《西周青铜器年代综合研究》之所以认为一式兴钟（76FZH1:64号）的篆带纹饰为窃曲纹，应该是误将该纹饰的细阳线单勾看成了细阳线双勾，而细阳线双勾是可以构成"细长条纹"的。但是这种由细阳线双勾构成的"细长条纹"与阳刻平雕构成的"细长条纹"是完全不同的。细阳线双勾构成的"细长条纹"仅有宽度，属于平面艺术；而阳刻平雕构成的"细长条纹"既有宽度又有高度，属于立体艺术。所以，假如一式兴钟（76FZH1:64号）的篆带纹饰由细阳线双勾而成，其纹样也不是窃曲纹。

综上分析，《西周青铜器年代综合研究》认为一式兴钟（76FZH1:64号）篆带所饰的纹样属于"窃曲纹"的观点，是不能成立的。

[1] 彭裕商：《西周青铜器年代综合研究》，巴蜀书社，2003年，第572页。
[2] 同[1]，第547、548页。
[3] 彭裕商：《西周青铜器窃曲纹研究》，《考古学报》2002年第4期，第421页。
[4] 张德良：《青铜器窃曲纹的来源及分型》，《文物》2009年第4期，第90页。
[5] 朱凤瀚：《中国青铜器综论》，上海古籍出版社，2009年，第578页。

（二）　丙组西周甬钟篆带云纹定名

综上所论，目前学界对于丙组西周甬钟篆带所饰云纹的7种不同称谓均存在着或大或小的问题，均有不合理之处。那么，究竟该如何称呼丙组西周甬钟篆带所饰的云纹呢？

笔者在仔细观察这4例丙组西周甬钟篆带所饰纹样（图1·3·1）后发现，其组织结构均属于二方连续纹样，由2个或3个单元纹样构成，每一个单元纹样均为螺旋形

图1·3·1　丙组西周甬钟篆带云纹

1. 一式兴钟（76FZH1:64号）背面左侧下方篆带线图（张玲玲绘）　2. 陕西扶风任家村钟（总0069，七三·634号）篆带线图（张玲玲绘）　3. 湖北宜昌万福垴2012YWTN03E20:9号钟篆带线图（张玲玲绘）　4. 山西翼城大河口M1017:86号钟篆带线图（张玲玲绘）　5. 山西翼城大河口M1017:86号钟篆带（张玲玲摄于临汾博物馆展厅）

图1·3·2　马家窑文化彩陶纹饰中的螺旋形纹[1]

云纹。这种螺旋形云纹的具体构图为：如果线条走向先是顺时针旋转，由外而内，那么到达中心点时再逆时针旋转，由内而外，在完成第一个单元纹样后，再连接到第二个单元纹样；如果线条走向先是逆时针旋转，由外而内，那么到达中心点时再顺时针旋转，由内而外，在完成第一个单元纹样后，再连接到第二个单元纹样，如此重复。由于这几个单元纹样均由同一根细阳线单勾而成，故此这种螺旋形云纹的线条走向必须是顺时针与逆时针旋转相结合才能构成这种二方连续纹样，可谓构思巧妙。故此，笔者将丙组西周甬钟篆带所饰云纹命名为"螺旋形云纹"。

螺旋形纹的产生很早。《有关马家窑文化的一些问题》一文指出："马家窑文化的彩陶纹饰有两类，即动物图像和几何图案花纹。"[2]其中，螺旋形纹是马家窑文化几何图案花纹中的主体部分，其组织结构多为二方连续纹样。其中一种螺旋形纹（图1·3·2）与扶风任家村钟篆带所饰螺旋形云纹（图1·3·1之2）的构图方式相同，尤其是最左侧一个单元纹样。其纹样线条走向先是顺时针旋转，由外而内，到达中心点时再逆时针旋转，由内而外，在完成第一个单元纹样后，再连接到第二个单元纹样，如此重复。并且这种二方连续螺旋纹是由同一根线条绘成。这种马家窑文化彩陶螺旋纹的构图方式与丙组西周甬钟篆带所饰螺旋形云纹的构图方式相同。由此可见，丙组西周甬钟篆带所饰螺旋形云纹风格之古朴，其构图方式之原始。

［1］石兴邦：《有关马家窑文化的一些问题》，《考古》1962年第6期，第321页，图二之6。
［2］同［1］，第318页。

第四节

丁组西周甬钟篆带 云纹定名考

该组具有代表性的西周甬钟实物主要有8例，分别为：湖北随州叶家山M111编甬钟（2件，M111:8、13号）（图1·4·1之1、2）、一式晋侯苏编钟（4件，73627～73630号）（图1·4·1之3、4）、五式兴钟（2件，76FZH1:61、66号）（图1·4·1之5、6）、陕西长安马王村编钟（21号）（图1·4·1之7）、陕西眉县杨家村甲组编钟（2件，Ⅰ、Ⅱ号）（图1·4·1之8、9）、山西翼城大河口M1017:84号钟（图1·4·1之10、11）、陕西扶风五郡西村编钟（2件，2006FWXJ1:1、3号）（图1·4·1之12～14）、湖北宜昌万福垴编钟（3件，2012YWTN03E20:5、6、8号）（图1·4·1之15、16）。

（一）　丁组西周甬钟篆带云纹定名考辨

在不同的文献中，对于丁组西周甬钟篆带所饰云纹多有不同的称谓。据笔者初步统计，至少有6种，分别为横向S形云纹、细线云纹、细阳线云纹、卷云纹、云雷纹、变形兽纹。那么，这些称谓是否合理呢？笔者将这6种称谓分为3类，分别考辨如下：

1．"云纹"类纹饰说

"云纹"类纹饰的称谓有4种：横向S形云纹、细线云纹、细阳线云纹、卷云纹。分别考辨如下：

（1）"横向S形云纹"说

《西周青铜器分期断代研究》一书认为"晋侯稣钟甲""晋侯稣钟乙"的"篆间纹饰，与兴钟（一）相同"[1]。根据该书的详细描述可知，"晋侯稣钟甲"是指晋侯苏编钟73630号，"晋侯稣钟乙"是指晋侯苏编钟73627号[2]。该书认为"兴钟（一）"的"篆部饰横向S形云纹"[3]，故晋侯苏编钟73627、73630号的篆带纹饰亦均为"横向S形云纹"。

从晋侯苏编钟73627号（图1·4·1之3）、73630号（图1·4·1之4）的线图可以清楚地看到，这两件甬钟篆带纹饰的组织结构均为二方连续纹样，由两个完整的单元纹样和一部分单元纹样构成，每个单元纹样并非是横向S形。所以，《西周青铜器分期断代研究》一书将"晋侯稣钟甲"（73630号）、"晋侯稣钟乙"（73627号）篆带纹饰均称为"横向S形云纹"的观点，是不能成立的。

（2）"细线云纹"说

《关于晋侯苏编钟的来源问题》一文认为一式晋侯苏编钟（4件，73627～73630号）的篆带饰"细线云纹"[4]。

仔细观察一式晋侯苏编钟（4件，73627～73630号）的篆带纹样（图1·4·1之3、4）可知，其的确是由细线制成的云纹，故称其为"细线云纹"并非错误。但从分类学的视角来看，"细线云纹"是一类云纹的称谓，而不是指某一种云纹。笔者认为，应该给一式晋侯苏编钟篆带所饰云纹一个具有唯一性的具象命名，这样才可以对其做进一步的类型学分析与研究。故此，"细线云纹"的称谓并不妥当。

（3）"细阳线云纹"说

篆带纹饰被称为"细阳线云纹"的丁组西周甬钟最多，共计7例，分别为一式晋侯苏编钟（4件，73627～73630号）、湖北随州叶家山M111编甬钟（2件，

[1] 王世民、陈公柔、张长寿：《西周青铜器分期断代研究》，文物出版社，1999年，第165页。
[2] 马承源：《中国音乐文物大系·上海卷》，大象出版社，1996年，第29～38页。
[3] 同[1]，第164页。
[4] 高至喜：《关于晋侯苏编钟的来源问题》，《商周青铜器与楚文化》，岳麓书社，1999年，第92页。

M111:8、13号）、五式兴钟（2件，76FZH1:61、66号）、陕西眉县杨家村甲组甬钟（2件，Ⅰ、Ⅱ号）、陕西长安马王村甬钟（2件，20、21号）、山西翼城大河口M1017:84号钟、陕西扶风五郡西村编钟（2件，2006FWXJ1:1、3号）。

①一式晋侯苏编钟（4件，73627～73630号）（图1·4·1之3、4）

《晋侯苏编钟的形制特征及来源问题》将16件晋侯苏编钟分为A、B两型，A型共计4件，为73627～73630号钟；B型共计12件，为73631～73640号钟，32、33号钟。该文认为A型晋侯苏编钟篆带均饰"细阳线云纹"[1]。

《中国音乐文物大系·上海卷》认为一式晋侯苏编钟（4件，73627～73630号）的篆带均饰"纤细阳线构成的云纹"[2]。

②湖北随州叶家山M111编甬钟（2件，M111:8、13号）（图1·4·1之1、2）

《湖北随州叶家山新出西周青铜编钟略说》认为，湖北随州叶家山M111出土的4件编甬钟的"篆带饰以细阳线云纹"[3]。

《叶家山M111号墓编钟初步研究》一文与上文的意见完全相同，认为该墓所出4件编甬钟的"篆带饰以细阳线云纹"[4]。其中，仅有M111:8、13号这两件甬钟篆带纹饰属于丁组。

③五式兴钟（2件，76FZH1:61、66号）（图1·4·1之5、6）

《中国音乐文物大系·陕西卷》认为2件五式兴钟（76FZH1:61、66号）的篆带纹饰均为"细阳线云纹"[5]。

④陕西眉县杨家村甲组甬钟（2件，Ⅰ、Ⅱ号）（图1·4·1之8、9）

《北方西周早期甬钟的特点及甬钟起源探索》一文将陕西眉县杨家村甲组甬钟（2件，Ⅰ、Ⅱ号）归入"扶风官务吊庄器组"，认为其篆带饰"细阳线云

[1] 高西省：《晋侯苏编钟的形制特征及来源问题》，《文物》2010年第8期，第72页。
[2] 马承源：《中国音乐文物大系·上海卷》，大象出版社，1996年，第30页。在该书中，该钟被称为晋侯穌钟。
[3] 黄凤春：《湖北随州叶家山新出西周青铜编钟略说》，《东亚音乐考古研究论文集》，中州古籍出版社，2014年，第51页。
[4] 方勤：《叶家山M111号墓编钟初步研究》，《黄钟》2014年第1期，第93页。
[5] 方建军：《中国音乐文物大系·陕西卷》，大象出版社，1996年，第47页。

纹"[1]。但在原文中仅有"眉县杨家村出土二件"钟，语焉不详。经笔者查阅《眉县出土一批西周窖藏青铜乐器》一文可知，"1985年8月，眉县马家镇杨家村砖厂工人在取土时发现一西周青铜器窖藏，共出土西周甬钟十件。"[2]那么《北方西周早期甬钟的特点及甬钟起源探索》一文所言的"二件"是指10件中的哪两件呢？经笔者进一步查阅有关资料确认，该文所言"眉县杨家村出土二件"钟，指的是这10件中的甲组甬钟（2件，Ⅰ、Ⅱ号）[3]。

《中国音乐文物大系·陕西卷》认为陕西眉县杨家村甲组甬钟（2件，Ⅰ、Ⅱ号）的篆带均饰"细阳线云纹"[4]。

⑤陕西长安马王村甬钟（2件，20、21号）（图1·4·1之7）

《北方西周早期甬钟的特点及甬钟起源探索》一文将陕西长安马王村甬钟的20号和21号归入"扶风官务吊庄器组"，认为其篆带均饰"细阳线云纹"[5]。但在原文中仅有"长安新旺村出土二件"，语焉不详。笔者查阅《陕西长安新旺村、马王村出土的西周铜器》一文可知，所谓的"长安新旺村出土二件"的表述是有问题的，长安新旺村只出土"一鼎、一盂"，并无甬钟；所谓的甬钟均出土自长安马王村，共计10件[6]。经笔者比照10件甬钟的图片可知，该文所言的"长安新旺村出土二件"是指长安马王村甬钟的20号和21号。

⑥山西翼城大河口M1017:84号钟（图1·4·1之10、11）

《山西翼城大河口西周墓地1017号墓发掘》一文认为山西翼城大河口M1017:84号钟的篆带饰"细阳线云纹"[7]。

⑦陕西扶风五郡西村编钟（2件，2006FWXJ1:1、3号）（图1·4·1之12～14）

[1] 高西省：《北方西周早期甬钟的特点及甬钟起源探索》，《西周青铜器研究》，陕西人民出版社，2005年，第71页。
[2] 刘怀君：《眉县出土一批西周窖藏青铜乐器》，《文博》1987年第2期，第17页。
[3] 同[2]。
[4] 方建军：《中国音乐文物大系·陕西卷》，大象出版社，1996年，第60页。
[5] 同[1]。
[6] 西安市文物管理处：《陕西长安新旺村、马王村出土的西周铜器》，《考古》1974年第1期，第1页。
[7] 山西省考古研究所、临汾市文物局、翼城县文物旅游局联合考古队、山西大学北方考古研究中心：《山西翼城大河口西周墓地1017号墓发掘》，《考古学报》2018年第1期，第133页。

《陕西扶风五郡西村西周青铜器窖藏发掘简报》一文认为扶风五郡西村编钟（2件，2006FWXJ1:1、3号）（图1·4·1之12～14）的篆带均饰"细阳线云纹"[1]。

笔者仔细观察这7例西周甬钟篆带所饰纹样（图1·4·1）可知，其确为细阳线构成的云纹，故称其为"细阳线云纹"并非错误。但从分类学的视角来看，"细阳线云纹"是一类云纹的称谓，包括由细阳线构成的多种形态的云纹，如细阳线构成的斜角云纹、横G形云纹、螺旋形云纹、横S形云纹等，而不是指某一种云纹。笔者认为，应该给予丁组西周甬钟篆带所饰云纹一个恰当且具象的命名，这样才可以对这种云纹做进一步的类型学分析与研究。故此，"细阳线云纹"的称谓并不恰当。

（4）"卷云纹"说

《湖北宜昌万福垴遗址发掘简报》一文认为宜昌万福垴编钟（3件，2012YWTN03E20:5、6、8号）"篆饰卷云纹"[2]。

《殷周青铜器通论》指出："殷代铜器的装饰纹样中，最典型的几何形纹样，是以一连续的螺旋形构成的，通常是用极细致的线条，但有时也可以用粗线条。这些螺旋形有时是圆的，有时是方的。前者习称为云纹，后者即称为雷纹。"[3]《中国青铜器综论》同样认为："螺旋形作圆形者，通称为云纹，其作方形者通称为雷纹。"[4]既然如此，云纹的圆形螺旋状线条必然都是"卷"的。也就是说，"卷"是云纹的共同特征，并不是宜昌万福垴编钟（3件，2012YWTN03E20:5、6、8号）篆带所饰云纹独有的形态特征。显然，"卷云纹"的命名过于宽泛，并不能体现这种云纹独有的形态特征。因此，《湖北宜昌万福垴遗址发掘简报》一文将宜昌万福垴编钟（3件，2012YWTN03E20:5、6、8号）篆带纹样称为"卷云纹"，是欠妥的。

［1］宝鸡市考古研究所、扶风县博物馆：《陕西扶风五郡西村西周青铜器窖藏发掘简报》，《文物》2007年第8期，第6页。

［2］湖北省文物考古研究所、武汉大学历史学院考古系、宜昌博物馆：《湖北宜昌万福垴遗址发掘简报》，《江汉考古》2016年第4期，第35页，附表一。

［3］容庚、张维持：《殷周青铜器通论》，文物出版社，1984年，第103页。

［4］朱凤瀚：《中国青铜器综论》，上海古籍出版社，2009年，第593页。

2."云雷纹"说

《眉县出土一批西周窖藏青铜乐器》认为陕西眉县杨家村甲组甬钟（2件，Ⅰ、Ⅱ号）（图1·4·1之8、9）"钲、鼓、篆间饰云雷纹"[1]。

《先秦乐钟之研究》认为陕西眉县杨家村甲组甬钟（2件，Ⅰ、Ⅱ号）（图1·4·1之8、9）的篆带均饰"细阳线云雷纹"[2]。

那么"云雷纹"的称谓是否妥当呢？云雷纹包括两种含义：其一，指云纹和雷纹这两类纹饰的总称。如果这种纹饰属于云雷纹的范畴，那么将其称为"云雷纹"显然过于笼统，无法对其做进一步的类型学研究，故此"云雷纹"的称谓并不妥当；其二，指一种既含有云纹又杂有雷纹的组合纹样。"由于方、圆的区别并不明显，或方、圆兼用，故有的著作即称之为'云雷纹'。"[3]笔者仔细观察杨家村甲组甬钟（2件，Ⅰ、Ⅱ号）的篆带纹饰，其并不具备这种纹样特征，属于名实不符。故就这一层含义而言，将其称为"云雷纹"也不合理。

3."变形兽纹"说

《首阳斋藏逨钟及其相关问题》一文认为陕西眉县杨家村甲组甬钟（2件，Ⅰ、Ⅱ号）（图1·4·1之8、9）的篆带均饰"变形兽纹"[4]。

该文同时指出陕西眉县杨家村乙组甬钟"四件钟所饰的纹饰相同"，篆带均饰"变形兽纹"[5]。也就是说，该文认为眉县杨家村甲组和乙组甬钟的篆带纹饰是相同的，均为"变形兽纹"。但是如果我们将二者的篆带纹饰放在一起进行比较（图1·4·1之8、9，图1·4·2），就会发现它们的纹样形态和工艺手法并不相同。眉县杨家村乙组甬钟篆带纹饰为横S形窃曲纹，其工艺手法为阳刻平雕，有的加刻阴线；眉县杨家村甲组甬钟的篆带纹饰为云纹[6]，其工艺手法为细阳线双勾。由此

［1］刘怀君：《眉县出土一批西周窖藏青铜乐器》，《文博》1987年第2期，第17页。

［2］朱文玮、吕琪昌：《先秦乐钟之研究》，台湾南天书局，1994年，第70页。

［3］朱凤瀚：《中国青铜器综论》，上海古籍出版社，2009年，第593、594页。

［4］马今洪：《首阳斋藏逨钟及其相关问题》，《中国古代青铜器国际研讨会论文集》，上海博物馆、香港中文大学文物馆，2010年，第188页。

［5］同［4］，第181页。

［6］这里暂时称其为云纹，其恰当的具体称谓，笔者在后面会做探讨。

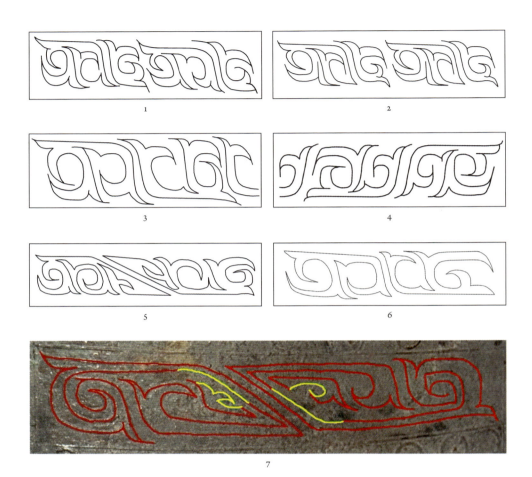

图1·4·1之1～7　丁组西周甬钟篆带云纹

1.湖北随州叶家山M111:8号钟正面篆带纹饰线图（张玲玲绘）　2.湖北随州叶家山M111:13号钟背面篆带纹饰线图（张玲玲绘）　3.一式晋侯苏钟（73627号）背面右侧上方篆带线图（张玲玲绘）　4.一式晋侯苏钟（73630号）背面左侧上方篆带线图（张玲玲绘）　5.五式兴钟（76FZH1:61号）背面右侧下方篆带线图（张玲玲绘）　6.五式兴钟（76FZH1:66号）背面右侧下方篆带线图（张玲玲绘）　7.陕西长安马王村21号钟背面右侧下方篆带纹饰（王清雷描）[1]

[1] 由于陕西长安马王村21号钟的篆带纹饰大部分漫漶不辨，故笔者通过反复观察多个篆带可辨的纹饰局部最终构思出篆带纹饰的全貌，现以该钟保存最好的背面右侧下方篆带纹饰为底本，在原线条上勾勒出篆带纹饰，即图1·4·1之7，其中确凿无误的线条用红色勾勒，个别局部线条为笔者的推测，用黄色勾勒，特此说明。

8

9

10

11

12

图1·4·1之8～12　丁组西周甬钟篆带云纹

8.陕西眉县杨家村甲组Ⅰ号钟背面右侧上方篆带（王清雷摄）　9.陕西眉县杨家村甲组Ⅱ号钟正面右侧下方篆带线图（张玲玲绘）　10.山西翼城大河口M1017:84号钟篆带（张玲玲摄于临汾博物馆展厅）　11.山西翼城大河口M1017:84号钟篆带线图（张玲玲绘）　12.陕西扶风五郡西村2006FWXJ1:1号钟篆带线图（张玲玲绘）

可知，《首阳斋藏速钟及其相关问题》一文所谓的"变形兽纹"至少包括了部分窃曲纹和部分云纹。也就是说，这种命名是一大类纹饰的统称，而不是某一种具体纹饰的称谓。笔者研究的目的，就是要给予杨家村甲组甬钟（2件，Ⅰ、Ⅱ号）篆带

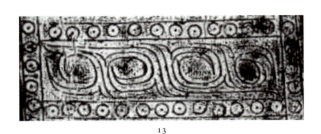

13

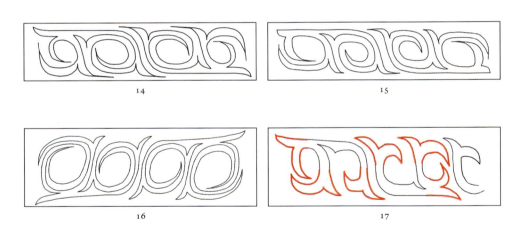

14　　　　　　　　　　　　　　　　　15

16　　　　　　　　　　　　　　　　　17

图1·4·1之13～17　丁组西周甬钟篆带云纹

13.陕西扶风五郡西村2006FWXJ1:3号钟篆带拓片[1]　14.陕西扶风五郡西村2006FWXJ1:3号钟篆带线图（张玲玲绘）　15.湖北宜昌万福垴2012YWTN03E20:5号钟篆带线图（张玲玲绘）　16.湖北宜昌万福垴2012YWTN03E20:6号钟篆带线图（张玲玲绘）　17.燕尾云纹定名示意图（张玲玲绘）

[1]　宝鸡市考古研究所、扶风县博物馆：《陕西扶风五郡西村西周青铜器窖藏发掘简报》，《文物》2007年第8期，第21页，图三四。"13.陕西扶风五郡西村2006FWXJ1：3号钟篆带拓片"由王清雷裁剪自"图三四"。

1   2

图1·4·2   陕西眉县杨家村乙组编钟篆带横S形窃曲纹

1. 陕西眉县杨家村乙组1号钟篆带纹饰（王清雷摄）   2. 陕西眉县杨家村乙组4号钟篆带纹饰（王清雷摄）

纹饰以一种具体的恰当称谓，然后对其做进一步的类型学研究，故此"变形兽纹"这种笼统地以类代种的称谓并不妥当。同时，"变形兽纹"这种称谓是否合理，也需进一步探讨。

（二） 丁组西周甬钟篆带云纹定名

综上所论，目前学界对于丁组西周甬钟篆带所饰云纹的6种称谓均存在着或大或小的问题，均有不合理之处。那么，究竟该如何称呼丁组西周甬钟篆带所饰的云纹呢？

通过仔细观察8例丁组西周甬钟篆带所饰纹样（图1·4·1），我们可以清楚地看到，该组甬钟篆带纹饰的组织结构均为二方连续云纹。由于这种云纹的工艺手法为细阳线双勾，故在这种纹样上可见多个类似燕子剪刀尾的分叉（图1·4·1之17，图2·2·2之2～4），这是其典型的形态特征。所以，笔者将丁组西周甬钟篆带所饰纹样命名为"燕尾云纹"。

第五节

戊组西周甬钟篆带
云纹定名考

该组具有代表性的西周甬钟实物主要有4例，分别为：晋侯苏编钟（6件，M8:32、M8:33、73635、73637~73639号）（图1·5·2之1、2）、应侯视工钟（陕西蓝田出土）（图1·5·2之3、4）、应侯视工钟（保利艺术博物馆所藏之大钟（图1·5·2之5））、一式兴钟（76FZH1:64号）（图1·5·2之6）。

（一）戊组西周甬钟篆带云纹定名考辨

在不同的文献中，对于4例戊组西周甬钟篆带所饰云纹多有不同的称谓。据笔者初步统计，至少有9种，分别为云纹、卷云纹、勾连云纹、阴刻勾连式卷云纹、长体合卷云纹、阴线双勾"〰"形云纹、云雷纹、断裂S形无目窃曲纹、窃曲纹。那么，这些称谓是否合理呢？笔者将这9种称谓分为3类，分别考辨如下：

1. "云纹"类纹饰说

"云纹"类纹饰的称谓有6种：云纹、卷云纹、勾连云纹、阴刻勾连式卷云纹、长体合卷云纹、阴线双勾"〰"形云纹。分别考辨如下：

（1）"云纹"说

戊组西周甬钟篆带"云纹"说的观点涉及3例西周甬钟，分别出自以下3部文献：

①《关于晋侯苏编钟的来源问题》一文认为晋侯苏编钟（6件，M8:32、M8:33、73635、73637～73639号）的篆带均饰"云纹"[1]。

②《应侯钟的音列结构及有关问题》一文认为陕西蓝田红星村所出应侯视工钟的篆带饰"云纹"[2]。

③《中国音乐文物大系·陕西卷》一书认为一式兴钟（76FZH1:64号）的篆带纹饰为"云纹"[3]。

从以上3例戊组西周甬钟篆带所饰纹样来看，这种纹饰确实属于云纹的范畴，故将其称为"云纹"并非错误。但云纹是一类纹饰的总称，而不是专指某一种具体的纹饰。如果没有具体而合理的称谓，就无法对戊组西周甬钟篆带所饰云纹做进一步的类型学研究。所以，"云纹"这种笼统而空泛的称谓并不妥当。

（2）"卷云纹"说

《西周青铜器年代综合研究》认为晋侯苏编钟（6件，M8:32、M8:33、73635、73637～73639号）的篆带均饰"卷云纹"[4]。

《殷周青铜器通论》指出："殷代铜器的装饰纹样中，最典型的几何形纹样，是以一连续的螺旋形所构成的，通常是用极细致的线条，但有时也可以粗线条。这些螺旋形有时是圆的，有时是方的。前者习称为云纹，后者即称为雷纹。"[5]《中国青铜器综论》同样认为："螺旋形作圆形者，通称为云纹，其作方形者通称为雷纹"[6]。既然如此，云纹的圆形螺旋状线条必然都是"卷"的。也就是说，"卷"是云纹的共同特征，并不是晋侯苏编钟（6件，M8:32、M8:33、73635、

[1] 高至喜：《关于晋侯苏编钟的来源问题》，《商周青铜器与楚文化》，岳麓书社，1999年，第92页。
[2] 方建军：《应侯钟的音列结构及有关问题》，《音乐研究》2011年第6期，第47页。
[3] 方建军：《中国音乐文物大系·陕西卷》，大象出版社，1996年，第35页。
[4] 彭裕商：《西周青铜器年代综合研究》，巴蜀书社，2003年，第461页。
[5] 容庚、张维持：《殷周青铜器通论》，文物出版社，1984年，第103页。
[6] 朱凤瀚：《中国青铜器综论》，上海古籍出版社，2009年，第593页。

73637～73639号）篆带所饰云纹的独有形态特征。因此，《西周青铜器年代综合研究》一书将晋侯苏编钟（6件，M8:32、M8:33、73635、73637～73639号）的篆带纹样均称为"卷云纹"，是欠妥的。

（3）"勾连云纹"说

《西周青铜器分期断代研究》一书认为"晋侯稣钟丙"的篆带纹饰为"勾连云纹"[1]。根据该书的描述可知，"晋侯稣钟丙"是指晋侯苏编钟（16件）中的73635号。

在《中国青铜器综论》一书中，有对"勾连云纹"的具体界定："F型勾连云纹。作T形、C形或S形的云纹斜行或横行互相勾连，密布于器表。"[2] 从该书所附的2幅例图（图1·5·1）来看，其与晋侯苏编钟（16件）中的73635号钟的篆带所饰

1　　　　　　　　　　　　　　2

图1·5·1　《中国青铜器综论》所载勾连云纹例图

1. 长治分水岭M26出土错金钟[3]　　2. 上海博物馆藏勾连云纹敦[4]

[1] 王世民、陈公柔、张长寿：《西周青铜器分期断代研究》，文物出版社，1999年，第166页。

[2] 朱凤瀚：《中国青铜器综论》，上海古籍出版社，2009年，第594页。

[3] 同[2]，第596页，图五·三二之12。

[4] 同[2]，第596页，图五·三二之13。

云纹（图1·5·2之2）并无相似之处。故此，将晋侯苏编钟（73635号）的篆带云纹称为"勾连云纹"，并不妥当。

（4）"阴刻勾连式卷云纹"说

《晋侯苏编钟的形制特征及来源问题》一文将晋侯苏编钟（6件，M8:32、M8:33、73635、73637～73639号）的篆带纹样（图1·5·2之1、2）均称为"阴刻勾连式卷云纹"[1]。

从语言学的角度讲，"阴刻勾连式卷云纹"这种称谓属于多层定语。"云纹"是命名的中心语，其他几个名词都是"云纹"的限制性定语，给中心语"云纹"逐层添加特征，由此将该云纹与其他云纹区别开来。从"阴刻勾连式卷云纹"的命名元素来看，它包含了工艺手法"阴刻"、构图方式"勾连"和形态特征"卷"三种元素。其中，工艺手法"阴刻"、构图方式"勾连"并不能概括该云纹的典型特征，如窃曲纹、雷纹等均有工艺手法为"阴刻"、构图方式为"勾连"的纹样。对于该云纹的形态特征，仅用一个"卷"字予以界定，亦不恰当。在上述"卷云纹"说的考辨中，笔者已经探讨过，"卷"是云纹的共同特征，而不是某一种云纹的独有特征。也就是说，用"卷"字来界定该种云纹的形态特征是没有实际意义的。故此，《晋侯苏编钟的形制特征及来源问题》一文将晋侯苏编钟（6件，M8:32、M8:33、73635、73637～73639号）的篆带纹样称为"阴刻勾连式卷云纹"[2]，是不妥当的。

（5）"长体合卷云纹"说

《天马——曲村遗址北赵晋侯墓地第二次发掘》认为晋侯苏编钟中的M8:32、33号这2件钟篆带均饰"长体合卷云纹"[3]。

从"长体合卷云纹"的命名元素来看，它包含了构图方式"合"和形态特征"长体""卷"这两种元素。但从晋侯苏编钟中的M8:32、33号钟篆带所饰云纹

［1］高西省：《晋侯苏编钟的形制特征及来源问题》，《文物》2010年第8期，第72页。

［2］同［1］。

［3］北京大学考古学系、山西省考古研究所：《天马——曲村遗址北赵晋侯墓地第二次发掘》，《文物》1994年第1期，第20页。

（图1·5·2之1）来看，"长体"只能体现该云纹的线条较长，并不能体现该云纹为横S形的形态特征；"卷"是云纹的共同特征，而不是某一种云纹的独有特征；构图方式"合"字只能体现该云纹的2条横S形线条是结合在一起共同构成的一种云纹，含义模糊，并不能体现二者为逆对称的构图关系。故此，《天马——曲村遗址北赵晋侯墓地第二次发掘》一文将晋侯苏编钟中的M8:32、33号钟篆带纹饰均称为"长体合卷云纹"[1]，是不恰当的。

（6）"阴线双勾'〰'形云纹"说

《中国上古出土乐器综论》一书认为陕西蓝田红星村所出应侯视工钟的篆带饰"阴线双勾'〰'形云纹"[2]。

从陕西蓝田红星村所出应侯视工钟的篆带纹饰（图1·5·2之3、4）来看，"阴线双勾'〰'形云纹"这一称谓本身就是互相矛盾的。因为，如果该纹样的工艺手法是"阴线双勾"，那么该钟篆带纹样就是由4个单元云纹构成的连续纹样，每个单元云纹均为螺旋形云纹，每个单元云纹之间都是断开的；如果将该钟篆带纹样厘定为"'〰'形云纹"，那么该钟的工艺手法就不是"阴线双勾"，而是阴线单勾。因为只有阴线单勾，该钟篆带纹样才是由2个单元云纹构成的连续纹样，每个单元云纹均为"'〰'形云纹"。故此，《中国上古出土乐器综论》将陕西蓝田红星村所出应侯视工钟的篆带称为"阴线双勾'〰'形云纹"，是不能成立的。

需要指出的是，《中国上古出土乐器综论》一书认为该钟篆带纹饰的工艺手法为"阴线双勾"的观点，事实上是不能成立的。因为"阴线双勾"构成的4个螺旋形云纹，最后的线条与篆带的表面连接在一起，并没有形成一个封闭的双勾线条，事实上还是阴线单勾。所以，到底是双勾和单勾，在纹样线条的细节上还得反复核实。

2. "云雷纹"说

《先秦乐钟之研究》认为陕西蓝田红星村所出应侯视工钟的篆带饰"云

---

[1] 北京大学考古学系、山西省考古研究所：《天马——曲村遗址北赵晋侯墓地第二次发掘》，《文物》1994年第1期，第20页。

[2] 李纯一：《中国上古出土乐器综论》，文物出版社，1996年，第187页。

雷纹"[1]。

云雷纹包括两种含义：其一，是指云纹和雷纹这两类纹饰的总称。如果蓝田红星村所出应侯视工钟的篆带纹样属于云雷纹的范畴，那么将其称为"云雷纹"显然过于笼统，无法对其做进一步的类型学研究，没有实际意义，故此"云雷纹"的称谓并不妥当；其二，是指一种既含有云纹又杂有雷纹的组合纹样。"由于方、圆的区别并不明显，或方、圆兼用，故有的著作即称之为'云雷纹'。"[2]笔者仔细观察蓝田红星村所出应侯视工钟的篆带纹样，其并不具备这种形态特征，属于名实不符。故从这一层含义而言，将其称为"云雷纹"也不合理。

3. "窃曲纹"说

"窃曲纹"说见于3部文献，详细如下：

（1）《应侯见工诸器年代略考》一文认为陕西蓝田红星村所出应侯视工钟的篆带（图1·5·2之3）饰"断裂S形无目窃曲纹"[3]。

对于此说，关键点在于对该钟的篆带纹饰如何认定。从"断裂S形无目窃曲纹"这一称谓来看，《应侯见工诸器年代略考》一文误将阳刻平雕构成的纹样视为该钟篆带的纹饰，故而得出"断裂S形"的结论。事实上，该钟篆带的纹饰是阴线单勾的纹样，由2个单元纹样构成，每个单元纹样均为阴线单勾而成的横S形云纹，其组织结构为连续纹样。所以，《应侯见工诸器年代略考》一文将蓝田红星村所出应侯视工钟的篆带纹饰称为"断裂S形无目窃曲纹"的观点，是不能成立的。

需要说明的是，对于蓝田红星村所出应侯视工钟篆带纹饰的界定，也是困扰了笔者很久的一个疑难杂症，笔者为此伤透了脑筋，几近崩溃。直到笔者看到《应侯见工钟（两件）》一文中的保利艺术博物馆所藏应侯视工钟（2件）篆带纹饰线图[4]，才最终确定其纹样类型与定名。陕西蓝田红星村所出应侯视工钟的篆带纹饰（图1·5·2之4）与保利艺术博物馆所藏应侯视工钟（2件）中的大钟篆带纹饰（图1·5·2

[1] 朱文玮、吕琪昌：《先秦乐钟之研究》，台湾南天书局，1994年，第75页。

[2] 朱凤瀚：《中国青铜器综论》，上海古籍出版社，2009年，第593、594页。

[3] 娄金山、马新民、祝容：《应侯见工诸器年代略考》，《中原文物》2012年第5期，第17页。

[4] 朱凤瀚：《应侯见工钟（两件）》，《保利藏金（续）》，岭南美术出版社，2001年，第157页。

之5）完全相同。从保利艺术博物馆所藏应侯视工钟（2件）中的大钟篆带纹饰线图[1]（图1·5·2之5）来看，清晰可见其篆带纹饰为阴线单勾的横S形云纹，绝非"断裂S形无目窃曲纹"[2]。

这给予笔者一个重要的启示，那就是：对于编钟乃至青铜器所饰纹样种类的认定，首先必须厘清该位置的纹样究竟是阳纹还是阴纹。如果将二者颠倒，必然将研究者引入歧途，永远也找不到纹样的本来面目。

（2）《西周青铜器年代综合研究》一书认为陕西蓝田红星村所出应侯视工钟的篆带（图1·5·2之3、4）饰"BbⅢ式窃曲纹"[3]。

对于此说，我们首先应搞清楚"BbⅢ式窃曲纹"的具体形态。《西周青铜器年代综合研究》一书对于此式窃曲纹的具体界定为："B型龙纹窃曲纹。"[4]"Bb亚型来源于鼻向上卷的龙纹，整体呈横S形。"[5]"Ⅲ式省去兽目，整个纹饰为横S形曲线。"[6]由此可知，所谓"BbⅢ式窃曲纹"就是无目横S形窃曲纹。从陕西蓝田红星村所出应侯视工钟的篆带纹饰（图1·5·2之3、4）来看，其纹饰是由阴线单勾而成的横S形纹样。那么，这是不是横S形窃曲纹呢？从纹样的工艺手法而言，窃曲纹均为阳刻平雕；在此基础上，绝大多数窃曲纹还加阴线刻，少数仅为阳刻平雕，不加阴线。《西周青铜器年代综合研究》一书"BbⅢ式窃曲纹"的例图（图1·5·4）就是如此。而蓝田红星村所出应侯视工钟的篆带所饰横S形纹样为阴线单勾，不是阳刻平雕，故此这种横S形纹样并非窃曲纹。所以，《西周青铜器年代综合研究》一书将陕西蓝田红星村所出应侯视工钟的篆带纹饰称为"BbⅢ式窃曲纹"的观点尚值得商榷。

（3）《应侯见工钟（两件）》一文认为保利艺术博物馆所藏应侯视工钟（2件）

［1］朱凤瀚：《应侯见工钟（两件）》，《保利藏金（续）》，岭南美术出版社，2001年，第157页。

［2］娄金山、马新民、祝容：《应侯见工诸器年代略考》，《中原文物》2012年第5期，第17页。

［3］彭裕商：《西周青铜器年代综合研究》，巴蜀书社，2003年2月，第415页。

［4］同［3］，第565页。

［5］同［3］，第568页。

［6］同［3］，第570页。

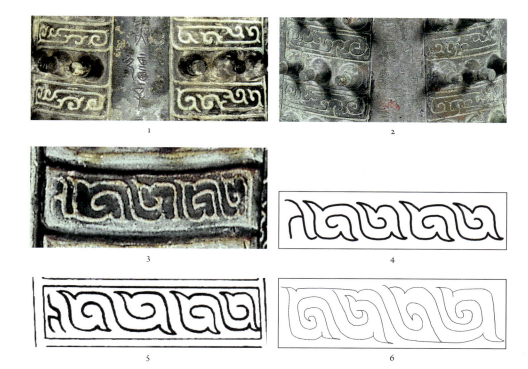

图1·5·2 戌组西周甬钟篆带云纹

1. 二式晋侯苏钟（M8:33号）背面篆带纹饰[1] 2. 二式晋侯苏钟（73635号）篆带纹饰[2] 3. 应侯视工钟（陕西蓝田出土）背面右侧篆带纹饰[3] 4. 应侯视工钟（陕西蓝田出土）背面右侧篆带线图（张玲玲绘） 5. 应侯视工钟（保利艺术博物馆所藏之大钟）背面右侧篆带线图[4] 6. 一式兴钟（76FZH1:64号）背面右侧下方篆带线图（张玲玲绘）

[1] 项阳、陶正刚：《中国音乐文物大系·山西卷》，大象出版社，2000年，第46页，图1·3·2。
"1. 二式晋侯苏钟（M8：33号）背面篆带"由王清雷裁剪自"图1·3·2"。

[2] 马承源：《中国音乐文物大系·上海卷》，大象出版社，1996年，第37页，图1·2·4m。"2. 二式晋侯苏钟（73635号）篆带纹饰"由王清雷裁剪自"图1·2·4m"。

[3] 方建军：《中国音乐文物大系·陕西卷》，大象出版社，1996年，第35页，图1·5·7a。"3.应侯视工钟（陕西蓝田出土）背面右侧篆带"由王清雷裁剪自"图1·5·7a"。

[4] 朱凤瀚：《应侯见工钟（两件）》，《保利藏金（续）》，岭南美术出版社，2001年，第157页右图。该文将此钟称为"应侯见工钟"。"5.应侯视工钟（保利艺术博物馆所藏之大钟）背面右侧篆带线图"由王清雷裁剪自"第157页右图"。

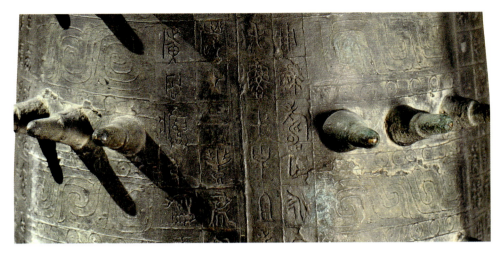

图1·5·3　一式兴钟（76FZH1:64号）背面篆带纹饰（王清雷摄）

中的大钟篆带（图1·5·2之5）饰"窃曲纹"[1]。

从保利艺术博物馆所藏应侯视工钟（2件）中的大钟篆带纹饰线图[2]（图1·5·2之5）来看，其纹样与陕西蓝田红星村所出应侯视工钟的篆带纹饰完全相同，亦为阴线单勾的横S形纹样。就纹样的工艺手法而言，窃曲纹均为阳刻平雕，而非阴线单勾。故此，《应侯见工钟（两件）》一文将保利艺术博物馆所藏应侯视工钟（2件）中的大钟篆带纹饰称为"窃曲纹"的观点尚值得商榷。

（二）戊组西周甬钟篆带云纹定名

综上所论，目前学界对于戊组西周甬钟篆带所饰云纹的9种称谓均存在着或大或小的问题，均有不合理之处。那么，究竟该如何称呼戊组西周甬钟篆带所饰的云纹呢？

从戊组西周甬钟篆带所饰云纹（图1·5·2）来看，就其工艺手法而言，有的编钟

[1] 朱凤瀚：《应侯见工钟（两件）》，《保利藏金（续）》，岭南美术出版社，2001年，第158页。
[2] 同[1]，第157页。

图1·5·4　《西周青铜器年代综合研究》所载Bb Ⅲ式窃曲纹·莫伯盨口下纹饰拓片 [1]

篆带纹饰为阴线单勾或阴刻平雕，如晋侯苏编钟（6件，M8:32、M8:33、73635、73637～73639号）、应侯视工钟（陕西蓝田出土）、应侯视工钟（保利艺术博物馆所藏之大钟）；有的编钟篆带纹饰为细阳线双勾，如一式兴钟（76FZH1:64号，背面右侧下方篆带）。就其组织结构而言，有的编钟篆带纹饰为适合纹样，如晋侯苏编钟（6件，M8:32、M8:33、73635、73637～73639号）；有的编钟篆带纹饰为连续纹样，如应侯视工钟（陕西蓝田出土）、应侯视工钟（保利艺术博物馆所藏之大钟）、一式兴钟（76FZH1:64号）。但是，它们的纹样形态是相同的，均为横S形。《西周青铜器分期断代研究》一书将陕西蓝田红星村所出应侯视工钟 [2] 和一式兴钟（76FZH1:64号） [3] 的篆带纹饰均称为"横向S形云纹"。笔者认为，这种以编钟篆带纹样的形态特征来命名是合理的。不过，笔者认为应将戊组西周甬钟篆带所饰云纹称为"横S形云纹"，更为简练而妥当。

需要说明的是，从一式兴钟（76FZH1:64号） [4] 背面篆带（图1·5·3）来看，其4条篆带所饰纹样各不相同，这需要学界特别关注。其中，背面左侧两条篆带均为

[1] 彭裕商：《西周青铜器年代综合研究》，巴蜀书社，2003年，第571页，图十九之8。
[2] 王世民、陈公柔、张长寿：《西周青铜器分期断代研究》，文物出版社，1999年，第166页。在该书中，该钟被称为"应侯见工钟"。
[3] 同[2]，第164页。
[4] 陕西周原考古队：《陕西扶风庄白一号西周青铜器窖藏发掘简报》，《文物》1978年第3期，第7页。

细阳线单勾螺旋形云纹，其组织结构为二方连续纹样，但二者细部又有差别；背面右侧下方的篆带纹饰为细阳线双勾横S形云纹，其组织结构为二方连续纹样；背面右侧上方的篆带纹饰为组合纹样，该纹样右侧是一个细阳线双勾横S形云纹，左侧是一个细阳线单勾螺旋形云纹。所以，一式兴钟（76FZH1:64号）既可以作为篆带饰螺旋形云纹的例证，也可以作为篆带饰横S形云纹的例证。笔者在螺旋形云纹和横S形云纹这两部分都使用一式兴钟（76FZH1:64号）作为例证，正是基于该钟篆带纹样所具有的独特性与复杂性。

第六节

已组西周甬钟篆带
云纹定名考

　　该组具有代表性的西周甬钟实物主要有10例，分别为：晋侯苏编钟（6件，73631～73634、73636、73640号）（图1·6·2之1～3）、二式兴钟（4件，76FZH1:9、10、29、32号）（图1·6·2之4、5）、四式兴钟（3件，76FZH1:28、31、57号）（图1·6·2之6、7）、六式兴钟（76FZH1:60号）（图1·6·2之8）、陕西长安马王村编钟（2件，18、19号）（图1·6·2之9、10）、陕西眉县杨家村丙组编钟（4件）（图1·6·2之11、12）、湖南湘潭洪家峭甬钟（图1·6·2之13）、湖北宜昌万福垴编钟（4件，2012YWTN03E20:1～4号）（图1·6·2之14、15）、楚公豪钟（2件，1、3号）（图1·6·2之16、17）、陕西扶风五郡西村编钟（3件，2006FWXJ1:4～6号）（图1·6·2之18～20）。

（一）　已组西周甬钟篆带云纹定名考辨

　　在不同的文献中，对于10例已组西周甬钟篆带所饰云纹多有不同的称谓。据笔者初步统计，至少有13种，分别为云纹、阴线云纹、阴云纹、卷云纹、阴刻勾连式卷云纹、勾连云纹、斜角云纹、卷草样云纹、卷草形云纹、卷草状云纹、变形云纹、云雷纹、窃曲纹。那么，这些称谓是否合理呢？笔者将这13种称谓分为3类，分别考辨如下：

1."云纹"类纹饰说

"云纹"类纹饰的称谓有11种：云纹、阴线云纹、阴云纹、卷云纹、阴刻勾连式卷云纹、勾连云纹、斜角云纹、卷草样云纹、卷草形云纹、卷草状云纹、变形云纹。分别考辨如下：

（1）"云纹"说

"云纹"说的观点分别出自以下5部文献：

①《关于晋侯苏编钟的来源问题》认为晋侯苏编钟（6件，73631～73634、73636、73640号）的篆带饰"云纹"[1]。

②《陕西扶风庄白一号西周青铜器窖藏发掘简报》指出："兴钟十四件。可分为五组，其中甲组四件（76FZHI:9、10、29、32），乙组三件（76FZH1:28、31、57）……篆间和舞部皆饰云纹。"[2] 经笔者核查有关资料，该文的"甲组四件"就是二式兴钟（4件），"乙组三件"就是四式兴钟（3件）。

③《中国音乐文物大系·陕西卷》认为陕西眉县杨家村丙组编钟（4件）其篆带饰"云纹"[3]。

④《中国音乐文物大系II·湖南卷》认为湖南湘潭洪家峭甬钟的篆带饰"云纹"[4]。

⑤《楚钟研究》认为楚公豪钟1号钟的篆带饰"云纹"[5]。

从以上5部文献涉及的己组西周甬钟篆带所饰纹样形态来看，该组纹样均属于云纹的范畴，故称其为"云纹"并非错误。但云纹是一类纹饰的总称，而不是专指某一种具体的纹饰。如果没有具体而恰当的称谓，就无法对己组西周甬钟篆

［1］高至喜：《关于晋侯苏编钟的来源问题》，《商周青铜器与楚文化》，岳麓书社，1999年，第92页。

［2］陕西周原考古队：《陕西扶风庄白一号西周青铜器窖藏发掘简报》，《文物》1978年第3期，第6页。

［3］方建军：《中国音乐文物大系·陕西卷》，大象出版社，1996年，第65页。

［4］高至喜、熊传薪：《中国音乐文物大系II·湖南卷》，大象出版社，2006年，第74页。

［5］邵晓洁：《楚钟研究》，人民音乐出版社，2010年，第67页，表2～4。

带云纹做进一步的类型学分析。所以，"云纹"这种以类代种的笼统称谓并不
妥当。

（2）"阴线云纹""阴云纹"说

"阴线云纹"和"阴云纹"这两种称谓基本相同，故放在一起探讨。

①《中国音乐文物大系·陕西卷》认为二式兴钟（4件，76FZH1:9、10、29、
32号）[1]和六式兴钟（76FZH1:60号）[2]的篆带均饰"阴线云纹"。

②《中国音乐文物大系·陕西卷》认为四式兴钟（3件，76FZH1:28、31、57
号）的篆带饰"阴云纹"[3]。

从二式兴钟、四式兴钟和六式兴钟的篆带纹饰（图1·6·2之4～8）来看，其纹样
线条均为阴线，故称其为"阴线云纹"或"阴云纹"并非错误。但从分类学的视
角而言，"阴线云纹"和"阴云纹"是一类云纹的称谓，包括由阴线构成的多种
形态的云纹，如纪侯钟（图1·1·1之9）和陕西蓝田红星村所出应侯视工钟的篆带云纹
（图1·5·2之3、4）与二式兴钟、四式兴钟和六式兴钟篆带所饰云纹均属于"阴线云
纹"。但是从其纹样形态来看，纪侯钟的篆带饰斜角云纹，陕西蓝田红星村所出应
侯视工钟的篆带饰横S形云纹，均与二式兴钟、四式兴钟和六式兴钟的篆带纹饰形
态相异，三者显然不属于同一种云纹。故此，"阴线云纹"和"阴云纹"的称谓过
于宽泛而不具体，容易产生混淆，无法对其做进一步的类型学分析。所以，《中国
音乐文物大系·陕西卷》一书将二式兴钟、四式兴钟和六式兴钟的篆带纹饰均称为
"阴线云纹"或"阴云纹"，是不妥当的。

（3）"卷云纹"说

"卷云纹"说的观点分别出自以下2部文献：

①《西周青铜器年代综合研究》认为晋侯苏编钟（6件，73631～73634、
73636、73640号）的篆带饰"卷云纹"[4]。

---

[1]方建军：《中国音乐文物大系·陕西卷》，大象出版社，1996年，第39页。
[2]同[1]，第45页。
[3]同[1]，第45页。
[4]彭裕商：《西周青铜器年代综合研究》，巴蜀书社，2003年，第461页。

　　《西周青铜器年代综合研究》认为楚公豪钟"依铭文可分为二种，第一种篆间饰双三角顾龙纹，第二种共二件，篆间饰卷云纹……第二种的器型、纹饰均极近晋侯苏钟。"[1]该文所言的"第二种共二件"就是指楚公豪钟的1、3号。

　　②《中国音乐文物大系·湖北卷》认为楚公豪钟（2件，1、3号）的篆带饰"卷云纹"[2]。

　　《中国青铜器综论》指出："云纹和雷纹在商周青铜器中是出现率最高的几何形纹饰，其最常见的形象是由细或粗线条构成的连续的螺旋形。螺旋形作圆形者，通称为云纹，其作方形者通称为雷纹。"[3]既然如此，云纹的圆形螺旋状线条必然都是"卷"的。也就是说，"卷"是云纹的共同特征，并不是晋侯苏编钟（6件，73631～73634、73636、73640号）和楚公豪钟（2件，1、3号）篆带所饰云纹独有的形态特征。因此，《西周青铜器年代综合研究》和《中国音乐文物大系·湖北卷》两部文献所持的"卷云纹"说，是欠妥的。

　　（4）"阴刻勾连式卷云纹"说

　　《晋侯苏编钟的形制特征及来源问题》认为晋侯苏编钟（6件，73631～73634、73636、73640号）的篆带（图1·6·2之1～3）饰"阴刻勾连式卷云纹"[4]。

　　从"阴刻勾连式卷云纹"的命名元素来看，它包含了工艺手法"阴刻"、构图方式"勾连"和形态特征"卷"三种元素。其中，工艺手法"阴刻"、构图方式"勾连"并不能概括出该云纹的典型特征，如窃曲纹、雷纹等类别的纹饰中均有工艺手法为"阴刻"、构图方式为"勾连"的纹样。对于该云纹的形态特征，仅用一个"卷"字予以界定，亦不恰当。在上述"卷云纹"说的考辨中，笔者已经探讨过，"卷"是云纹的共同特征，并不是某一种云纹独有的特征。也就是说，用"卷"字来界定该种云纹的形态特征是没有实际意义的。故此，《晋侯苏编钟的形制特征及来源问题》一文将晋侯苏编钟（6件，73631～73634、73636、73640号）

　　［1］彭裕商：《西周青铜器年代综合研究》，巴蜀书社，2003年，第493页。
　　［2］王子初：《中国音乐文物大系·湖北卷》，大象出版社，1996年，第36页。
　　［3］朱凤瀚：《中国青铜器综论》，上海古籍出版社，2009年，第593、594页。
　　［4］高西省：《晋侯苏编钟的形制特征及来源问题》，《文物》2010年第8期，第72页。

的篆带纹样称为"阴刻勾连式卷云纹"[1]，是不妥当的。

（5）"勾连云纹"说

《西周青铜器分期断代研究》一书认为"庄白阴线钟"的篆带纹饰为"勾连云纹"[2]。根据该书的描述可知，该钟是指六式兴钟（76FZH1:60号）（图1·6·2之8）[3]。

在《中国青铜器综论》一书中，有对"勾连云纹"的具体界定："F型勾连云纹。作T形、C形或S形的云纹斜行或横行互相勾连，密布于器表。"[4] 从该书所附的2幅例图（图1·5·1）来看，其与六式兴钟（76FZH1:60号）的篆带所饰云纹并无相似之处。故此，《西周青铜器分期断代研究》一书将六式兴钟（76FZH1:60号）的篆带纹饰称为勾连云纹，并不妥当。

（6）"斜角云纹"说

《中国音乐文物大系·陕西卷》认为陕西长安马王村编钟（2件，18、19号）其篆带（图1·6·2之9、10）饰"斜角云纹"[5]。

笔者在"（一）甲组西周甬钟篆带所饰云纹"中，已经对斜角云纹进行过详细的考辨。斜角云纹的纹样特点为：由两个单元云纹构成；每个单元云纹的线条回折，形成一个为锐角的斜角；在一条篆带内，两个单元云纹呈对角关系；两个单元云纹相邻的两条线基本呈平行关系。在《中国青铜器综论》一书中，这种云纹属于"E型"，被正式称为"斜角云纹"[6]。从陕西长安马王村编钟（2件，18、19号）的篆带纹样（图1·6·2之9、10）来看，其与斜角云纹的形态相去甚远，显然并非斜角云纹。故此，《中国音乐文物大系·陕西卷》将陕西长安马王村编钟（2件，18、19号）的篆带纹饰称为"斜角云纹"的观点，是不能成立的。

（7）"卷草样云纹""卷草形云纹""卷草状云纹"说

[1] 高西省：《晋侯苏编钟的形制特征及来源问题》，《文物》2010年第8期，第72页。
[2] 王世民、陈公柔、张长寿：《西周青铜器分期断代研究》，文物出版社，1999年，第165页。
[3] 方建军：《中国音乐文物大系·陕西卷》，大象出版社，1996年，第49页。
[4] 朱凤瀚：《中国青铜器综论》，上海古籍出版社，2009年，第594页。
[5] 同[3]，第80页。
[6] 同[4]。

"卷草样云纹""卷草形云纹"和"卷草状云纹"这3种称谓仅差1字，基本可以等同，故此放在一起探讨。这3种称谓分别出自以下3部文献：

①《中国上古出土乐器综论》认为二式兴钟（4件，76FZH1:9、10、29、32号）的"篆饰卷草样云纹"[1]，"有所谓四式兴钟3件（76FZH1:28、31、57号），形制纹饰全与上四钟相同。"[2]

《中国上古出土乐器综论》认为湖南湘潭洪家峭甬钟的"旋、篆纹饰如例8"[3]。在该书中，例8是指二式兴钟（4件，76FZH1:9、10、29、32号）。二式兴钟的"篆饰卷草样云纹"[4]，故湖南湘潭洪家峭甬钟的篆带纹饰亦为"卷草样云纹"。

②《先秦乐钟之研究》认为湖南湘潭洪家峭甬钟"篆带云纹作卷草形"[5]。

③《湖南省博物馆新发现的几件铜器》认为湖南湘潭洪家峭甬钟（2件）"造型与装饰相同，仅大小各异。……舞与篆间饰卷草状云纹"[6]。

无论是"卷草样云纹""卷草形云纹"还是"卷草状云纹"，从其命名来看均与卷草纹息息相关。换言之，以上3部文献均认为这种云纹的形态与卷草纹的形态有着诸多相似之处。那么事实是否如此呢？

《中国纹样史》指出："卷草纹系一种呈波状形态向左右或上下延伸的一种花草纹，盛行于唐代，以后各代亦常用之作为一种边饰。在汉代装饰纹样中已见其雏形，似由动物纹或云气纹演变而来。魏晋南北朝为忍冬纹，可见明确的枝蔓和叶片，见于石刻及当时各种工艺装饰中。唐时进一步发展，成为唐代的特色纹样，日人称为'唐草'，以其盛行于唐代而取名。……名称各异，但大体均呈波浪形枝蔓骨架，配以叶片；配以花朵的，又称缠枝花。"[7]从这段文字描述和该书所附图片（图1·6·1）可知，卷草纹的典型特点有二：其一，其草秆两侧均有许多卷曲的叶

---

[1] 李纯一：《中国上古出土乐器综论》，文物出版社，1996年，第190页。

[2] 同[1]，第190、191页。

[3] 同[1]，第199页。

[4] 同[1]，第190页。

[5] 朱文玮、吕琪昌：《先秦乐钟之研究》，台湾南天书局，1994年，第73页。

[6] 湖南省博物馆：《湖南省博物馆新发现的几件铜器》，《文物》1966年第4期，第3页。

[7] 田自秉、吴淑生、田青：《中国纹样史》，高等教育出版社，2003年，第229、230页。

图1·6·1 《中国纹样史》所载卷草纹例图

1.《中国纹样史》所载卷草纹图8-16[1] 2.《中国纹样史》所载卷草纹图8-17[2]

片；其二，由于卷草纹是模仿真实草本植物的形态，故此草秆两侧叶片很有规律性地伸向秆尖的方向并朝外侧弯曲，同时模拟在地心引力的作用下，所有叶端均向秆根的方向勾垂。由此，我们再来观察二式兴钟（4件，76FZH1:9、10、29、32号）（图1·6·2之4、5）、四式兴钟（3件，76FZH1:28、31、57号）（图1·6·2之6、7）和湖南湘潭洪家峭甬钟（图1·6·2之13）篆带所饰云纹的形态，可以发现其并不具备卷草纹的这两个典型特征。故此，将其称为"卷草样云纹""卷草形云纹"或"卷草状云纹"并不妥当。

（8）"变形云纹"说

《北方西周早期甬钟的特点及甬钟起源探索》认为兴钟"一组一套7件"的"篆间饰变形云纹"[3]。笔者根据该文的描述，再对照兴钟图片可知，该文所谓的"一组一套7件"指的是二式兴钟（4件，76FZH1:9、10、29、32号）（图1·6·2之4、5）和四式兴钟（3件，76FZH1:28、31、57号）（图1·6·2之6、7）。

《现代汉语词典》对于"变形"的释义为"形状、格式起变化"[4]。但是云

［1］田自秉、吴淑生、田青：《中国纹样史》，高等教育出版社，2003年，第228页，图8-16。

［2］同［1］，图8-17。

［3］高西省：《北方西周早期甬钟的特点及甬钟起源探索》，《西周青铜器研究》，陕西人民出版社，2005年，第62页。

［4］中国社会科学院语言研究所词典编辑室：《现代汉语词典》（第7版），商务印书馆，2016年，第81页。

纹分为很多种，如斜角云纹、横G形云纹、横S形云纹等，那"变形云纹"具体是指哪种云纹的形态变形呢？仅从这一称谓来看，我们根本无从得知。显然，"变形云纹"这一称谓过于空泛，缺乏具象性，故并不妥当。

2."云雷纹"说

"云雷纹"说主要见于以下2部文献：

①《首阳斋藏逨钟及其相关问题》认为陕西眉县杨家村丙组编钟（4件）（图1·6·2之11、12）篆带饰"云雷纹"[1]。

②《先秦乐钟之研究》认为陕西扶风庄白1号窖藏甬钟（甲组4件，乙组3件）的篆带饰"云雷纹"[2]。笔者经查阅《陕西扶风庄白一号西周青铜器窖藏发掘简报》可知，扶风庄白1号窖藏甲组4件甬钟是指76FZHl:9、10、29、32号，即二式兴钟（4件）（图1·6·2之4、5）；3件乙组甬钟是指76FZH1:28、31、57号[3]，即四式兴钟（3件）（图1·6·2之6、7）。

云雷纹包括两种含义：其一，指云纹和雷纹这两类纹饰的总称。如果这种纹饰属于云雷纹的范畴，那么将其称为"云雷纹"显然过于笼统，无法对其做进一步的类型学研究，故此"云雷纹"的称谓并不妥当；其二，指一种既含有云纹又杂有雷纹的组合纹样。"由于方、圆的区别并不明显，或方、圆兼用，故有的著作即称之为'云雷纹'。"[4]笔者仔细观察眉县杨家村丙组编钟（4件）（图1·6·2之11、12）、二式兴钟（4件）（图1·6·2之4、5）和四式兴钟（3件）（图1·6·2之6、7）的篆带纹饰，其并不具备这种纹样特征，属于名实不符。故从第二层含义而言，将其称为"云雷纹"也不合理。

3."窃曲纹"说

"窃曲纹"说主要见于以下3部文献：

①《眉县出土一批西周窖藏青铜乐器》一文认为陕西眉县杨家村丙组编钟（4

[1] 马今洪：《首阳斋藏逨钟及其相关问题》，《中国古代青铜器国际研讨会论文集》，上海博物馆、香港中文大学文物馆，2010年，第188页。
[2] 朱文玮、吕琪昌：《先秦乐钟之研究》，台湾南天书局，1994年，第75页。
[3] 陕西周原考古队：《陕西扶风庄白一号西周青铜器窖藏发掘简报》，《文物》1978年第3期，第6页。
[4] 朱凤瀚：《中国青铜器综论》，上海古籍出版社，2009年，第593、594页。

件）的篆带（图1·6·2之11、12）饰"窃曲纹"[1]。

②《湖北宜昌万福垴遗址发掘简报》认为宜昌万福垴编钟（12件）中的2012YWTN03E20:1号钟篆带（图1·6·2之14）"饰阴线勾勒的窃曲纹"[2]。

③《陕西扶风五郡西村西周青铜器窖藏发掘简报》一文认为扶风五郡西村编钟（3件，2006FWXJ1:4～6号）（图1·6·2之18～20）的篆带均饰"窃曲纹"[3]。

关于窃曲纹，研究青铜器的学者均比较熟悉，《商周彝器通考》《殷周青铜器通论》《西周青铜器分期断代研究》《西周青铜器年代综合研究》[4]《中国青铜器综论》这5部著作以及《西周青铜器窃曲纹研究》[5]和《青铜器窃曲纹的来源及分型》[6]这2篇文章均对窃曲纹有深入研究。

笔者全面梳理了以上这些研究文献及所附图片，并没有发现眉县杨家村丙组编钟（4件）、万福垴2012YWTN03E20:1号钟和扶风五郡西村编钟（3件，2006FWXJ1:4～6号）篆带所饰的纹样以及类似的纹样。同时，从纹样的工艺手法而言，绝大多数窃曲纹为阳刻平雕加阴线刻，少数仅为阳刻平雕，不加阴线。而眉县杨家村丙组编钟（4件）、万福垴2012YWTN03E20:1号钟和扶风五郡西村编钟（3件，2006FWXJ1:4～6号）的篆带纹样工艺手法均为阴刻平雕或阴线刻。故从纹样的工艺手法来看，以上3例已组西周甬钟的篆带纹样并非窃曲纹。

所以，以上3部文献认为眉县杨家村丙组编钟（4件）、万福垴2012YWTN03E20:1号钟和扶风五郡西村编钟（3件，2006FWXJ1:4～6号）的篆带纹样为"窃曲纹"的观点，是不能成立的。

[1] 刘怀君：《眉县出土一批西周窖藏青铜乐器》，《文博》1987年第2期，第20页。

[2] 湖北省文物考古研究所、武汉大学历史学院考古系、宜昌博物馆：《湖北宜昌万福垴遗址发掘简报》，《江汉考古》2016年第4期，第33页。

[3] 宝鸡市考古研究所、扶风县博物馆：《陕西扶风五郡西村西周青铜器窖藏发掘简报》，《文物》2007年第8期，第7页。

[4] 彭裕商：《西周青铜器年代综合研究》，巴蜀书社，2003年，第547、548页。

[5] 彭裕商：《西周青铜器窃曲纹研究》，《考古学报》2002年第4期，第421页。

[6] 张德良：《青铜器窃曲纹的来源及分型》，《文物》2009年第4期，第90页。

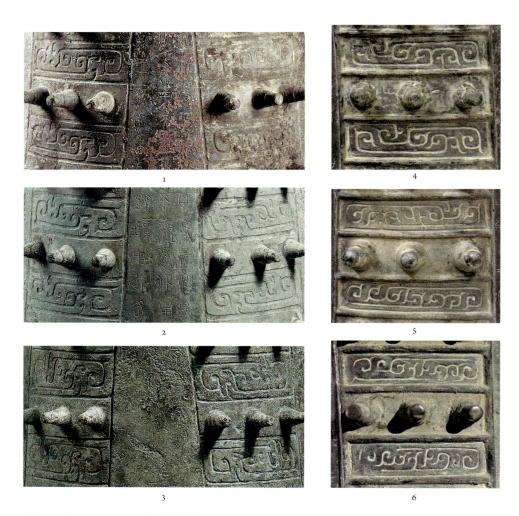

图1·6·2之1～6　己组西周甬钟篆带云纹

1.二式晋侯苏钟（73632号）篆带纹饰[1]　　2.二式晋侯苏钟（73633号）篆带纹饰[2]　　3.二式晋侯苏钟（73634号）篆带纹饰[3]　　4.二式兴钟（76FZH1:9号）篆带纹饰（王清雷摄）　　5.二式兴钟（76FZH1:10号）篆带纹饰（王清雷摄）　　6.四式兴钟（76FZH1:31号）篆带纹饰（王清雷摄）

[1] 马承源：《中国音乐文物大系·上海卷》，大象出版社，1996年，第35页，图1·2·4i。"1.二式晋侯苏钟（73632号）篆带纹饰"由王清雷裁剪自"图1·2·4i"。

[2] 同[1]，第36页，图1·2·4j。"2.二式晋侯苏钟（73633号）篆带纹饰"由王清雷裁剪自"图1·2·4j"。

[3] 同[1]，第36页，图1·2·4l。"3.二式晋侯苏钟（73634号）篆带纹饰"由王清雷裁剪自"图1·2·4l"。

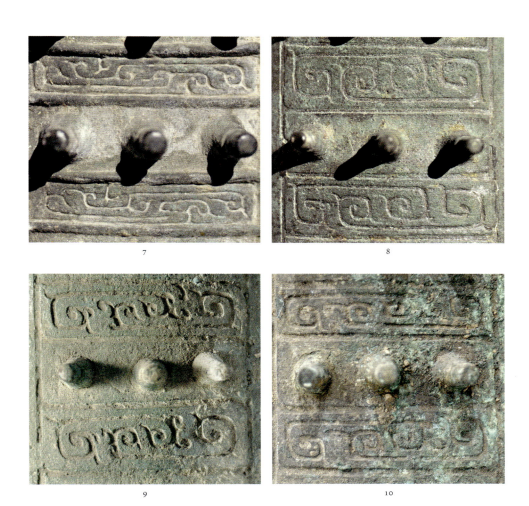

7

8

9

10

图1·6·2之7～10　己组西周甬钟篆带云纹

7.四式兴钟（76FZH1:57号）篆带纹饰（王清雷摄）　8.六式兴钟（76FZH1:60号）篆带纹饰（王清雷摄）　9.陕西长安马王村18号钟篆带纹饰（王清雷摄）　10.陕西长安马王村19号钟篆带纹饰（王清雷摄）

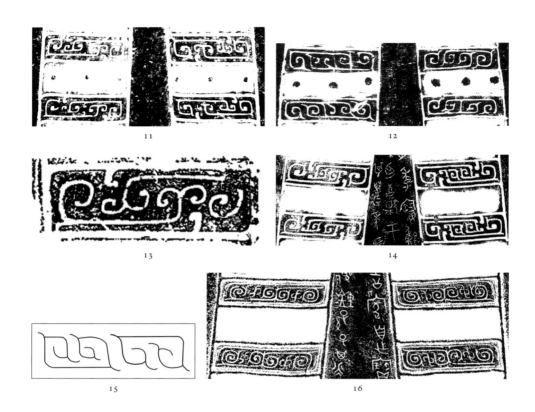

图1·6·2之11～16　己组西周甬钟篆带云纹

11.陕西眉县杨家村丙组Ⅰ号钟篆带纹饰拓片[1]　12.陕西眉县杨家村丙组Ⅳ号钟篆带纹饰拓片[2]　13.湖南湘潭洪家峭甬钟篆带纹饰拓片[3]　14.湖北宜昌万福垴2012YWTN03E20:1号钟篆带纹饰拓片[4]　15.湖北宜昌万福垴2012YWTN03E20:2号钟篆带线图（张玲玲绘）　16.楚公豪钟（1号）篆带纹饰拓片[5]

[1] 方建军：《中国音乐文物大系·陕西卷》，大象出版社，1996年，第66页，图1·5·21b。"11.陕西眉县杨家村丙组Ⅰ号钟篆带纹饰拓片"由王清雷裁剪自"图1·5·21b"。

[2] 同[1]，第67页，图1·5·21h。"12.陕西眉县杨家村丙组Ⅳ号钟篆带纹饰拓片"由王清雷裁剪自"图1·5·21h"。

[3] 湖南省博物馆：《湖南省博物馆新发现的几件铜器》，《文物》1966年第4期，第3页，图八。

[4] 湖北省文物考古研究所、武汉大学历史学院考古系、宜昌博物馆：《湖北宜昌万福垴遗址发掘简报》，《江汉考古》2016年第4期，第32页，拓片一。"14.湖北宜昌万福垴2012YWTN03E20:1号钟篆带纹饰拓片"由王清雷裁剪自"拓片一"。

[5] http：//www.360doc.com/content/18/0328/16/46962302_741008497.shtml.

17

18

19

图1·6·2之17～19　己组西周甬钟篆带云纹

17.楚公豪钟（3号）篆带纹饰拓片[1]　18.陕西扶风五郡西村2006FWXJ1:4号钟背面篆带纹饰拓片[2]　19.陕西扶风五郡西村2006FWXJ1:5号钟背面篆带纹饰拓片[3]

---

[1] http：//www.360doc.com/content/18/0328/16/46962302_741008497.shtml.

[2] 宝鸡市考古研究所、扶风县博物馆：《陕西扶风五郡西村西周青铜器窖藏发掘简报》，《文物》
2007年第8期，第22页，图三五。"18.陕西扶风五郡西村2006FWXJ1:4号钟背面篆带纹饰拓片"
由王清雷裁剪自"图三五"。

[3] 同［2］，图三六。"19.陕西扶风五郡西村2006FWXJ1：5号钟背面篆带纹饰拓片"由王清雷裁
剪自"图三六"。

20

图1·6·2之20　已组西周甬钟篆带云纹

20.陕西扶风五郡西村2006FWXJ1:6号钟背面篆带纹饰拓片[1]

（二）　已组西周甬钟篆带云纹定名

综上所论，目前学界对于10例已组西周甬钟篆带所饰云纹的13种称谓均存在着或大或小的问题，均有不合理之处。那么，究竟该如何称呼已组西周甬钟篆带所饰的云纹呢？

1　　　　　　　　　　　　　　　　　　　　2

图1·6·3　横C形云纹构成示意图

1. 适合横C形云纹构成示意图（二式兴钟76FZHl:10号钟篆带）（张玲玲描）　2. 二方连续横C形云纹构成示意图（万福垴2012YWTN03E20:2号钟篆带）（王清雷描）

---

[1] 宝鸡市考古研究所、扶风县博物馆：《陕西扶风五郡西村西周青铜器窖藏发掘简报》，《文物》2007年第8期，第23页，图三九。"20.陕西扶风五郡西村2006FWXJ1:6号钟背面篆带纹饰拓片"由王清雷裁剪自"图三九"。

　　从10例己组西周甬钟篆带所饰云纹（图1·6·2）来看，它们的主体都是横C形云纹，只不过这种横C形云纹的身体较长或很长，并在一端加上歧枝作为装饰，有些横C形云纹会在C形中间和一端均加上歧枝作为装饰。故此，笔者将己组西周甬钟篆带所饰云纹命名为"横C形云纹"。

　　为了能一目了然地看懂这种横C形云纹，笔者用红、黄两色在甬钟篆带所饰的横C形云纹的线条上勾描了"横C形云纹构成示意图"（图1·6·3之1），其中红色是横C形云纹的主体线条，黄色是横C形云纹的装饰歧枝。从己组西周甬钟篆带所饰横C形云纹（图1·6·2）来看，该组甬钟篆带所饰纹样的组织结构分为适合纹样和二方连续纹样两种，其中二方连续纹样仅有2例，即楚公豪钟（2件，1、3号）篆带纹饰（图1·6·2之16、17）和湖北宜昌万福垴编钟（2件，2012YWTN03E20:2、3号），其余均为适合纹样。适合横C形云纹的构图方式为（图1·6·3之1）：由两条身体很长的横C形云纹上下相对叠合而成；两条横C形云纹呈逆对称关系，即第二条横C形云纹需要旋转180度然后和第一条横C形云纹上下相对叠合。二方连续横C形云纹的排列方式（图1·6·3之2）为正反颠倒排列。

第二章

西周甬钟篆带连续云纹的
类型学研究

按照纹饰组织结构的不同，笔者将西周甬钟篆带所饰云纹分为两型：A型（连续云纹）、B型（适合云纹）。其中，A型（连续云纹）分为5个亚型，共9式；B型（适合云纹）分为3个亚型，共6式。为使读者可以直观地了解西周甬钟篆带所饰云纹整体的型式划分，笔者特地绘制了西周甬钟篆带所饰云纹型式图（图2·1·1）。

张懋镕先生指出："西周青铜器断代是个系统工程，情况非常复杂。由于器物种类的不同，族属的不同，影响到形制、纹饰、铭文演进速度的不同。"[1]故此，笔者针对西周甬钟篆带云纹不同的形态特征、工艺手法，采取灵活的分式原则，有的根据其不同的纹样形态特征进行分式，有的根据其不同的工艺手法进行分式。对于西周甬钟篆带云纹型与式的划分依据标准与原则，笔者详细说明如下：

按照纹饰整体形态的不同，笔者将A型（连续云纹）分为5个亚型：Aa亚型（燕尾云纹）、Ab亚型（横G形云纹）、Ac亚型（螺旋形云纹）、Ad亚型（横C形云纹）、Ae亚型（横S形云纹）；将B型（适合云纹）分为3个亚型：Ba（斜角云纹）、Bb（横C形云纹）、Bc（横S形云纹）。

根据燕尾云纹的不同形态特征，笔者将Aa亚型（燕尾云纹）分为三式：Aa Ⅰ（三尾燕尾云纹）、Aa Ⅱ（螺旋燕尾云纹）、Aa Ⅲ（斜角燕尾云纹）；根据构成横G形云纹的G形数量，笔者将Ab亚型（横G形云纹）分为两式：Ab Ⅰ（由6个G形勾连而成）、Ab Ⅱ（由4个G形勾连而成）；Ac亚型（螺旋形云纹）不分式；根据纹饰的工艺手法，笔者将Ad亚型（横C形云纹）分为两式：Ad Ⅰ（阴线单勾纹饰）、Ad Ⅱ（阴刻平雕纹饰）；将Ae亚型（横S形云纹）分为两式：Ae Ⅰ（细阳线双勾纹饰）、Ae Ⅱ（阴线单勾纹饰）。

根据纹饰的工艺手法，笔者将Ba亚型（斜角云纹）分为两式：Ba Ⅰ（细阳线单勾纹饰）、Ba Ⅱ（阴线单勾纹饰）；根据纹饰的不同形态特征，笔者将Bb亚型（横C形云纹）分为两式：Bb Ⅰ（篆带边框不饰歧枝）、Bb Ⅱ（篆带边框饰有歧枝）；根据纹饰的工艺手法，笔者将Bc亚型（横S形云纹）分为两式：Bc Ⅰ（阴线单勾纹饰）、Bc Ⅱ（阴刻平雕纹饰）。

[1] 张懋镕：《试论西周青铜器演变的非均衡性问题》，《考古学报》2008年第3期，第342页。

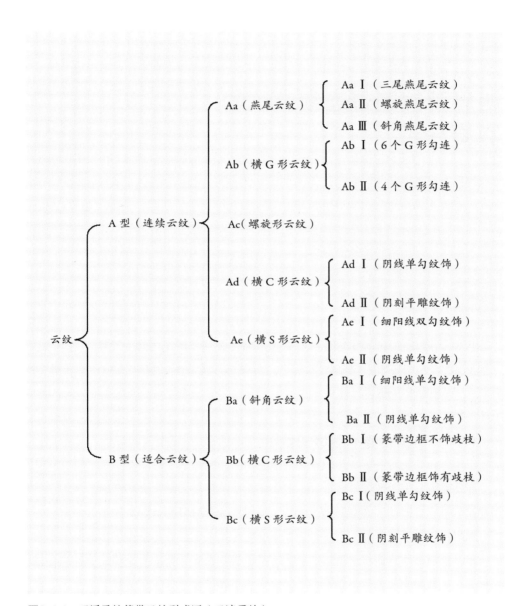

图2·1·1　西周甬钟篆带云纹型式图（王清雷绘）

　　本章拟对西周甬钟篆带所饰A型云纹（连续云纹）的分型分式做详细探讨，在此基础上再对其做型式演变、时代、地域与族属的分析与研究。

第一节

西周甬钟篆带连续云纹的
分型分式

　　按照纹饰整体形态的不同，笔者将A型（连续云纹）分为5个亚型：Aa亚型（燕尾云纹）、Ab亚型（横G形云纹）、Ac亚型（螺旋形云纹）、Ad亚型（横C形云纹）、Ae亚型（横S形云纹）。

（一）　Aa 亚型（燕尾云纹）

　　根据燕尾云纹的形态特征，笔者将Aa亚型（燕尾云纹）分为三式：AaⅠ（三尾燕尾云纹）、AaⅡ（螺旋燕尾云纹）、AaⅢ（斜角燕尾云纹）。

　　AaⅠ

　　AaⅠ燕尾云纹的形态特点是，每个单元的燕尾云纹均有3个燕尾，笔者故将该式称为"三尾燕尾云纹"。篆带饰有此式云纹的西周甬钟有如下6例：

　　例1：湖北随州叶家山M111一式钟（2件，M111:8、13号）

　　2013年3～7月，出土于湖北省随州市叶家山M111。出土编钟共计5件（图2·1·5之1），其中甬钟共计4件（M111:7、8、11、13号）；另有镈1件（M111:5号），位于墓葬的西部二层台上，没有发现钟架及演奏工具等。M111是"甲"字形竖穴土坑墓，未被盗掘，墓口东西长13.08～13.48、南北宽10.1～10.28、墓深9.1～9.26米，随葬有青铜鼎20件、簋12件。M111不仅是叶家山墓地中最大的一座，也是目前所知西周早期墓葬中最大的一座。"根据墓葬规模及随葬器物的数量、特征、铜器铭文等，可推定该墓墓主为西周早期偏晚的曾侯犹。"[1]

关于叶家山曾国墓地的族属问题，主要有两种看法：一种以发掘方为代表，认为曾国墓地的曾侯应为姬姓，为周初西周的封国，而不是商代的姒姓曾国[2]；另一种以李伯谦[3]、张昌平[4]先生为代表，认为叶家山的曾国不是姬姓，而是由商时曾国延续下来的，为周初的异姓封国之一。2018年9月22、23日，在北京大学中国古代史研究中心举办了"西周王朝与封国"前沿学术论坛，李伯谦先生在会上修正了自己早前的认识，赞同叶家山考古队黄凤春队长提出的第一种观点，即曾国墓地为周初的姬姓封国。

笔者根据甬钟钲、篆、枚区界隔方式的不同，将叶家山M111所出4件甬钟分为两式：一式为细双阳线弦纹夹连珠纹界隔钟，共计2件，包括M111:8、13号两钟；二式为细双阳线弦纹夹乳丁纹界隔钟，共计2件，包括M111:7、11号两钟。

关于叶家山M111出土编钟的时代，《湖北随州叶家山M111发掘简报》认为："将M111年代推定在西周早期偏晚阶段的昭王时期的证据是充分的。"[5]这是叶家山M111所出4件编甬钟（M111:7、8、11、13号）的时代下限。那么，这4件甬钟的时代是与之相当，还是早于这个时代呢？叶家山M111一式钟为细双阳线弦纹夹连珠纹界隔钟，其篆带饰燕尾云纹（图1·4·1之1、2），侧鼓部没有侧鼓音的纹饰标记；二式钟为细双阳线弦纹夹乳丁纹界隔钟，其篆带饰横G形云纹（图1·2·1之

[1] 湖北省文物考古研究所、随州市博物馆：《湖北随州叶家山M111发掘简报》，《江汉考古》2020年第2期，第3页。
[2] 黄凤春、黄建勋：《论叶家山西周曾国墓地》，《随州叶家山——西周早期曾国墓地》，文物出版社，2013年，第264、265页。
[3] 李伯谦：《西周早期考古的重大发现》，《随州叶家山——西周早期曾国墓地》，文物出版社，2013年，第286页。
[4] 张昌平：《叶家山墓地相关问题研究》，《随州叶家山——西周早期曾国墓地》，文物出版社，2013年，第283页。
[5] 同[1]，第74页。

10、11），侧鼓部饰有一个侧鼓音的标记——燕尾云纹（图2·1·5之4）。由此可知，叶家山M111一式钟和二式钟并非同一时代的产物，尤其是二式钟的侧鼓部已经有了侧鼓音的演奏标记，可见二式钟的时代要晚于一式钟。也就是说，这套编钟最初是由镈M111:5号和一式钟M111:8、13号组成，3件一套也符合西周早期编钟的编列之制，其正鼓音可以构成徵—羽—宫的音列，但音域仅有纯四度（表2）。应该说，在西周早期，这样3件一套的编钟绝对已经属于恢宏巨制。其高大的体量、精美的纹饰、高超的冶铸工艺、恢宏绵长的音响效果等，与殷商的礼乐重器编铙相比，绝对是天壤之别。但随着这套编钟在礼乐活动中多次使用和时代的发展，曾侯和乐师都应该会意识到其音域方面的巨大缺憾，那就是音域太窄了，仅有纯四度，远逊色于西周早期的𢼸伯各墓编钟（3件）和𢼸伯旨墓编钟（3件），这两套编钟的音域均为一个八度又一个大三度[1]。故此，最初由镈和一式钟组成的3件套曾侯编钟的音域拓展，势在必行，可以演奏"一钟双音"的二式钟（2件）由此诞生了，这在编钟的发展史上具有划时代的重大意义。从这套编钟（5件）的测音数据（表1）和音列分析（表2）来看，镈M111:5号、一式钟M111:8、13号的正鼓音和二式钟M111:7、11号的正、侧鼓音可以构成E宫B徵调四声音列，具体音列为：徵—羽—宫—角—徵—羽—宫。关于这套编钟的音响效果，方勤先生指出："全组编钟音高稳定、音调明确、音色醇美。"[2]从表2来看，以当今十二平均律的标准为参照，一式钟的羽音与高八度的二式钟的羽音误差仅有7音分，一式钟的宫音与高八度的二式钟的宫音误差仅有9音分，而且这个高八度的宫音还在侧鼓部，令人惊叹不已。由此可见，这套编钟的钟模设计和冶金铸造在当时已经达到了空前的水平！需要特别说明的是，这套编钟没有调音，这种音响效果纯粹是"通过对钟模的规范和调理，经铸造而获得的"[3]。即使在科学技术高度发达的今天，要想铸造这样一套编钟而不经过后期的调音，也是一个非常大的挑战。特别是，还要在二式钟上实现"一钟双音"，更是难上加难。现在，我们再来判断叶家山M111

［1］王清雷：《西周乐悬制度的音乐考古学研究》，文物出版社，2007年，第87页。

［2］方勤：《叶家山M111号墓编钟初步研究》，《黄钟》2014年第1期，第95页。

［3］同［2］，第93页。

一式钟（M111:8、13号）和二式钟（M111:7、11号）的时代就比较容易了。二式钟（M111:7、11号）作为目前编钟发展史上最早一套可以演奏"一钟双音"的实物，其诞生的时代不会太早，可以将其断为西周早期昭王之世，也就是说与M111的时代相当。以当前编钟的复制经验来看[1]，考虑到西周早期没有任何的现代科技工具和测音软件可供使用的历史背景下，要在一式钟的基础上研制出不需要调音就可以达到音高准确，可以与一式钟的音列无缝对接，可以演奏"一钟双音"的二式钟，至少需要数十年的时间。从二式钟西周早期的昭王之世往前推数十年，大约为西周早期成王晚期，这应该就是一式钟（M111:8、13号）的时代。这与西周礼乐制度真正实施的时代大体是相符的。西周初期，天下初定，成王年幼，周公摄政7年，先平定叛乱而后"制礼作乐"[2]。"殷礼标志性的礼乐重器——编铙逐步被周人废止，而代之以编甬钟的崛起，这应是殷商礼乐制度终结和西周乐悬制度初步建立的分水岭。"[3]礼乐制度的制定与真正的实施，并在各诸侯国推行，必然需要一定的时间，尤其是西周礼乐重器——甬钟的研发肯定需要数十年的时间。尽管有商代编铙和大铙可以作为其母体，但编铙和大铙都不是演奏音乐的定音乐器，要想在此基础上研制出一种新型的可以演奏音乐的定音青铜乐器绝非数年可以实现。尤其是在没有调音的情况下，要实现3件编钟（1件镈和2件甬钟）在一个宫调内构成音高较为准确的音列，更是空前的重大科研项目，没有十余年甚至二三十年的时间恐怕难以攻克，这就基本到了西周早期成王晚期了，也就是叶家山M111一式钟（M111:8、13号）的诞生时代。由此观之，钲、篆和枚区为细双阳线夹连珠纹界隔的甬钟类型，应该是甬钟发展史上的最早形态。

刘绪先生指出："由于叶家山墓葬属于西周早期，故墓中所出器物，除前朝遗留者外，都是西周早期可靠的断代标准器，其中有些本地生产的器物便成为汉水中下游地区西周早期考古学文化的可靠标尺。"[4]故此，叶家山M111所出4件编

［1］王清雷、陈伟岸、曹葳蕤：《当代编钟铸造的实地考察与思考》，《人民音乐》2020年第8期，第79—84页。

［2］《礼记·明堂位》，《礼记正义》卷三十一，《十三经注疏》（下），中华书局，1980年，第1488页。

［3］王清雷：《西周乐悬制度的音乐考古学研究》，文物出版社，2007年，第76页。

［4］李学勤等：《湖北随州叶家山西周墓地笔谈》，《文物》2011年第11期，第70页。

表1　湖北随州叶家山M111编钟测音数据表[1]　　　　　　　　　　　　　　　　单位：音分

标本号	M111:5	M111:8	M111:13	M111:7	M111:11
正鼓音	B3-7	#C4-41	E4-4	#G4-26	#C5-48
侧鼓音	D4-24	F4-32	#G4+39	B4+47	E5+5

表2　湖北随州叶家山M111编钟音列分析表[2]　　　　　　　　　　　　　　　　单位：音分

类型		镈	一式钟		二式钟	
标本号		M111:5	M111:8	M111:13	M111:7	M111:11
正鼓音	音高	b-7	#c¹-41	e¹-4	#g¹-26	#c²-48
	阶名	徵	羽	宫	角	羽
侧鼓音	音高	d¹-24	f¹-32	#g¹+39	b¹+47	e²+5
	阶名	-	-	-	徵	宫

甬钟（M111:7、8、11、13号）堪称西周早期甬钟的断代标准器，具有非常重要的学术价值。

　　在叶家山M111出土的4件编甬钟（M111:7、8、11、13号）当中，篆带饰Aa I 燕尾云纹的为M111:8号和M111:13号两件钟。

　　M111:8号钟（图2·1·2之1）器表覆盖着较厚的铜锈，局部纹饰漫漶。其钲、篆、枚区各部以细双阳线弦纹夹连珠纹界隔。这些连珠纹间距细密而均匀，工艺考究。篆带饰燕尾云纹（图1·4·1之1），其组织结构属于连续纹样，由两个单元纹样组成，排列方式为顺序排列。每个单元的燕尾云纹由一个三尾燕尾云纹和一个二尾燕尾云纹构成。正面和背面的篆带纹样形态略有不同，工艺手法为细阳线双勾。该钟侧鼓部没有侧鼓音的标记纹饰。钟腔内壁没有调音的痕迹。该钟通高46.7厘米，重14.315千克[3]。

---

[1] 方勤：《叶家山M111号墓编钟初步研究》，《黄钟》2014年第1期，第93页。该表格中的测音数据为物理学记法。

[2] 说明：为方便作音乐学的分析，本表已将表1中使用物理学记法的测音数据转换为音乐学记法。

[3] 湖北省文物考古研究所、随州市博物馆：《湖北随州叶家山M111发掘简报》，《江汉考古》2020年第2期，第32页。

M111:13号钟（图2·1·2之2）与M111:8号钟相比，后者钟甬稍长，两铣明显外侈。该钟背面篆带纹饰与M111:8号钟的篆带纹饰几乎相同，仅在局部有细微的差别（图1·4·1之1、2）。该钟正面篆带纹饰（图2·1·2之3）与背面不同。其组织结构属于连续纹样，由3个单元纹样组成，排列方式为正反颠倒排列；每个单元的燕尾云纹均有3个燕尾；工艺手法为细阳线双勾。该钟侧鼓部没有侧鼓音的标记纹饰。钟腔内壁没有调音的痕迹。该钟通高43.9厘米，重11.78千克[1]。

为了厘清4件叶家山M111甬钟的篆带纹样，笔者曾备受煎熬。《湖北随州叶家山M111发掘简报》对这4件甬钟的篆带纹饰没有做任何描述[2]，从简报公布的甬钟图片上也无法辨认出篆带纹饰的具体形态。该发掘简报中"图二五截锥状枚甬钟（M111:7）"[3]的线图篆带是空白，没有绘任何纹饰；"图二六乳钉状枚甬钟（M111:8）"[4]的线图篆带上仅绘有少部分纹饰。故此，4件叶家山M111甬钟的篆带纹饰究竟是何种形态，尚无从得知。尽管《随州叶家山——西周早期曾国墓地》[5]已经出版，有关M111编甬钟（4件）的文字和图片资料相继公布于世。同时，还有4篇研究叶家山M111编钟的专文：《叶家山M111号墓编钟初步研究》[6]《湖北随州叶家山新出西周青铜编钟略说》[7]《论叶家山曾国编钟及有关问题》[8]《叶家山M111出土编钟的音乐考古学研究》[9]。但非常遗憾的是，笔者从这些文献当中始终没有找到能够辨别出叶家山M111编甬钟篆带纹样的图片和文字资料。"山重水复疑无路，柳暗花明又一村。"非常幸运的

［1］湖北省文物考古研究所、随州市博物馆:《湖北随州叶家山M111发掘简报》,《江汉考古》2020年第2期，第32页。

［2］同［1］，第31、32页。

［3］同［1］，第57页，图二五。

［4］同［1］，第58页，图二六。

［5］湖北省博物馆、湖北省文物考古研究所、随州市博物馆:《随州叶家山——西周早期曾国墓地》，文物出版社，2013年。

［6］方勤:《叶家山M111号墓编钟初步研究》,《黄钟》2014年第1期。

［7］黄凤春:《湖北随州叶家山新出西周青铜编钟略说》,《东亚音乐考古研究论文集》，中州古籍出版社，2014年。

［8］方建军:《论叶家山曾国编钟及有关问题》,《中国音乐学》2015年第1期。

［9］任宏:《叶家山M111出土编钟的音乐考古学研究》,《音乐艺术》2020年第1期。

是，笔者于2013年12月在湖北省博物馆参加"湖北商周青铜器特展暨叶家山西周墓地国际学术研讨会"时，曾亲自考察过这套编钟，拍摄了大量4件甬钟的局部照片。虽然当时条件有限，拍摄的许多图片质量很不理想，但还是有少量图片可用。笔者反复端详、比对其中一些编钟篆带的局部图片，终于厘清了全部4件甬钟篆带的纹样形态。为使学界同仁不再为这个问题浪费脑细胞，笔者请张玲玲绘制了这4件甬钟的篆带纹饰线图（图1·2·1之10、11，图1·4·1之1、2），以便学界使用。

这里需要指出一处谬误。《随州叶家山——西周早期曾国墓地》[1]一书中，关于叶家山M111:8、13号这两件甬钟的背面图片有误。在《随州叶家山——西周早期曾国墓地》一书中，仅载有M111:8、13号两钟的背面图片[2]；在《湖北随州叶家山M111发掘简报》一文中，仅载有M111:8、13号两钟的正面图片[3]。笔者在书稿二校时发现，这两件甬钟的器型文字描述，只能与该钟一面的图片特征相吻合。经反复对比这两件甬钟的正、背面图片，可以确认其正、背面图片出现了"张冠李戴"的错误。如果将原来两钟的正面或背面图片互换位置，器型特征就吻合了。那么究竟是甬钟正面的图片配错了？还是甬钟背面的图片配错了？笔者已无法考证。就这一问题，笔者亲自请教了叶家山考古队队长黄凤春先生。在黄队长的无私帮助下，笔者终于厘清了这一问题：《随州叶家山——西周早期曾国墓地》[4]一书误将M111:8号钟的背面图片配成了M111:13号钟的背面图片，误将M111:13号钟的背面图片配成了M111:8号钟的背面图片。厘定了这一错误之后，笔者对本书中的相关文字和图片也做了订正。

例2：山西翼城大河口M1017:84号钟

2009年，出土于山西翼城大河口M1017，墓主为霸伯尚[5]。"其人群应为狄

［1］湖北省博物馆、湖北省文物考古研究所、随州市博物馆：《随州叶家山——西周早期曾国墓地》，文物出版社，2013年。

［2］同［1］，第138、142、143页。

［3］湖北省文物考古研究所、随州市博物馆：《湖北随州叶家山M111发掘简报》，《江汉考古》2020年第2期，第58页，图版六〇、六一。

［4］同［1］，第138、142、143页。

［5］山西省考古研究所、临汾市文物局、翼城县文物旅游局联合考古队，山西大学北方考古研究中心：《山西翼城大河口西周墓地1017号墓发掘》，《考古学报》2018年第1期，第138页。

人系统的一支，是被中原商周文化同化的狄人"[1]，属媿姓狄人[2]。该墓出土编甬钟共计3件，其中篆带饰AaⅠ燕尾云纹的为M1017:84号钟。

"M1017的年代属西周中期偏早阶段。"[3]墓葬的时代只是随葬器物的时代下限，墓中有些器物可能会早于墓葬的时代。从大河口M1017:84号钟篆带所饰燕尾云纹（图1·4·1之11）来看，其纹样形态与西周早期成王晚段的叶家山M111:8号钟篆带纹饰的部分单元纹样（图1·4·1之1）非常相似，但是其每个单元纹样均为一个三尾燕尾云纹，已经开始简化。故此，大河口M1017:84号钟的时代应晚于西周早期成王晚段的叶家山M111:8号钟，推测应为西周早期康王之器。

大河口M1017:84号钟（图2·1·2之4）保存完好。钟体正面（无斡一面）右侧粘有苇席、皮革等腐朽物，因为发掘方有检验其具体的材质等设想，故一直保留而没有去除。舞部素面。其钲、篆、枚区各部以细双阳线弦纹夹连珠纹界隔。篆带饰燕尾云纹（图1·4·1之10、11），其组织结构属于连续纹样，由3个单元纹样组成，排列方式为正反颠倒排列；每个单元的燕尾云纹均有3个燕尾；工艺手法为细阳线双勾。该钟侧鼓部没有侧鼓音的标记纹饰。钟腔内壁没有调音的痕迹。该钟通高45.1厘米，重11.91千克[4]。

例3：陕西扶风五郡西村2006FWXJ1:1号钟

2006年，出土于陕西扶风五郡西村西周青铜器窖藏，其中出土的最著名的青铜器为2件五年琱生尊。该窖藏出土编甬钟共计5件，其中篆带饰AaⅠ燕尾云纹的为五郡西村2006FWXJ1:1号钟。

关于该窖藏的主人，《陕西扶风五郡西村西周青铜器窖藏发掘简报》指出："出土的器物中5件有铭文，1件编钟上有族徽。我们认为这些青铜器应是同一家族

［1］山西省考古研究所大河口墓地联合考古队：《山西翼城县大河口西周墓地》，《考古》2011年第7期，第18页。
［2］谢尧亭：《发现霸国：讲述大河口墓地考古发掘的故事》，山西人民出版社，2012年，第102页。
［3］山西省考古研究所、临汾市文物局、翼城县文物旅游局联合考古队、山西大学北方考古研究中心：《山西翼城大河口西周墓地1017号墓发掘》，《考古学报》2018年第1期，第138页。
［4］同［2］，第132、133页。

之物，根据铭文推测，可能这个窖藏的主人就是琱生。"[1]"琱生应是召氏宗族的一员"[2]。如此而言，该窖藏青铜器应属于姬姓召氏宗族。

关于五郡西村2006FWXJ1:1号钟的时代，《陕西扶风五郡西村西周青铜器窖藏发掘简报》[3]《简论扶风五郡西周窖藏出土的青铜器》[4]和《扶风五郡西村西周青铜器窖藏编钟及相关问题》[5]这3篇文章均认为2006FWXJ1:1号钟应为西周早期之器。该钟有旋无斡，属于铙式甬钟。钟甬粗壮，上下甬径相同，没有锥度的变化。舞部素面无纹；钲、篆、枚区各部以细双阳线弦纹夹连珠纹为界，但是细双阳线弦纹的间距明显宽于同种界隔方式的西周甬钟；钲部狭长；篆带呈狭窄的长方形，有的篆带甚至与界隔的细双阳线弦纹宽度相差不大；篆带所饰燕尾云纹（图1·4·1之12）比西周早期成王晚段的叶家山M111:8、13号两钟（图1·4·1之1、2）篆带所饰燕尾云纹的线条明显稚拙，尤其是在弧线线条的流畅方面差距明显，这应与不同地域钟师的水平有关。钟腔内壁没有调音的痕迹。综合以上特征，五郡西村2006FWXJ1:1号钟的时代应早于西周早期成王晚段的叶家山M111:8、13号两钟，推测其应为西周早期成王早段之器，有可能是周公"制礼作乐"之后在宗周之地研制的第一批甬钟产品。

五郡西村2006FWXJ1:1号钟（图2·1·2之5）为铙式甬钟，即有旋无斡。保存完好。器表有锈蚀，局部纹饰漫漶。其钲、篆、枚区各部以细双阳线弦纹夹连珠纹界隔，细双阳线弦纹的间距明显宽于同种界隔方式的西周甬钟。篆带饰燕尾云纹（图1·4·1之12，图2·1·2之6），其组织结构属于连续纹样，由3个单元纹样组成，排列方式为正反颠倒排列。需要指出的是，第二个单元的燕尾云纹与第一个单元的燕尾云纹形态并不相同，整体构图草率，比例失衡。本该用弧线的线条却用折线拼接而成，且拼接处明显，显示出当时钟师在工艺技术方面的原始与稚嫩。工艺手法为细

[1] 宝鸡市考古研究所、扶风县博物馆：《陕西扶风五郡西村西周青铜器窖藏发掘简报》，《文物》2007年第8期，第26页。
[2] 同[1]，第27页。
[3] 同[1]，第17页。
[4] 高西省：《简论扶风五郡西周窖藏出土的青铜器》，《中国历史文物》2008年第6期，第7页。
[5] 陈亮：《扶风五郡西村西周青铜器窖藏编钟及相关问题》，《文物》2007年第8期，第82页。

阳线双勾。该钟侧鼓部没有侧鼓音的标记纹饰。钟腔内壁没有调音的痕迹。该钟通高53.8厘米[1]。

这里需要指出一处谬误。《陕西扶风县新发现一批西周青铜器》一文图九的图注是"甬钟甲（2006FWXJ1∶1）纹饰拓片"[2]。但是笔者反复观察该图后发现，其并非是2006FWXJ1∶1号钟的纹饰拓片。从该文"图一○甬钟甲（2006FWXJ1∶1）线图"来看，该钟篆带纹饰有3个单元；而从图九的纹饰拓片上来看，该钟篆带纹饰仅有2个单元，显然并非是同一件甬钟。故此，该文出现"张冠李戴"的错误。经笔者查阅《陕西扶风五郡西村西周青铜器窖藏发掘简报》公布的5件编甬钟的图片资料[3]，并反复核对，最终厘定图九是2006FWXJ1∶3号钟的纹饰拓片。在此提醒学界注意，避免由此可能带来的失误。

还需特别说明的是，《陕西扶风五郡西村西周青铜器窖藏发掘简报》一文对于5件甬钟的资料阐述非常翔实且专业，尤其是学界急需的图片资料，包括每件甬钟的全景图片、线图、拓片，且都是高清大图。同时，甬钟的诸多细节均有图片呈现，如甬钟线图涉及舞部的纹饰、旋上的纹饰、斡上的纹饰以及篆带、正鼓部、侧鼓部的纹饰，同时对于编钟的调音在于口处也有呈现，线图的绘制严谨准确。读完这篇发掘简报，真是酣畅淋漓，心情愉悦。毕竟音乐考古界同仁主要还是依靠发掘简报公布的资料来做学术研究。笔者期待更多像《陕西扶风五郡西村西周青铜器窖藏发掘简报》这样高质量的发掘简报问世。

例4：五式兴钟76FZH1∶66号

1976年12月，出土于陕西扶风庄白一号窖藏，系白家生产队在平整土地时发现。窖藏出土的青铜器属于殷遗民子姓微氏家族[4]。窖藏内器物放置有序，未被

---

[1] 宝鸡市考古研究所、扶风县博物馆：《陕西扶风五郡西村西周青铜器窖藏发掘简报》，《文物》2007年第8期，第6页。

[2] 宝鸡市考古队、扶风县博物馆：《陕西扶风县新发现一批西周青铜器》，《考古与文物》2007年第4期，第6页，图九。

[3] 同[1]，第21页，图三四。

[4] 李学勤：《西周中期青铜器的重要标尺——周原庄白、强家两处青铜器窖藏的综合研究》，《中国历史博物馆馆刊》1979年第1期，第30页。

盗掘。出土编甬钟共计21件，其中有铭兴钟14件，无铭兴钟7件[1]。其中，篆带饰AaⅠ燕尾云纹的为五式兴钟（76FZH1:66号），属于无铭兴钟。

关于五式兴钟（76FZH1:66号）的时代，目前学界主要有两种观点：

第一，"西周中期"说。《微氏家族青铜器群研究》将五式兴钟（76FZH1:66号）断为西周中期之器[2]。《中国音乐文物大系·陕西卷》亦认为五式兴钟（76FZH1:66号）的时代为西周中期[3]。笔者赞同此说。但西周中期的断代有些宽泛，其时代尚可更具体些。

第二，"穆王末叶"说。《先秦大型组合编钟研究》认为："3件组编列的Ⅴ式兴钟说明，周人开始自己铸造3件成编的甬钟，因而3件甬钟形制、纹饰一致。Ⅴ式兴钟正鼓音构成'角—羽—宫'音列。由此可知，Ⅴ式兴钟的制作年代略晚于Ⅰ式兴钟，不晚于穆王末叶。"[4]

笔者认为此说值得商榷。原因如下：

其一，Ⅴ式兴钟的分组。庄白一号窖藏共计出土21件编钟，考古工作人员根据编钟的形制、纹饰和铭文的不同将它们分为7组，有的1件就是一组。例如76FZH1:64号钟，《陕西扶风庄白一号西周青铜器窖藏发掘简报》将其命名为戊组[5]。另有3件一组、4件一组等。至于这些兴钟当初的编列与分组，我们已经无从得知，更何况出土的21件编钟肯定不是当时兴钟的全部，这从编钟的铭文已经确知。我们现在将之分为7组，只是当代考古工作者做的考古类型学的类分而已。对于Ⅴ式兴钟，将76FZH1:61、63和66号这3件钟编为一组，亦是如此。"上述61、63、66号三钟，形制相同，唯花纹稍异，编为第二组。"[6]这里说的第二组，就是指Ⅴ式兴钟。既然将61、63、66号这3件钟归为一组并非周人所为，那么《先秦

［1］a.陕西周原考古队：《陕西扶风庄白一号西周青铜器窖藏发掘简报》，《文物》1978年第3期，第1、
　　　6、7页。b.方建军：《中国音乐文物大系·陕西卷》，大象出版社，1996年，第37～50页。
［2］刘士莪、尹盛平：《微氏家族青铜器群研究》，《西周微氏家族青铜器群研究》，文物出版社，
　　　1992年，第9页。
［3］同［1］b，第47页。
［4］王友华：《先秦大型组合编钟研究》，中国艺术研究院博士学位论文，2009年，第104页。
［5］同［1］a，第6页。
［6］同［2］，第37页。

大型组合编钟研究》所言的"3件组编列的Ⅴ式兴钟说明，周人开始自己铸造3件成编的甬钟"[1]，从逻辑上是讲不通的，结论是不能成立的。这与弭伯各墓编钟（3件）、弭伯旨墓编钟（3件）、长甶墓编钟（3件）的编列是不同的。

其二，Ⅴ式兴钟的纹饰。先看舞部纹饰，76FZH1:61、63号两钟为S形云纹，76FZH1:66号钟为S形雷纹。再看篆带纹饰，76FZH1:61号钟为斜角燕尾云纹，76FZH1:66号钟为三尾燕尾云纹，76FZH1:63号钟为斜角云纹。还有斡的纹饰，76FZH1:61、63号两钟斡均素面，76FZH1:66号钟为绹纹斡。显然，3件Ⅴ式兴钟的纹饰并不一致。故此该文说的Ⅴ式兴钟"3件甬钟形制、纹饰一致"是不对的。

其三，Ⅴ式兴钟的音列。目前3件组西周早期和西周中期穆王时的编钟有4套，分别为弭伯各墓编钟（3件）、弭伯旨墓编钟（3件）、长甶墓编钟（3件）和河南魏庄编钟（3件）。弭伯各墓编钟（3件）的正鼓音音列为宫—角—宫，[2]弭伯旨墓编钟（3件）的正鼓音音列为羽-宫-羽，[3]长甶墓编钟（3件）的正鼓音音列为宫—角—宫，[4]河南魏庄编钟（3件）的正鼓音音列为角—宫—羽。[5]《先秦大型组合编钟研究》一文指出："Ⅴ式兴钟正鼓音构成'角—羽—宫'音列"[6]，其与以上4套编钟的正鼓音音列均不相同。所以，根据Ⅴ式兴钟的音列将其时代断为"不晚于穆王末叶"[7]的观点，是不能成立的。

综上所论，《先秦大型组合编钟研究》一文所言："3件组编列的Ⅴ式兴钟说明，周人开始自己铸造3件成编的甬钟，因而3件甬钟形制、纹饰一致。Ⅴ式兴钟正鼓音构成'角—羽—宫'音列。由此可知，Ⅴ式兴钟的制作年代略晚于Ⅰ式兴钟，不晚于穆王末叶"[8]这一段论述，都是存在问题的，其断代结论也就难以成立。

---

[1] 王友华:《先秦大型组合编钟研究》，中国艺术研究院博士学位论文，2009年，第104页。

[2] 王清雷:《西周乐悬制度的音乐考古学研究》，文物出版社，2007年，第87页。

[3] 同[2]。

[4] 孔义龙:《两周编钟音列研究》，中国艺术研究院博士学位论文，2005年，第29页。

[5] 同[4]，第32页。

[6] 同[1]。

[7] 同[1]。

[8] 同[1]。

对于五式兴钟（76FZH1:66号）的时代，笔者认为将其断为西周中期[1]没有问题，但从调音来看，其断代尚可更为具体。该钟的钟腔内壁没有调音锉磨的痕迹，故此不会晚于西周中期孝王。其钲、篆、枚区各部界隔的细双阳线弦纹夹连珠纹工艺粗糙，很多连珠纹与上下的弦纹黏合在一起，有的甚至突破至弦纹之外。与西周早期和西周中期穆王之世采用相同界隔方式的甬钟相比而言，其工艺相去甚远，并非同期之物，故其应在西周中期穆王之后。该钟侧鼓部尚无凤鸟纹的标记，篆带所饰三尾燕尾云纹具有西周中期早段的特点。综合考虑，笔者推测五式兴钟（76FZH1:66号）应为西周中期共王之世的产物。

五式兴钟（76FZH1:66号）（图2·1·2之7）保存完整。器表多有铜锈，诸多部位的纹饰漫漶不清。其钲、篆、枚区各部以细双阳线弦纹夹连珠纹界隔，连珠纹工艺不甚考究。篆带饰燕尾云纹（图1·4·1之6），其组织结构属于连续纹样，由2个单元纹样组成，排列方式为正反颠倒排列；每个单元的燕尾云纹均有3个燕尾；工艺手法为细阳线双勾。该钟侧鼓部没有侧鼓音的标记纹饰，钟腔内壁没有调音的痕迹。该钟通高41.4厘米，重7.8千克[2]。

这里需要指出一处错误。《中国音乐文物大系·陕西卷》第178页表11中五式兴钟76FZH1:66号的鼓间数据有误[3]。编钟的合瓦形结构决定其铣间数据必然大于鼓间数据。但在该表中，76FZH1:66号钟的铣间为22.4厘米，鼓间为26.7厘米[4]，其铣间数据竟然小于鼓间数据，故二者之中肯定有一个数据是错误的。通过与76FZH1:61号钟和63号钟铣间、鼓间数据的理校，最后确定是76FZH1:66号钟的鼓间数据有误。2010年，笔者亲自考察五式兴钟，重新测量其形制数据，厘定其鼓间数据为16.7厘米。

例5：一式晋侯苏钟（4件：73627～73630号）

1992年，被盗掘出土于山西曲沃县曲村镇北赵村西南天马——曲村遗址8号

[1] a.刘士莪、尹盛平：《微氏家族青铜器群研究》，《西周微氏家族青铜器群研究》，文物出版社，1992年，第9页。b.方建军：《中国音乐文物大系·陕西卷》，大象出版社，1996年，第47页。
[2] 同[1]b，第178页，表11。
[3] 同[1]b，第47页。
[4] 同[1]b，第47页。

墓，墓葬编号为92QI11M8，为晋侯苏墓，墓葬时代应为西周晚期。编甬钟共计16件，其中2件为考古发掘出土，14件被盗掘。被盗的14件编钟被走私到香港，1992年12月22日由上海博物馆购回收藏。与2件编钟同时出土的还有10件编磬。侯马工作站于1995年收藏6件编磬，曲沃县公安局藏2件编磬，据考证均为M8之物。也就是说，M8共计随葬16件编甬钟、18件编磬。笔者根据钲、篆、枚区的界隔方式，将16件晋侯苏编钟分为两式：一式，钲、篆、枚区各部以细双阳线弦纹夹连珠纹界隔，共计4件，包括73627～73630号钟；二式，钲、篆、枚区各部以阴线界隔，共计12件，包括73631～73640号钟，M8:32、33号钟。

关于16件晋侯苏编钟的时代，学界争议很大，主要有以下5种观点：

第一，"厉王"或"宣王"说。彭裕商先生对这套编钟的时代纷争进行了总结："晋侯苏钟的年代，目前主要有厉王和宣王两说。主张时属厉王的有马承源、李学勤、王世民、孙华等先生。主张时属宣王的学者比较多，有邹衡、王占奎、王恩田、李伯谦、刘启益、冯时、黄盛璋、方述鑫等诸位先生。裘锡圭先生始则倾向马说，后又觉得宣王说比较合理。"[1]彭裕商先生认为晋侯苏编钟"由器型、纹饰及铭文内容等方面来看，本套编钟应属宣世"[2]。

无论厉王说还是宣王说，都是根据晋侯苏编钟的铭文进行断代的。众所周知，晋侯苏编钟的铭文为刻铭，非为铸铭。故此，晋侯苏编钟的铸造时间肯定早于刻铭的时间。尤其从73627～73630号钟的纹饰和调音情况来看，其显然不是西周晚期之器。所以，16件晋侯苏编钟的时代为厉王或宣王说，尚值得商榷。

第二，"西周初年至厉王"说。《中国音乐文物大系·上海卷》将上海博物馆收藏的14件晋侯苏编钟分为三式，时代各不相同。Ⅰ式共计2件，包括73627、73628号钟；Ⅱ式共计2件，包括73629、73630号钟；Ⅲ式共计10件，包括73631～73640号钟。该书指出："Ⅰ式钟的年代最早，应在西周初年；Ⅲ式钟的年

[1] 彭裕商：《晋侯蘇钟年代浅议》，《晋侯墓地出土青铜器国际学术研讨会论文集》，上海书画出版社，2002年，第314页。
[2] 同[1]，第317页。

代稍晚，但不会晚于厉王三十三年；Ⅱ式钟则介于两者之间。"[1]

此说显然已经关注到16件晋侯苏编钟并非同一时代的产物。冯光生先生指出，西周早期的编钟还没有调音锉磨的痕迹，尚处于"铸生双音"的阶段[2]。而《中国音乐文物大系·上海卷》所言的Ⅰ式钟（73627、73628号）和Ⅱ式钟（73629、73630号）的钟腔内壁均有调音，其中73628、73629号钟的钟腔内壁均有2条调音槽[3]，其显然并非西周早期之器，更不可能早到西周初年。所以，晋侯苏编钟的时代为西周初年至厉王说，不能成立。

第三，"西周初期至共王"说。《晋侯苏钟的音乐学研究》一文将16件晋侯苏编钟分为三式，时代各不相同。Ⅰ式共计2件（73627、73628号），其"年代至少应在康王之世以前的西周初期"[4]；Ⅱ式共计2件（73629、73630号），其"年代定在康王之世前后，应是妥当的"[5]；Ⅲ式共计12件（73631～73640号，M8:32、33号）。"与Ⅲ式钟形制相同或形近的西周编钟，大都为西周中、晚期器。其中年代较早的有应侯钟，已知的有2件，一件收藏于日本东京书道博物馆，另一件于1974年3月出土于陕西蓝田县红星村。后者器型完整，甬内留存泥芯，钟腔内壁有调音凹槽3条，舞、篆、鼓皆饰云纹，右鼓部饰一小鸟纹。这些特征与晋侯苏Ⅲ式钟几乎完全一致。应侯钟被认为是西周恭王时期器，Ⅲ式钟当也应在这一时期的前后。……把下限为厉王三十三年的晋侯苏Ⅲ式钟的年代推前至恭王时期是有一定理由的。"[6]

冯光生先生指出，西周早期的编钟还没有调音锉磨的痕迹，尚处于"铸生双音"的阶段[7]。该文所言的Ⅰ式钟（73627、73628号）和Ⅱ式钟（73629、73630号）的钟腔内壁均有调音，其中73628、73629号钟的钟腔内壁均有2条调音槽[8]，

[1] 马承源：《中国音乐文物大系·上海卷》，大象出版社，1996年，第32页。
[2] 冯光生：《周代编钟的双音技术及应用》，《中国音乐学》2002年第1期，第42页。
[3] 同[1]，第31页。
[4] 王子初：《晋侯苏钟的音乐学研究》，《文物》1998年第5期，第26页。
[5] 同[4]。
[6] 同[4]。
[7] 同[2]。
[8] 同[4]，第27页。

显然Ⅰ式钟和Ⅱ式钟并非西周早期之器，更不可能早到西周初年。关于Ⅲ式钟的断代，该文认为其与陕西蓝田红星村出土的应侯钟时代相当，应侯钟属于西周中期共王时器，故此Ⅲ式钟也属于西周中期共王时器。

关于应侯钟，学界多称之为"应侯见工钟"。应侯见工钟中的"见"字，裘锡圭先生考释其应为"视"[1]。按照这一研究成果，本书将应侯钟或应侯见工钟均改称为"应侯视工钟"。关于应侯视工钟的断代，1975年韧松、樊维岳先生将其断为西周中期共王之器[2]。之后学界引用此器，几乎均将其视为西周中期共王时期的产物，同时还将其侧鼓部的凤鸟纹视为西周编钟侧鼓音标记最早的凤鸟纹。2001年，王世民先生指出其时代应为西周中期孝、夷之世[3]。王龙正等先生赞同王世民先生的意见[4]。2012年，娄金山等先生也赞同王世民先生的观点[5]。当然也有不同的观点。李学勤先生认为应侯视工钟应为西周晚期厉王之器[6]。方建军先生认为："应侯钟的形制、纹饰、组合和音列结构，均显示出西周晚期的特征，其时代定在厉王时期是合适的。"[7]从以上诸家之研究可知，应侯视工钟并非西周中期共王之器。既然如此，《晋侯苏钟的音乐学研究》一文按照旧说，即应侯视工钟为西周中期共王之世的断代，而将晋侯苏Ⅲ式钟同样断为西周中期共王之器的观点，也就难以立足。不仅如此，晋侯苏Ⅲ式钟的调音比Ⅰ式钟和Ⅱ式钟要成熟得多，钟腔内壁有调音槽6条、8条甚至9条不等，已经是"一钟双音"成熟阶段的产物，绝非西周中期共王之器，而应为西周晚期的产物。

综上所论，晋侯苏编钟的时代为"西周初期至共王"说，难以成立。

第四，"西周早中期"说。高至喜和高西省均持此说，但对于个别编钟

[1] 裘锡圭：《甲骨文中的见与视》，《甲骨文发现一百周年学术研讨会论文集》，（中国台北）文史哲出版社，1998年，第4页。

[2] 韧松、樊维岳：《记陕西蓝田县新出土的应侯钟》，《文物》1975年第10期，第69页。

[3] 王世民：《应侯见工钟的组合与年代》，《保利藏金（续）》，岭南美术出版社，2001年，第256、257页。

[4] 王龙正、刘晓红、曹国朋：《新见应侯见工簋铭文考释》，《中原文物》2009年第5期，第57页。

[5] 娄金山、马新民、祝容：《应侯见工诸器年代略考》，《中原文物》2012年第5期，第18页。

[6] 李学勤：《论应侯视工诸器的时代》，《文物中的古文明》，商务印书馆，2008年，第254~257页。

[7] 方建军：《应侯钟的音列结构及有关问题》，《音乐研究》2011年第6期，第47页。

（73629、73630号）的断代两位观点不同。高至喜先生根据斡的有无，将16件晋侯苏编钟分为A、B两型：A型有旋无斡，2件，为73627、73628号钟；B型有旋有斡，共计14件，为73629～73640号钟，M8:32、33号钟。高至喜先生根据编钟纹饰的不同，将B型14钟又分为两式：BⅠ式为73629、73630号钟；BⅡ式为73631～73640号和M8:32、33号钟。高至喜通过类型学的分析，认为A型钟的"年代均在西周早期"[1]，B型钟"其年代在西周中期"[2]。

高西省先生根据编钟纹饰的不同将16件晋侯苏编钟分为A、B两型，其中A型共计4件，为73627～73630号钟；B型共计12件，为73631～73640号钟，M8:32、33号钟。该文认为："晋侯苏两组16件编钟的A、B两型的年代是不相同的，即A型为西周早期，B型为西周中期。"[3]

目前所知，西周早期的编钟均没有调音。而晋侯苏编钟（73627～73630号）的钟腔内壁均有调音，其中73628、73629号钟的钟腔内壁均有2条调音槽[4]，此4钟显然并非西周早期之器。所以，高至喜先生认为A型晋侯苏编钟（2件，73627、73628号）的"年代均在西周早期"[5]，高西省先生认为A型晋侯苏编钟（4件，73627～73630号）的年代"为西周早期"[6]，这两种观点都是不能成立的。

与73627～73630号4件钟相比，剩余12件晋侯苏编钟（73631～73640号和M8:32、33号钟）的调音手法要成熟得多，钟腔内壁有调音槽6、8甚至9条不等，这已经是"一钟双音"成熟阶段的产物，绝非西周中期之器，应为西周晚期的产物。

综上所论，晋侯苏编钟的时代为"西周早中期"说，也不能成立。

第五，"西周中晚期"说。《夏商周青铜器研究西周篇（下册）》一书认为上海博物馆收藏的14件晋侯苏编钟（73627～73640号）"有三种形式，自西周中期到

---

[1] 王世民、李学勤、陈久金、张闻玉、张培瑜、高至喜、裘锡圭：《晋侯苏钟笔谈》，《文物》1997年第3期，第63页。

[2] 同[1]。

[3] 高西省：《晋侯苏编钟的形制特征及来源问题》，《文物》2010年第8期，第76页。

[4] 马承源：《中国音乐文物大系·上海卷》，大象出版社，1996年，第31页。

[5] 同[1]。

[6] 同[3]。

晚期都有，当时是根据谐音无铭钟凑集起来，再分刻整篇铭文。"[1] 从16件晋侯苏编钟的形制、纹饰和调音来看，其确为西周中晚期的产物。但哪几件为西周中期，哪几件为西周晚期，从该书的论述中我们无法确知。故此，晋侯苏编钟的时代为"西周中晚期"之说显得有些宽泛，应将晋侯苏编钟的时代进一步具体化。

以上诸家对于晋侯苏编钟的断代，主要是关注铭文、纹饰和器型，忽略了编钟作为乐器而独有的一个断代元素，那就是调音。王子初先生指出："调音锉磨是中国青铜时代各个历史时期造钟工匠最核心的秘密，……在对编钟进行调音时留下的锉磨遗痕，是追溯当时铸钟工匠调音手法的最好依据，也是对这种乐器进行断代分析的重要物证。事实上，那些位于乐钟于口内面留存至今的锉磨痕迹，看似沟沟洼洼，零零星星，却隐藏着极为深刻的声学含义，不存在哪怕是一点点的随意性。它们随着中国青铜乐钟的发展而发展，随着人们对调音技术认识的深化，时时留下了时代的印记。"[2] 其中，一式晋侯苏钟的调音与14件有铭兴钟中的部分钟雷同。14件有铭兴钟于1976年12月在陕西扶风庄白一号窖藏出土[3]。该窖藏出土的青铜器属于殷遗民子姓微氏家族[4]。窖藏内器物放置有序，未被盗掘。《微氏家族铜器断代》指出："西周微氏家族的铜器，成、康、昭、穆、共、懿、孝、夷、厉等九个王世均有，这就为西周的铜器断代树立了一个极好的标尺。它们对于西周铜器断代和西周考古分期都具有重大的意义。"[5] 李学勤先生于2006年在《庄白兴器的再考察》一文指出："兴的年代是在孝夷以至厉王前半，他的器铭与一些肯定属这个时期的器物联系，在分期研究上是特别有意义的。"[6] 从14件有铭兴钟的

[1] 陈佩芬：《夏商周青铜器研究西周篇（下册）》，上海古籍出版社，2004年，第584页。

[2] 王子初：《中国青铜乐钟的音乐学断代——钟磬的音乐考古学断代之二》，《中国音乐学》2007年第1期，第18页。

[3] 陕西周原考古队：《陕西扶风庄白一号西周青铜器窖藏发掘简报》，《文物》1978年第3期，第1页。

[4] 李学勤：《西周中期青铜器的重要标尺——周原庄白、强家两处青铜器窖藏的综合研究》，《中国历史博物馆馆刊》1979年第1期，第30页。

[5] 刘士莪、尹盛平：《微氏家族铜器断代》，《西周微氏家族青铜器群研究》，文物出版社，1992年，第93页。

[6] a. 李学勤：《庄白兴器的再考察》，《华学》（第八辑），紫禁城出版社，2006年，第25页。b. 李学勤：《庄白兴器的再考察》，《文物中的古文明》，商务印书馆，2008年，第263页。

调音情况来看，有些兴钟为西周中期孝王之器，如76FZH1:64、8、30、16、33、31号钟；有些兴钟为西周中期夷王之器，如76FZH1:29、10、9、32号钟；少数几件兴钟为西周晚期厉王前段，如76FZH1:62、65、28、57号钟。14件有铭兴钟堪称"孝夷以至厉王前半"[1]这一时期甬钟断代的标准器。与之相对照，一式晋侯苏钟（73627～73630号）的调音与西周中期夷王时期的76FZH1:29、10号等几件兴钟雷同，故一式晋侯苏钟（4件，73627～73630号）可断为西周中期夷王之器。二式晋侯苏钟（12件，73631～73640号，M8:32、33号）的调音槽形态规范，调音模式已经成熟，其时代要晚于西周晚期厉王前段的几件兴钟，如76FZH1:62、65、28、57号钟，也就是二式晋侯苏钟应在西周晚期厉王前段之后；但从调音的技术来看，二者又具有前后的传承性，相距时代不远。故此，笔者认为应将二式晋侯苏钟（12件，73631～73640号，M8:32、33号）断为西周晚期厉王后段比较妥当。

在16件晋侯苏编钟当中，篆带饰Aa Ⅰ 燕尾云纹的为一式晋侯苏钟（4件，73627～73630号）。分述如下：

73627号（图2·1·2之8）和73628号钟（图2·1·2之10），均为铙式甬钟，有旋无斡。73627号钟残缺3枚，钟73628号钟残缺1枚，余部器形完整。两钟器表均有淡淡的铜锈覆盖，尤其是73628号钟锈蚀较甚，器表纹饰漫漶严重。2件钟的钲、篆、枚区各部均以细双阳线弦纹夹连珠纹界隔，篆带饰燕尾云纹（图1·4·1之3、图2·1·2之9），其组织结构属于连续纹样，由2个单元纹样和半个单元纹样组成，排列方式为正反颠倒排列。每个单元的燕尾云纹均有3个燕尾。工艺手法为细阳线双勾。侧鼓部没有侧鼓音的标记纹饰。2件钟的钟腔内壁均有调音。73627号钟背面正鼓部内唇上有一个调音锉磨缺口，其他部位没有明显的调音锉磨痕迹；73628号钟钟腔内壁有2条调音槽，分别位于两正鼓部，长约10厘米，其形状为半梭形，即靠近于口一端最深最宽，往里面渐浅渐窄，直至消失。调音槽延及内唇，在内唇上形成一个宽2.7厘米的调音锉磨缺口[2]。73627号钟和73628号钟通高分别为50.0、51.9厘米，重

[1] a.李学勤：《庄白兴器的再考察》，《华学》（第八辑），紫禁城出版社，2006年，第25页。b.李学勤：《庄白兴器的再考察》，《文物中的古文明》，商务印书馆，2008年，第263页。

[2] 马承源：《中国音乐文物大系·上海卷》，大象出版社，1996年，第31页。

21.4、20.0千克[1]。

73629号（图2·1·2之11）和73630号钟（图2·1·2之12），均为标准的甬钟器型，旋斡俱全。73629号钟破裂，已经修补；个别枚端残；器表泥锈较多，纹饰漫漶不辨。73630号钟残失1枚，器表有铜锈覆盖，纹饰大部分漫漶不辨。两件钟的钲、篆、枚区界隔方式与篆带所饰纹样（图1·4·1之4、图2·1·2之13）均与73627号和73628号钟的类型相同。由于纹饰为手工制作，故篆带纹样的线条细部略有不同。侧鼓部没有侧鼓音的标记纹饰。两件钟的钟腔内壁均有调音。73629号钟钟腔内有2条调音槽，分别位于两个正鼓部；调音槽靠近于口一端最深最宽，往里渐浅渐窄，逐渐消失，调音槽长约28.0、宽1.5厘米，距离舞底约有7厘米；其他部位没有明显的调音锉磨痕迹。73630号钟仅在于口内唇上有调音锉磨的痕迹，内唇上半部分基本被锉磨殆尽。[2]73629号钟和73630号钟通高分别为50.1、49.8厘米，重17.4、19.0千克[3]。

例6：陕西眉县杨家村甲组编钟（2件，Ⅰ、Ⅱ号）

据《眉县出土一批西周窖藏青铜乐器》一文介绍，"1985年8月，眉县马家镇杨家村砖厂工人在取土时发现一西周青铜器窖藏，共出土西周甬钟十件，镈三件。"[4]所出青铜器属于姬姓单氏家族[5]。其中，甲组钟2件；乙组钟4件，根据其铭文，学界称其为逑钟；丙组钟4件。其中，篆带饰AaⅠ燕尾云纹的为甲组钟（2件，Ⅰ、Ⅱ号）。

关于杨家村甲组编钟（2件，Ⅰ、Ⅱ号）的时代，学界尚存在分歧，主要有以下3种不同的观点：

第一，"西周初期偏晚"说。《眉县出土一批西周窖藏青铜乐器》一文指出："从窖藏器物特征看，甲组钟所饰阳线联珠纹为边的云雷纹，多见于商末西周初

[1] 王子初：《晋侯苏钟的音乐学研究》，《文物》1998年第5期，第24页，表一。
[2] 马承源：《中国音乐文物大系·上海卷》，大象出版社，1996年，第31页。
[3] 同[1]。
[4] 刘怀君：《眉县出土一批西周窖藏青铜乐器》，《文博》1987年第2期，第17页。
[5] 张天恩：《从逑盘铭文谈西周单氏家族的谱系及相关铜器》，《文物》2003年第7期，第63页。

1

2

3

图2·1·2之1～3　篆带饰Aa I 燕尾云纹的西周甬钟

1. 湖北随州叶家山M111一式钟（M111:8号）（王清雷摄于吴中博物馆展厅）　2. 湖北随州叶家山M111一式钟（M111:13号）（王清雷摄于吴中博物馆展厅）　3. 湖北随州叶家山M111一式钟（M111:13号）正面篆带纹饰局部（王清雷摄于吴中博物馆展厅）

4

5

图2·1·2之4～6　篆带饰AaⅠ燕尾云纹的西
周甬钟

4. 山西翼城大河口M1017:84号钟（张玲玲摄
于临汾博物馆展厅）　5. 陕西扶风五郡西村
2006FWXJ1:1号钟（宝鸡青铜器博物院陈亮
供图）　6. 陕西扶风五郡西村2006FWXJ1:1号
钟篆带局部[1]

6

[1] 王清雷裁剪自 "5.陕西扶风五郡西村2006FWXJ1:1号钟（宝鸡青铜器博物院陈亮供图）"。

7

图2·1·2之7　篆带饰Aa I 燕尾云纹的西周甬钟

7. 五式兴钟76FZH1:66号（王清雷摄）

8

图2·1·2之8、9　篆带饰AaⅠ燕尾云纹的西周甬钟

8. 一式晋侯苏钟73627号[1]　　9. 一式晋侯苏钟73627号篆带局部[2]

9

[1] 马承源:《中国音乐文物大系·上海卷》,大象出版社,1996年,
　　第29页,图1·2·4a。

[2] 同[1],"9. 一式晋侯苏钟73627号篆带局部"由王清雷裁剪自"图
　　1·2·4a"。

10

11

图2·1·2之10、11　篆带饰Aa I 燕尾云纹的西周甬钟

10. 一式晋侯苏钟73628号[1]　11. 一式晋侯苏钟73629号[2]

[1] 马承源:《中国音乐文物大系·上海卷》,大象出版社,1996年,第31页,图1·2·4c。

[2] 同[1],第32页,图1·2·4d。

12

图2·1·2之12、13　篆带饰AaⅠ燕尾云纹的西周甬钟

12. 一式晋侯苏钟73630号[1]　13. 一式晋侯苏钟73630号篆带局部[2]

13

[1] 马承源：《中国音乐文物大系·上海卷》，大象出版社，1996年，
　　第33页，图1·2·4f。
[2] 同[1]，"13. 一式晋侯苏钟73630号篆带局部"由王清雷裁剪
　　自"图1·2·4f"。

14

图2·1·2之14、15 篆带饰Aa I 燕尾云纹的西周甬钟

14. 陕西眉县杨家村甲组编钟 I 号（王清雷摄） 15. 陕西眉县杨家村甲组编钟 I 号钟体拓片[1]

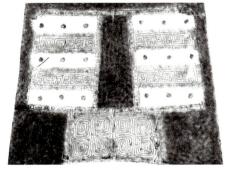

15

[1] 方建军：《中国音乐文物大系·陕西卷》，大象出版社，1996年，第60页，图1·5·19b。

16

17

18

图2·1·2之16～19　篆带饰AaⅠ燕尾云纹的西周甬钟

16. 陕西眉县杨家村甲组编钟Ⅰ号于口（王清雷摄）　17. 陕西眉县杨家村甲组编钟Ⅱ号于口（王清雷摄）　18. 陕西眉县杨家村甲组编钟Ⅱ号（王清雷摄）　19. 陕西眉县杨家村甲组编钟Ⅱ号正鼓部纹饰（王清雷摄）

19

年，故其时代当是西周初期偏晚时铸品。"[1]

第二，"西周早期偏晚"说。《中国青铜器综论》一书将杨家村甲组Ⅰ号钟断为"西周早期偏晚"[2]。

第三，"西周中期"说。《中国音乐文物大系·陕西卷》将杨家村甲组钟断为"西周中期"[3]。笔者赞同此说，但"西周中期"说有些宽泛，其断代尚可更为具体。

笔者亲自考察过杨家村甲组钟（2件，Ⅰ、Ⅱ号），2件钟均经调音，其中Ⅰ号钟的钟腔内壁有8条调音槽，Ⅱ号钟的钟腔内壁有5条调音槽。冯光生先生指出，西周早期编钟的钟腔内壁还没有调音锉磨的痕迹，尚处于"铸生双音"的阶段[4]。故此，杨家村甲组钟绝不会早至西周初期或西周早期。从2件钟的调音情况（图2·1·2之16、17）来看，仅就调音槽的数量而言，似乎已经进入"一钟双音"的成熟阶段，也就是西周晚期。但从其调音槽的形态来看，其尚未进入"一钟双音"的成熟阶段，这与14件有铭兴钟中调音较为成熟的几件时代相当，如西周中期夷王时期的76FZH1:29、10、9、32号兴钟等。故此，笔者将杨家村甲组钟（2件，Ⅰ、Ⅱ号）断为西周中期夷王之器。

杨家村甲组Ⅰ号钟（图2·1·2之14、15）保存完好，纹饰清晰。其钲、篆、枚区各部以细双阳线弦纹夹连珠纹界隔，连珠纹非常稀疏，篆带的连珠纹仅有5珠。篆带饰燕尾云纹（图1·4·1之8），其组织结构属于连续纹样，由3个单元纹样组成，排列方式为顺序排列。每个单元的燕尾云纹均有3个燕尾，但其构图和线条中规中矩，缺乏灵性，与随州叶家山M111:8号和M111:13号钟（图2·1·2之1、2）篆带所饰燕尾云纹的飘逸流畅完全不同，体现了不同时期不同的艺术审美。工艺手法为细阳线双勾。侧鼓部没有侧鼓音的标记纹饰。该钟有调音（图2·1·2之16）。钟腔内壁有调音槽8条，分别位于两正鼓部、四侧鼓部和两铣角。其中，正面正鼓部及两侧鼓

[1] 刘怀君：《眉县出土一批西周窖藏青铜乐器》，《文博》1987年第2期，第23页。
[2] 朱凤瀚：《中国青铜器综论》，上海古籍出版社，2009年，第363页。
[3] 方建军：《中国音乐文物大系·陕西卷》，大象出版社，1996年，第60页。
[4] 冯光生：《周代编钟的双音技术及应用》，《中国音乐学》2002年第1期，第42页。

部的调音槽较窄较浅，距离舞底约4厘米。背面正鼓部及两侧鼓部的调音槽较窄较浅，近于口处最深，至舞底越来越浅；正鼓部调音槽的两侧均有调音锉磨的痕迹，但是没有形成凹槽。两铣角仅在近于口处有较短的调音槽，钟腔里面没有。该钟通高57.0厘米，重27.0千克[1]。

杨家村甲组Ⅱ号钟（图2·1·2之18）背面正鼓部有一不规则的铸孔与细小的砂眼，舞部边缘亦有数个细小铸孔。器表有锈蚀，部分纹饰漫漶不清，尤其是背面的正鼓部纹饰。需要特别关注的是，该钟正鼓部的纹饰仅有四分之三（图2·1·2之19），可见铸造工艺之草率。其钲、篆、枚区各部以细双阳线弦纹夹连珠纹界隔，连珠纹比之Ⅰ号钟细密一些，篆带的连珠纹有7或8珠。篆带饰燕尾云纹（图1·4·1之9），其局部与Ⅰ号钟篆带所饰燕尾云纹有差别。其组织结构属于连续纹样，由3个单元纹样组成；排列方式没有规律，第一个单元与第二个单元为正反颠倒排列，第二个单元与第三个单元却为顺序排列。每个单元的燕尾云纹均有3个燕尾，线条比之Ⅰ号钟流畅一些。工艺手法为细阳线双勾。侧鼓部没有侧鼓音的标记纹饰。该钟有调音（图2·1·2之17）。钟腔内壁有调音槽5条，分别位于正面的两侧鼓部、背面的正鼓部和两铣角，均延及于口，在于口留下数个弧形缺口。其中，正面两侧鼓部均有调音槽，其中左侧鼓部调音槽较深较宽较长，其长度距离舞底约4厘米；右侧鼓部调音槽较浅较窄较短，约达钟腔的三分之二处；正鼓部无调音槽。背面的正鼓部有调音槽，较长，距离舞底约3厘米；两侧鼓部均没有调音槽。两铣角仅在近于口处有较短的调音槽，钟腔内无调音槽。该钟通高50.0厘米，重22.5千克[2]。

这里需要指出两处谬误，详见如下：

第一，《中国音乐文物大系·陕西卷》载："甲组Ⅱ号钟……内壁有隧4条，前壁左、右侧鼓各1，后壁正鼓1，右铣1。"[3]该书所言的"隧"是指调音槽。根据笔者亲自考察甲组Ⅱ号钟的调音可知，其钟腔内壁有调音槽5条（图2·1·2之17），而不是"4条"，分别位于正面的两侧鼓部、背面的正鼓部和两铣角。

---

[1]方建军：《中国音乐文物大系·陕西卷》，大象出版社，1996年，第179页，表16。
[2]同[1]。
[3]同[1]，第60页。

第二，《中国音乐文物大系·陕西卷》载："甲组Ⅱ号钟……纹饰与Ⅰ号钟相同。"[1] 仅从甲组Ⅰ号钟和Ⅱ号钟的篆带纹饰（图1·4·1之8、9）来看，虽然同为燕尾云纹，但二者单元纹样的局部形态并不相同，差别在于单元纹样的右下角。此外，二者的正鼓部纹饰亦不相同。故此，该书的描述是有问题的。

AaⅡ

AaⅡ燕尾云纹的形态特点是：每个单元的燕尾云纹由3尾缩减到2尾或1尾，减少的2尾或1尾变形为仅有半个燕尾的螺旋形，笔者故将该式称为"螺旋燕尾云纹"。篆带饰有此式云纹的西周甬钟有如下2例：

例1：陕西扶风五郡西村2006FWXJ1:3号钟

2006年，出土于陕西扶风五郡西村西周青铜器窖藏，编甬钟共计5件，其中篆带饰AaⅡ燕尾云纹的为五郡西村2006FWXJ1:3号钟。

关于五郡西村2006FWXT1:3号钟的时代，《陕西扶风五郡西村西周青铜器窖藏发掘简报》[2]《简论扶风五郡西周窖藏出土的青铜器》[3] 和《扶风五郡西村西周青铜器窖藏编钟及相关问题》[4] 这3篇文章均认为2006FWXT1:3号钟应为西周早期之器。笔者认同这种观点，但综合考察该钟的特点，尚可将其断代具体化。该钟篆带所饰燕尾云纹（图1·4·1之14）与西周早期成王晚段的随州叶家山M111:8、13号两钟篆带所饰燕尾云纹（图1·4·1之1、2）相比，每个单元的燕尾云纹由3尾缩减到2尾，减少的1尾变形为仅有半个燕尾的螺旋形，线条流畅飘逸，整个纹样已开始向几何形图案发展，展示出一种新的时代特征。同时，其钲、篆、枚区各部用以界隔的连珠纹细密规整，与西周早期成王晚段的随州叶家山M111:8、13号两钟的界隔方式相同，工艺非常考究。笔者又将五郡西村2006FWXT1:3号钟的舞部与随州叶家山M111:8号钟的舞部进行对比（图2·1·3之3），发现二者的纹饰类型相同，纹样形态呈现出高度的一致性，可见时代应相去不远。故此，笔者认为将五郡西村

[1] 方建军：《中国音乐文物大系·陕西卷》，大象出版社，1996年，第60页。

[2] 宝鸡市考古研究所、扶风县博物馆：《陕西扶风五郡西村西周青铜器窖藏发掘简报》，《文物》2007年第8期，第17页。

[3] 高西省：《简论扶风五郡西周窖藏出土的青铜器》，《中国历史文物》2008年第6期，第7页。

[4] 陈亮：《扶风五郡西村西周青铜器窖藏编钟及相关问题》，《文物》2007年第8期，第82页。

2006FWXT1:3号钟的时代断为西周早期康王之世比较妥当。

五郡西村2006FWXJ1:3号钟（图2·1·3之1）保存完好，器表有泥锈，局部纹饰漫漶漫不辨。其钲、篆、枚区各部以细双阳线弦纹夹连珠纹界隔，连珠纹细密规整。篆带较宽，饰燕尾云纹（图1·4·1之13、14，图2·1·3之4），其组织结构属于连续纹样，由2个单元纹样组成，排列方式为正反颠倒排列。每个单元的燕尾云纹均有2个燕尾，减少的1尾变形为仅有半个燕尾的螺旋形，整个纹样形态已开始向几何形图案发展，线条流畅飘逸，呈现出不同的时代艺术风格与审美。工艺手法为细阳线双勾。该钟侧鼓部没有侧鼓音的标记纹饰。钟腔内壁没有调音的痕迹。该钟通高49.5厘米[1]。

例2：湖北宜昌万福垴编钟（3件，2012YWTN03E20:5、6、8号）

2012年6月，出土于湖北宜昌市白洋工业园沙湾路万福垴楚文化西周遗址，属于楚国公室青铜器[2]。编钟共计12件（图2·1·5之10），其中篆带饰AaⅡ燕尾云纹的有3件，分别为2012YWTN03E20:5、6、8号钟。

关于万福垴2012YWTN03E20:5、6、8号钟的时代，学界争议较大，主要有以下3种观点：

第一，"西周早期偏晚"说。在《楚季编钟及其他新见楚铭铜器研究》一文中，刘彬徽先生将万福垴编钟分为三式："Ⅰ式为刻有'楚季'铭文的甬钟；Ⅱ式为有小乳丁界栏的甬钟；Ⅲ式为无小乳丁而有圈点纹界栏的甬钟。"[3]万福垴2012YWTN03E20:5、6、8号这3件钟即属于Ⅲ式钟。关于其年代，该文指出："《断代》[4]Ⅱ型甬钟年代最早者也出自竹园沟M7，'为西周早期康昭之际器'，与之对应的《万福垴钟》Ⅲ式的年代也应和竹园沟同型钟年代相同，为西周

[1] 宝鸡市考古研究所、扶风县博物馆：《陕西扶风五郡西村西周青铜器窖藏发掘简报》，《文物》2007年第8期，第6、7页。

[2] 黄文新、赵芳超：《湖北宜昌万福垴遗址出土甬钟年代及相关问题研究》，《江汉考古》2016年第4期，第64页。

[3] 刘彬徽：《楚季编钟及其他新见楚铭铜器研究》，《湖南省博物馆馆刊》（第九辑），岳麓书社，2013年，第198页。

[4]《断代》指的是《西周青铜器分期断代研究》（王世民等著）。

早期偏晚"[1]。按照此说，万福垴2012YWTN03E20:5、6、8号这3件钟的时代即为"西周早期偏晚"。

笔者认为该文的论证逻辑存在问题。竹园沟M7共计出土3件甬钟（BZM7:12、11、10号），其中BZM7:12、11号2件钟（图2·1·5之7）的钲、篆、枚区各部以细双阳线弦纹夹乳丁纹界隔，属于该文所言的Ⅱ式；BZM7:10号以单阳线弦纹界隔，属于该文所言的Ⅰ式。也就是说，该文用于断代的竹园沟M7甬钟与该文界定的"Ⅲ式为无小乳丁而有圈点纹界栏的甬钟"根本就不属于同一式，属于类型学错位。故此，该文按照竹园沟M7甬钟的时代来给Ⅲ式万福垴钟断代，就类型学的逻辑而言是讲不通的，其断代也就不能成立。

第二，"西周中期"说。《湖北宜昌万福垴遗址发掘简报》将12件编钟分为细阳线乳钉界格钟、细阳线圈点界格钟、阴线界格钟3类[2]。其中，2012YWTN03E20:5、6、8号钟被归入第二类"细阳线圈点界格钟"。《湖北宜昌万福垴遗址发掘简报》认为第二类钟的"年代应在西周中期"[3]。笔者认为此说值得商榷，具体探讨详见后文。

第三，"西周中期早段""西周中期晚段"说。在《湖北宜昌万福垴遗址出土甬钟年代及相关问题研究》一文中，万福垴编钟被分为A、B、C三型。其中，B型为"圆圈点纹界格钟"，共计6件，万福垴2012YWTN03E20:5、6、8号这3件钟即属于该文所言的B型。在该文的"万福垴甬钟分型及对应年代图"[4]中，万福垴2012YWTN03E20:5、6号两钟被置于"西周中期早段"，2012YWTN03E20:8号钟被置于"西周中期晚段"。笔者认为此说值得商榷。万福垴2012YWTN03E20:8号钟钟腔内壁光平，没有调音锉磨的痕迹，故其时代不会晚至"西周中期晚段"。

[1] 刘彬徽：《楚季编钟及其他新见楚铭铜器研究》，《湖南省博物馆馆刊》（第九辑），岳麓书社，2013年，第199页。

[2] 湖北省文物考古研究所、武汉大学历史学院考古系、宜昌博物馆：《湖北宜昌万福垴遗址发掘简报》，《江汉考古》2016年第4期，第30、33页。

[3] 同[2]，第33页。

[4] 黄文新、赵芳超：《湖北宜昌万福垴遗址出土甬钟年代及相关问题研究》，《江汉考古》2016年第4期，第65页，图一。

　　万福垴2012YWTN03E20:5、6、8号钟的篆带所饰燕尾云纹（图1·4·1之15、16）与西周早期成王晚段的随州叶家山M111:8、13号两钟篆带所饰燕尾云纹（图1·4·1之1、2）相比，每个单元的燕尾云纹由3尾缩减到2尾或1尾；减少的1尾或2尾变形为仅有半个燕尾的螺旋形，整个纹样已开始向几何形图案发展；尤其是2012YWTN03E20:6号钟的篆带纹饰（图1·4·1之16）几乎完全几何形图案化，线条细密精致，燕尾的特征几乎消失，工艺考究，展现出一种新的时代风格与艺术审美。综合考量，笔者认为应将万福垴2012YWTN03E20:5、6、8号这3件钟的时代断为西周早期康王之世比较妥当。

　　对于笔者的断代，肯定有一些学者提出反对，甚至认为是无稽之谈，尤其是2012YWTN03E20:8号钟的甬上饰有蝉纹，故此认为其时代应为西周中期晚段甚至是西周晚期。而实际上，蝉纹的出现并没有那么晚。《中国青铜器综论》一书指出："青铜器纹饰中的蝉纹，皆具共同特征，两只大目，体躯作长三角形，……流行于殷代至西周早、中期。"[1]所以，不能仅凭该钟甬部的蝉纹而将其断代推后。笔者最初考察该钟时，也是疑虑重重，主要是该钟甬部蝉纹的工艺手法竟然是阳刻平雕加阴线刻，而且仔细观察其细部，工艺精湛，似乎为西周晚期之器，但其整体更符合西周早期的特点。后来笔者阅读了《西周青铜器断代两系说刍议》一文，才恍然大悟。该文指出："在西周初年，周人的青铜器铸造技术远逊于商人，尚处于模仿学习阶段，殷人是周人的老师，整体文化高于周人。因此，西周早期属于殷商贵族后裔的铜器一般来说做得比较精致，甚至有很多满花三层器，这就是很好的证明。我们把这种现象称之为'文化错位'现象。这种现象容易导致我们对西周青铜器断代的错误理解。"[2]万福垴2012YWTN03E20:8号钟属于商系青铜器，恰恰集中体现了所谓的"文化错位"现象。由此，笔者也更坚定了自己的断代认识。

　　万福垴2012YWTN03E20:5号钟（图2·1·3之5）保存较差，钟体正面、背面于

[1]　朱凤瀚：《中国青铜器综论》，上海古籍出版社，2009年，第576页。
[2]　张懋镕：《西周青铜器断代两系说刍议》，《考古学报》2005年第1期，第16页。

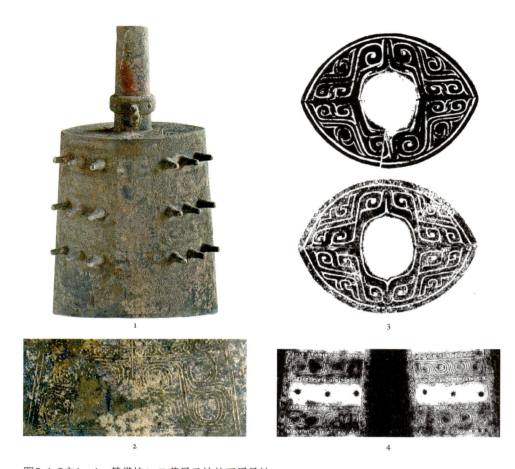

图2·1·3之1~4 篆带饰AaⅡ燕尾云纹的西周甬钟

1. 陕西扶风五郡西村2006FWXJ1:3号钟（宝鸡青铜器博物院陈亮供图） 2. 陕西扶风五郡西村
2006FWXJ1:3号钟正鼓部纹饰[1] 3. 五郡西村2006FWXJ1:3号钟舞部纹饰[2]（上）与随州叶家山M111:8
号钟舞部纹饰[3]（下）对比图（王清雷制图） 4. 陕西扶风五郡西村2006FWXJ1:3号钟篆带拓片[4]

［1］ 王清雷裁剪自 "1.陕西扶风五郡西村 2006FWXJ1：3号钟（宝鸡青铜器博物院陈亮供图）"。
［2］ 宝鸡市考古研究所、扶风县博物馆：《陕西扶风五郡西村西周青铜器窖藏发掘简报》，《文物》
2007年第8期，第24页，图四一之1。
［3］ 湖北省文物考古研究所、随州市博物馆：《湖北随州叶家山M111发掘简报》，《江汉考古》
2020年第2期，第58页，拓片二三。
［4］ 同［2］，第21页，图三四。"4.陕西扶风五郡西村2006FWXJ1：3号钟篆带拓片"由王清雷裁
剪自 "图三四"。

5   6

7   8

图2·1·3之5~8 篆带饰AaⅡ燕尾云纹的西周甬钟

5. 湖北宜昌万福垴2012YWTN03E20:5号钟（王清雷摄于湖北省博物馆展厅） 6. 湖北宜昌万福垴
2012YWTN03E20:6号钟（王清雷摄于湖北省博物馆展厅） 7. 湖北宜昌万福垴2012YWTN03E20:5
号钟篆带局部（王清雷摄于湖北省博物馆展厅） 8. 湖北宜昌万福垴2012YWTN03E20:6号钟篆带
局部（王清雷摄于湖北省博物馆展厅）

9　　　　　　　　　　　　10

11

图2·1·3之9～11　篆带饰AaⅡ燕尾云纹的西周甬钟

9. 湖北宜昌万福垴2012YWTN03E20:8号钟（王清雷摄于湖北省博物馆展厅）　10. 湖北宜昌万福垴2012YWTN03E20:8号钟篆带局部（王清雷摄于湖北省博物馆展厅）　11. 湖北宜昌万福垴2012YWTN03E20:8号钟甬部纹饰（王清雷摄于湖北省博物馆展厅）

口均残破。但从《湖北宜昌万福垴遗址发掘简报》公布的12件甬钟的全景照片[1]（图2·1·5之10）来看，该钟已经修复；器表有泥锈，局部纹饰漫漶不辨。其钲、篆、枚区各部以细双阳线弦纹夹连珠纹界隔，连珠纹比较稀疏。篆带较宽，饰燕尾云纹（图1·4·1之15、图2·1·3之7），其组织结构属于连续纹样，由2个单元纹样组成，排列方式为正反颠倒排列。每个单元的燕尾云纹均有2个燕尾，减少的1尾变形为仅有半个燕尾的螺旋形，整个纹样形态已开始向几何形图案发展，呈现出不同的时代艺术风格。工艺手法为细阳线双勾。该钟侧鼓部没有侧鼓音的标记纹饰，钟腔内壁没有调音的痕迹。通高44.8厘米[2]。

万福垴2012YWTN03E20:6号钟（图2·1·3之6）个别枚端残缺，甬上端部分残损，余部保存完好；器表覆盖有较厚的泥锈，大部分纹饰不可辨。其钲、篆、枚区各部以细双阳线弦纹夹连珠纹界隔，连珠纹细密精致。篆带很宽，饰燕尾云纹（图1·4·1之16、图2·1·3之8），其组织结构属于连续纹样，由2个单元纹样组成，排列方式为正反颠倒排列。每个单元的燕尾云纹仅有1个燕尾，减少的2尾变形为仅有半个燕尾的螺旋形，整个纹样形态呈现出高度的几何形图案化，其构图体现出高度的艺术逻辑性，线条细密考究，燕尾云纹的特征已不明显，呈现出全新的时代艺术特征和艺术审美。工艺手法为细阳线双勾。该钟侧鼓部没有侧鼓音的标记纹饰，钟腔内壁没有调音的痕迹。通高50.0厘米[3]。

万福垴2012YWTN03E20:8号钟（图2·1·3之9）保存完好。器表通体覆盖有较厚的泥锈，纹饰大部分不可辨。甬部饰蝉纹，其工艺手法为阳刻平雕加阴线刻，工艺精湛。从其篆带局部（图2·1·3之10）可以判定，其钲、篆、枚区各部以细双阳线弦纹夹连珠纹为界，篆带饰燕尾云纹，线条细密。该钟侧鼓部没有侧鼓音的标记纹饰，钟腔内壁没有调音的痕迹。通高53.1厘米[4]。

[1] 湖北省文物考古研究所、武汉大学历史学院考古系、宜昌博物馆：《湖北宜昌万福垴遗址发掘简报》，《江汉考古》2016年第4期，封二。
[2] 同[1]，第35页，附表一。
[3] 同[1]，第35页，附表一。
[4] 同[1]，第35页，附表一。

Aa Ⅲ

Aa Ⅲ燕尾云纹的形态特点是：每个单元的燕尾云纹有2条边变形，从而在该燕尾云纹的一侧构成1个为锐角的斜角；2个燕尾云纹为正反颠倒排列，由此2个单元燕尾云纹的斜角边构成平行关系，笔者将该式称为"斜角燕尾云纹"。需要说明的是，这种斜角燕尾云纹并不属于斜角云纹，因为所有斜角云纹（图1·1·1）的整体轮廓呈三角形，而斜角燕尾云纹的整体轮廓呈四边形（图1·4·1之5、7）。篆带饰有此式云纹的西周甬钟有如下2例：

例1：陕西长安马王村21号甬钟

1973年5月，出土于陕西长安县马王村西周铜器窖藏[1]。"器物放置端正，无零乱堆积现象……甬钟大小相套，放在坑的西南角，有一小钟，单独放在旁边。"[2]编钟共计出土10件，其中篆带饰Aa Ⅲ燕尾云纹的为21号钟。

关于马王村21号钟的时代，《陕西长安新旺村、马王村出土的西周铜器》将其断为西周中期[3]，《中国音乐文物大系·陕西卷》也将其断为西周中期[4]。但从其调音和纹饰来看，笔者认为该钟的断代尚可更具体些。首先，该钟的钟腔内壁（图2·1·4之3）没有调音的痕迹，故不会晚至西周中期孝王。其次，该钟钲、篆、枚区各部界隔的细双阳线弦纹夹连珠纹工艺一般（图2·1·4之4），连珠纹比较细密，均在上下的弦纹之间，没有突破至弦纹之外，但间距不一。这与西周早期的同类编钟相比，其工艺已有一定的差距，并非同期之物，故其不会早至西周早期昭王时。再者，笔者将该钟舞部纹饰与西周早期昭王时的随州叶家山M111:7号钟的舞部纹饰进行对比（图2·1·4之1），发现二者在构图方面有诸多雷同之处，可见时代应相去不远。故此，笔者认为将其断为西周中期穆王之世比较妥当。

马王村21号钟（图2·1·4之2）保存完好。器表有锈蚀，局部纹饰漫漶不清。甬未封衡，近方形幹。其钲、篆、枚区各部以细双阳线弦纹夹连珠纹界隔，连珠纹较

---

[1] 方建军：《中国音乐文物大系·陕西卷》，大象出版社，1996年，第80页。

[2] 西安市文物管理处：《陕西长安新旺村、马王村出土的西周铜器》，《考古》1974年第1期，第1页。

[3] 同[2]，第4页。

[4] 同[1]。

为细密，间距不等，工艺一般。篆带较宽，饰斜角燕尾云纹（图1·4·1之7、图2·1·4之4），局部线条粗糙。其组织结构属于连续纹样，由2个单元纹样组成，排列方式为正反颠倒排列。每个单元的燕尾云纹有2条边变形，从而在该燕尾云纹的一侧构成1个为锐角的斜角，且该斜角处的2条边均为复线；2个单元燕尾云纹的斜角边构成平行关系，其整体构图呈现出全新的时代艺术特征和审美观念。工艺手法为细阳线双勾。该钟侧鼓部没有侧鼓音的标记纹饰。该钟于口有内唇；钟腔内壁光平，没有调音锉磨的痕迹（图2·1·4之3）。该钟通高45.0厘米，重14.8千克[1]。

这里需要指出一处谬误。在《中国音乐文物大系·陕西卷》中，陕西长安马王村21号钟的线图[2]（图2·1·4之5）所绘的篆带纹饰有误。从该线图来看，其篆带为素面，没有纹饰，事实上并非如此，它饰有燕尾云纹（图1·4·1之7、图2·1·4之4）。不仅如此，该线图的舞部纹饰绘制也比较粗糙。根据《中国音乐文物大系·陕西卷》的条目内容阐述[3]，该线图对应马王村20号和21号两钟。笔者有幸亲自拍摄过马王村20号和21号两钟的舞部纹饰。现将两钟的舞部纹饰与该线图绘制的舞部纹饰作一比较即可发现（图2·1·4之6），三者之间的区别是明显的，这对编钟的纹饰研究肯定会有一定的影响。在此提醒学界注意这幅有问题的线图。

例2：五式兴钟76FZH1:61号

1976年12月，出土于陕西扶风庄白一号窖藏，系白家生产队在平整土地时发现。窖藏出土青铜器属于殷遗民子姓微氏家族[4]。窖藏内器物放置有序，没被盗掘。出土编甬钟共计21件，其中有铭兴钟14件，无铭兴钟7件[5]。其中，篆带饰AaⅢ燕尾云纹的为五式兴钟76FZH1:61号，属于无铭兴钟。

关于五式兴钟76FZH1:61号的时代，目前学界主要有2种观点：

［1］方建军：《中国音乐文物大系·陕西卷》，大象出版社，1996年，第180页，表20。

［2］同［1］，第81页，图1·5·34c之4。

［3］同［1］，第80页。

［4］李学勤：《西周中期青铜器的重要标尺——周原庄白、强家两处青铜器窖藏的综合研究》，《中国历史博物馆馆刊》1979年第1期，第30页。

［5］a.陕西周原考古队：《陕西扶风庄白一号西周青铜器窖藏发掘简报》，《文物》1978年第3期，第1、6、7页。b.方建军：《中国音乐文物大系·陕西卷》，大象出版社，1996年，第37～50页。

图2·1·4之1～4　篆带饰AaⅢ燕尾云纹的西周甬钟

1. 长安马王村21号钟舞部纹饰（王清雷摄）（上）与随州叶家山M111:8号钟舞部纹饰[1]（下）对比图（王清雷制图）　2. 陕西长安马王村21号钟（王清雷摄）　3. 陕西长安马王村21号钟于口（王清雷摄）　4. 陕西长安马王村21号钟篆带局部（王清雷摄）

---

[1]　湖北省文物考古研究所、随州市博物馆:《湖北随州叶家山M111发掘简报》,《江汉考古》2020年第2期,第57页,拓片二二。

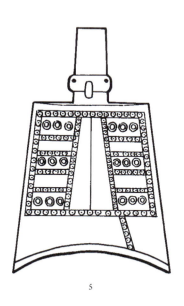

5

7

6

图2·1·4之5～7　篆带饰AaⅢ燕尾云纹的西周甬钟

5.《中国音乐文物大系·陕西卷》所载长安马王村20、21号钟线图[1]　6. 长安马王村21号钟
（左）、20号钟（右）舞部纹饰（王清雷摄）与《中国音乐文物大系·陕西卷》所载长安马王村
20、21号钟舞部纹饰线图[2]（中）对比图　7.五式兴钟76FZH1:61号（王清雷摄）

[1]方建军:《中国音乐文物大系·陕西卷》，大象出版社，1996年，第81页，图1·5·34c之4。
[2]同[1]。

8

9

图2·1·4之8、9 篆带饰AaⅢ燕尾云纹的西周甬钟

8. 五式兴钟76FZH1:61号于口（王清雷摄） 9. 五式兴钟76FZH1:61号篆带局部（王清雷摄）

第一，"西周中期"说，见于《微氏家族青铜器群研究》[1]《中国音乐文物大系·陕西卷》[2]。

第二，"穆王末叶"说，见于《先秦大型组合编钟研究》[3]。

笔者认为这两种观点均值得商榷。详细论证参见第二章第一节Aa I 的"例4：五式兴钟76FZH1:66号"的时代辨析。这里不再重复赘述。

对于五式兴钟76FZH1:61号的时代，笔者认为将其断为西周中期没有问题。但从该钟的调音情况（图2·1·4之8）来看，其断代尚可更具体些。该钟的钟腔内壁有调音槽2条，分别位于两个正鼓部，而四个侧鼓部、两个铣角均无调音。对于编钟音高的校正，锉磨越靠近于口越敏感，而其调音槽为中间深、两头浅的长棱形，说明当时的调音师还没有认识这一点。尽管其调音槽已经延及内唇，但不明显。这些表明，该钟还处于"铸调双音"的探索阶段。将之与"孝夷以至厉王前半"[4]时期的编钟断代标准器——14件有铭兴钟的调音相比对，笔者认为将其断为西周中期孝王后段较为妥当。

五式兴钟76FZH1:61号（图2·1·4之7）保存完好。甬封衡。其钲、篆、枚区各部以细双阳线弦纹夹连珠纹界隔，连珠纹稀疏，间距不等，工艺不甚考究。篆带很宽，饰斜角燕尾云纹（图1·4·1之5），局部线条粗糙，甚至有错误之处，给人以敷衍了事之感（图2·1·4之9）。其组织结构属于连续纹样，由2个单元纹样组成，排列方式为正反颠倒排列。每个单元的燕尾云纹有两条边变形，从而在该燕尾云纹的一侧构成一个为锐角的斜角；2个单元燕尾云纹的斜角边构成平行关系，其整体构图呈现出全新的时代艺术特征和艺术审美。工艺手法为细阳线双勾。该钟侧鼓部没有侧鼓音的标记纹饰。于口有内唇，上面有因调音留下的缺口。该钟的详细调音情况为（图2·1·4之8）：钟腔内壁有调音槽2条，分别位于两个正鼓部，调音槽呈两头窄而

［1］刘士莪、尹盛平：《微氏家族青铜器群研究》，《西周微氏家族青铜器群研究》，文物出版社，1992年，第9页。

［2］方建军：《中国音乐文物大系·陕西卷》，大象出版社，1996年，第47页。

［3］王友华：《先秦大型组合编钟研究》，中国艺术研究院博士学位论文，2009年，第104页。

［4］a.李学勤：《庄白兴器的再考察》，《华学》（第八辑），紫禁城出版社，2006年，第25页。b.李学勤：《庄白兴器的再考察》，《文物中的古文明》，商务印书馆，2008年，第263页。

浅，中间宽而深的长梭形，分别向于口和舞底延伸；一面的正鼓部调音槽旁边还有轻微的调音锉磨痕迹；4个侧鼓部、2个铣角均无调音锉磨的痕迹。该钟通高48.0厘米，重14.9千克。[1]

这里需要指出两处谬误，详见如下：

第一，《中国音乐文物大系·陕西卷》指出该钟"内壁有隧4，两铣和前、后壁正鼓各1"[2]。经笔者亲自考察该钟发现，该钟钟腔内壁仅有调音槽2条，并不是4条，分别位于两个正鼓部，而两个铣角没有调音槽。

第二，《中国音乐文物大系·陕西卷》指出该钟为"绚纹斡"[3]。经笔者亲自考察该钟发现，该钟的斡为素面，没有饰绚纹。

（二） Ab 亚型（横 G 形云纹）

根据构成横G形云纹的G形数量，笔者将Ab亚型（横G形云纹）分为两式：Ab I（由6个G形勾连而成）、Ab II（由4个G形勾连而成）。

Ab I

Ab I横G形云纹是由6个G形勾连而成。篆带饰有此式云纹的西周甬钟有如下5例：

例1：湖北随州叶家山M111二式钟（2件，M111:7、11号）

2013年3～7月，出土于湖北省随州市叶家山M111。出土编钟共计5件（图2·1·5之1），其中甬钟共计4件（M111:7、8、11、13）、镈1件（M111:5），位于墓葬的西部二层台上，没有发现钟架及演奏工具等。M111是"甲"字形竖穴土坑墓，未被盗掘。墓口东西长13.08～13.48、南北宽10.1～10.28、墓深9.1～9.26米，随葬有青铜鼎20件、簋12件。M111不仅是叶家山墓地中最大的一座，也是目前所知西周早期墓葬中最大的一座。"根据墓葬规模及随葬器物的数量、特征、铜器铭文等，可

---

[1] 方建军：《中国音乐文物大系·陕西卷》，大象出版社，1996年，第178页，表11。
[2] 同[1]，第47页。
[3] 同[1]，第47页。

推定该墓墓主为西周早期偏晚的曾侯犺。"[1]关于叶家山M111的年代，《湖北随州叶家山M111发掘简报》认为"将M111年代推定在西周早期偏晚阶段的昭王时期的证据是充分的。"[2]关于叶家山曾国墓地的族属问题，主要有两种看法：一种以发掘方为代表，认为曾国墓地的曾侯应为姬姓，为周初西周的封国，而不是商代的妘姓曾国[3]；另一种以李伯谦[4]、张昌平[5]先生为代表，认为叶家山的曾国不是姬姓，而是由商时曾国延续下来的，为周初的异姓封国之一。2018年9月22、23日，在北京大学中国古代史研究中心举办了"西周王朝与封国"前沿学术论坛，李伯谦先生在会上修正了自己认识，赞同由考古队队长黄凤春先生提出的第一种观点，即曾国墓地为周初的姬姓封国。

笔者根据甬钟的钲、篆和枚区的界隔方式，将4件编甬钟（M111:7、8、11、13号）分为两式：一式为细双阳线弦纹夹连珠纹界隔钟，共计2件，包括M111:8、13号两钟；二式为细双阳线弦纹夹乳丁纹界隔钟，共计2件，包括M111:7、11号两钟。其中，一式钟（M111:8、13号）应为西周早期成王晚段之器，二式钟（M111:7、11号）可断为西周早期昭王之器。叶家山M111所出4件编甬钟（M111:7、8、11、13号）堪称西周早期甬钟的断代标准器，具有非常重要的学术价值。关于叶家山M111所出4件编甬钟（M111:7、8、11、13号）断代的详细论证，读者可以参阅AaⅠ燕尾云纹的"例1：湖北随州叶家山M111编甬钟（2件，M111:8、13号）"，这里不再重复阐述。

在叶家山M111出土的4件编甬钟（M111:7、8、11、13号）当中，篆带饰AbⅠ横G形云纹的为M111:7号和M111:11号两钟。

［1］湖北省文物考古研究所、随州市博物馆：《湖北随州叶家山 M111 发掘简报》，《江汉考古》2020 年第 2 期，第 3 页。

［2］同［1］，第 74 页。

［3］黄凤春、黄建勋：《论叶家山西周曾国墓地》，《随州叶家山——西周早期曾国墓地》，文物出版社，2013 年，第 264、265 页。

［4］李伯谦：《西周早期考古的重大发现》，《随州叶家山——西周早期曾国墓地》，文物出版社，2013 年，第 286 页。

［5］张昌平：《叶家山墓地相关问题研究》，《随州叶家山——西周早期曾国墓地》，文物出版社，2013 年，第 283 页。

M111:7号钟（图2·1·5之2）的正鼓部右半部分器表剥落，局部因锈蚀而纹饰漫漶，绝大多数枚端均有磨蚀，余部保存完好。钲、篆、枚区各部以细双阳线弦纹夹乳丁纹界隔，这些小乳丁大小几乎相同，间距细密而均匀，是同型甬钟当中最为考究的。篆带饰横G形云纹（图1·2·1之10），由6个G形勾连而成，工艺手法为细阳线单勾。钟腔内壁没有调音的痕迹。通观该钟的纹饰，线条细密，非常考究。该钟通高42.6厘米，重13.325千克[1]。

M111:11号钟（图2·1·5之3）局部因锈蚀而纹饰漫漶，部分枚端均有磨蚀，钟体正面左半部分及右侧于口有明显的泥锈，余部保存完好。篆带纹饰（图1·2·1之11）与M111:7号钟的类型相同。钟腔内壁没有调音的痕迹。该钟通高39.8厘米，重12.55千克[2]。

特别珍贵的是，叶家山M111:7号和M111:11号这2件甬钟背面的侧鼓部均饰有1个纹饰（图2·1·5之4），作为侧鼓音的演奏标记。这是目前发现的最早的编钟侧鼓音演奏标记。对于该侧鼓音的标记纹饰，《叶家山M111号墓编钟初步研究》一文称之为"疑似小鸟的变形云纹"[3]；《论叶家山曾国编钟及有关问题》一文称之为"X形纹饰"[4]；《湖北随州叶家山M111发掘简报》将其描述为"一细阳线纹构成的阳鸟形侧鼓音标记"[5]；《叶家山M111出土编钟的音乐考古学研究》一文仅指出"M111:7和M111:11两件钟的右侧鼓都有纹饰"[6]，并没有给予这种纹饰以具体的称谓。笔者于2013年12月在湖北省博物馆参加"湖北商周青铜器特展暨叶家山西周墓地国际学术研讨会"，有幸亲自考察了这套编钟。诸多参会代表为这一空前的音乐考古发现所震惊。现场发现，M111:11号钟侧鼓部纹饰局部漫漶，仅可辨认出纹样的右上部分，其纹样全貌已不可知。幸运的是，M111:7号钟侧鼓部

[1] 湖北省文物考古研究所、随州市博物馆：《湖北随州叶家山M111发掘简报》，《江汉考古》2020年第2期，第31页。

[2] 同[1]。

[3] 方勤：《叶家山M111号墓编钟初步研究》，《黄钟》2014年第1期，第93页。

[4] 方建军：《论叶家山曾国编钟及有关问题》，《中国音乐学》2015年第1期，第49页。

[5] 同[1]。

[6] 任宏：《叶家山M111出土编钟的音乐考古学研究》，《音乐艺术》2020年第1期，第114、115页。

纹饰保存基本完整。经反复端详，可以确切地勾勒出纹样的全貌。故此，笔者对于"疑似小鸟的变形云纹""X形纹饰"和"阳鸟形侧鼓音标记"等称谓并不认同。但对于究竟该如何恰当地命名这种纹饰，笔者始终没有找到合理的语汇。2020年下半年，笔者在撰写西周甬钟篆带云纹研究的有关章节时，请张玲玲绘制了大量篆带纹饰的线图，对西周甬钟篆带的云纹种类及其具体纹样形态已经了然于胸。这时候再看叶家山M111:7号钟的侧鼓音标记纹饰，马上就辨认出其属于细阳线燕尾云纹。为使读者可以一目了然地辨认出这一纹饰的具体纹样形态，笔者在该钟侧鼓部纹饰的原图上用红色做了重描（图2·1·5之4）。从该图可以清晰看出，其与西周甬钟篆带所饰燕尾云纹（图1·4·1）属于同一种纹样。不仅如此，将其与叶家山M111:8号钟背面篆带所饰燕尾云纹（图1·4·1之1）进行对照就会发现，该侧鼓音标记纹饰正是M111:8号钟篆带所饰燕尾云纹的简化变体（图2·1·5之5）。

这里需要指出1处谬误。《湖北随州叶家山M111发掘简报》中"图二五截锥状枚甬钟（M111:7）"[1]的线图篆带是空白，没有绘任何纹饰，由此可以理解为该钟篆带是素面，也就是说没有任何纹饰。而且，发掘简报对M111:7号钟的篆带纹饰没有做任何描述[2]。但实际上，该钟的篆带饰有细阳线横G形云纹（图2·1·5之6）。故此，发掘简报所附M111:7号钟的线图是有问题的，由此会造成"该钟篆带为素面"的误读。

例2：陕西宝鸡竹园沟BZM7:12号钟

1980年5月，出土于陕西省宝鸡市南郊竹园沟M7。"古代强国似为氐羌的一支。"[3]编钟共计出土3件（BZM7:12、11、10）[4]，其中篆带饰Ab I 横G形云纹的为BZM7:12号钟。

［1］湖北省文物考古研究所、随州市博物馆：《湖北随州叶家山 M111 发掘简报》，《江汉考古》
　　2020 年第 2 期，第 57 页，图二五。
［2］同［1］，第 31 页。
［3］卢连成、胡智生：《宝鸡强国墓地》，文物出版社，1988 年，第 462 页。
［4］a. 同［3］，第 96、97 页。b. 方建军：《中国音乐文物大系·陕西卷》，大象出版社，1996 年，
　　第 29、177 页。

根据出土青铜器的铭文可知，墓主为弜伯各[1]。《宝鸡弜国墓地》认为该墓的时代为"康王后期、昭王前期"[2]。编钟的时代应与此相当，亦为西周早期的康、昭之世，被学界视为这一时期断代的标准器，是目前年代最早的西周编甬钟之一。

BZM7:12号钟（图2·1·5之7）是3件中最大的一件。半环形斡，已断；甬端凹凸不平，其他保存完好。钲、篆、枚区各部以细双阳线弦纹夹乳丁纹界隔，篆带饰横G形云纹（图1·2·1之1），由6个G形勾连而成，工艺手法为细阳线单勾。该钟侧鼓部没有侧鼓音的演奏标记，钟腔内壁没有调音的痕迹。该钟通高34.0厘米，重7.3千克[3]。

这里需要指出两处谬误，详细如下：

第一，《宝鸡弜国墓地》所附宝鸡竹园沟BZM7:12号钟线图[4]所绘篆带纹饰（图2·1·5之8）与该钟篆带实际的纹饰（图2·1·5之9、图1·2·1之1）出入较大，可以说是大相径庭。故此，这幅线图不能作为宝鸡竹园沟BZM7:12号钟篆带纹饰研究的可用资料。同时，这幅线图也被《中国音乐文物大系·陕西卷》[5]所引用，提醒学界注意这幅有问题的编钟线图，避免由此可能带来的学术失误。

第二，《西周乐悬制度的音乐考古学研究》一书的表一一"弜伯旨墓编甬钟测音数据分析表"[6]中有误。从3号钟的侧鼓音音高来看，其阶名不是"和"，而应该是"宫"，与正鼓音的"羽"构成小三度的音程关系。提醒学界注意这一谬误。

例3：湖北宜昌万福垴2012YWTN03E20:10号钟

2012年6月，出土于湖北宜昌市白洋工业园沙湾路万福垴楚文化西周遗址，属

［1］卢连成、胡智生：《宝鸡弜国墓地》，文物出版社，1988年，第414页。

［2］同［1］，第415页。

［3］方建军：《中国音乐文物大系·陕西卷》，大象出版社，1996年，第177页，表6。

［4］同［1］，第97页，图七四之3。

［5］同［3］，第30页，图1·5·1b。

［6］王清雷：《西周乐悬制度的音乐考古学研究》，文物出版社，2007年，第87页。

于楚国公室青铜器[1]。编钟共计12件（图2·1·5之10）。其中，篆带饰AbⅠ横G形云纹的为万福垴2012YWTN03E20:10号钟。

关于万福垴2012YWTN03E20:10号钟的时代，学界尚有争议，主要有3种观点：

第一，"西周早期偏晚阶段至西周中期偏早阶段"说。《湖北宜昌万福垴遗址发掘简报》将12件编钟分为细阳线乳钉界格钟、细阳线圈点界格钟、阴线界格钟3类[2]。其中，2012YWTN03E20:10号钟被归入"细阳线乳钉界格钟"。《湖北宜昌万福垴遗址发掘简报》认为，"万福垴所出第一类甬钟年代应在西周早期偏晚阶段至西周中期偏早阶段。"[3]

第二，"西周早期偏晚"说。刘彬徽先生则认为第一类甬钟的年代与陕西宝鸡竹园沟M7编甬钟的年代相当，"应早到西周早期偏晚"[4]。

第三，"西周中期早段"说。黄文新、赵芳超认为2012YWTN03E20:10号钟"A型钟年代应比庄白七式兴钟年代早些，年代范围为中期早段，较宁乡回龙铺钟年代稍晚。万福垴A型钟也差不多在那时，即西周中期偏早，考虑到A型钟与宝鸡竹园沟M7及叶家山M111同类型钟的高度相似性，其年代甚至有可能早至西周早期晚段。"[5]但是在该文的"万福垴甬钟分型及对应年代图"[6]中，A型钟2012YWTN03E20:10号钟还是被置于"西周中期早段"。

以上3种观点均探讨了万福垴2012YWTN03E20:10号钟的大体时代，并没有具体指出其属于西周的哪个王世。刘绪先生指出："由于叶家山墓葬属于西周早期，故墓中所出器物，除前朝遗留者外，都是西周早期可靠的断代标准器。"[7]

[1] 黄文新、赵芳超：《湖北宜昌万福垴遗址出土甬钟年代及相关问题研究》，《江汉考古》2016年第4期，第64页。

[2] 湖北省文物考古研究所、武汉大学历史学院考古系、宜昌博物馆：《湖北宜昌万福垴遗址发掘简报》，《江汉考古》2016年第4期，第30、33页。

[3] 同[2]，第33页。

[4] 刘彬徽：《楚季编钟及其他新见楚铭铜器研究》，《湖南省博物馆馆刊》（第九辑），岳麓书社，2013年，第199页。

[5] 黄文新、赵芳超：《湖北宜昌万福垴遗址出土甬钟年代及相关问题研究》，《江汉考古》2016年第4期，第67页。

[6] 同[5]，第65页，图一。

[7] 李学勤等：《湖北随州叶家山西周墓地笔谈》，《文物》2011年第11期，第70页。

叶家山M111出土的4件甬钟就是西周早期编钟的断代标准器，其中2件（M111:7、11号）的篆带纹饰（图1·2·1之10、11）与万福垴2012YWTN03E20:10号钟的篆带纹饰（图1·2·1之9）相同，均为细阳线单勾的横G形云纹，由6个G形勾连而成，二者的篆带界隔方式亦相同。故此，笔者认为将万福垴2012YWTN03E20:10号钟的时代断为西周早期昭王之世比较妥当。

万福垴2012YWTN03E20:10号钟（图2·1·5之11）未封衡，斡残断，正鼓部和侧鼓部均有锈蚀，余部保存完好。钲、篆、枚区各部以细双阳线弦纹夹乳丁纹界隔，小乳丁细密而精致。篆带饰横G形云纹（图1·2·1之9），由6个G形勾连而成，工艺手法为细阳线单勾。该钟侧鼓部没有侧鼓音的演奏标记，钟腔内壁没有调音的痕迹。该钟通高42.7厘米[1]。

例4：湖南宁乡回龙铺钟（总0792）

1994年9月24日，出土于湖南省宁乡县回龙铺村，系当地村民万志华夫妇在屋后开沟时发现。关于其时代，高至喜、熊传薪先生将其断为西周早期[2]。与西周早期甬钟的断代标准器——叶家山M111所出4件甬钟相比较，笔者认为其时代尚可具体化。宁乡回龙铺钟的篆带饰横G形云纹（图1·2·1之8、图2·1·5之14），与西周早期昭王之世的叶家山M111:7、11号两钟的篆带纹饰（图1·2·1之10、11）类型相同；其钲、篆、枚区各部以细双阳线弦纹夹连珠纹界隔，又与西周早期成王晚段的叶家山M111:8、13号两钟的界隔方式（图2·1·2之3）相同。故此，笔者认为将湖南宁乡回龙铺钟（总0792）的时代断为西周早期的康王之世比较妥当。

宁乡回龙铺钟（总0792）（图2·1·5之12）保存完整，器表局部有泥锈。旋斡俱全，半环形斡。其钲、篆、枚区各部以细双阳线弦纹夹连珠纹界隔。篆带饰横G形云纹（图1·2·1之8、图2·1·5之14），由6个G形勾连而成，工艺手法为细阳线单勾。该钟侧鼓部没有侧鼓音的演奏标记，钟腔内壁没有调音的痕迹。该钟通高43.5厘米，重11.5千克[3]。

---

[1] 湖北省文物考古研究所、武汉大学历史学院考古系、宜昌博物馆：《湖北宜昌万福垴遗址发掘简报》，《江汉考古》2016年第4期，第35页，附表一。

[2] 高至喜、熊传薪：《中国音乐文物大系II·湖南卷》，大象出版社，2006年，第70页。

[3] 同[2]。

1

图2·1·5之1　篆带饰AbⅠ横G形云纹的西周甬钟

1. 湖北随州叶家山M111编钟（5件）出土情况[1]

[1] 湖北省博物馆、湖北省文物考古研究所、随州市博物馆：《随州叶家山——西周早期曾国墓地》，
　　文物出版社，2013年，第141页。

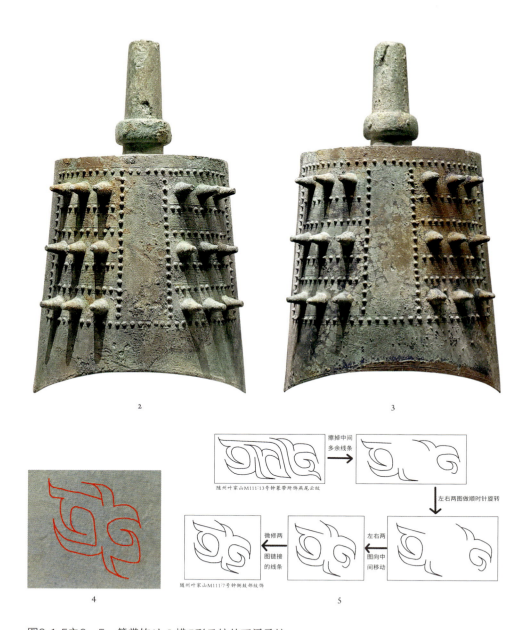

图2·1·5之2～5　篆带饰AbⅠ横G形云纹的西周甬钟

2. 湖北随州叶家山M111二式钟M111:7号（王清雷摄于吴中博物馆展厅）　3. 湖北随州叶家山M111二式钟M111:11号（王清雷摄于吴中博物馆展厅）　4. 湖北随州叶家山M111二式钟M111:7号钟鼓部纹饰（王清雷描）　5. 湖北随州叶家山M111二式钟M111:7号侧鼓部纹饰来源示意图（张玲玲绘）

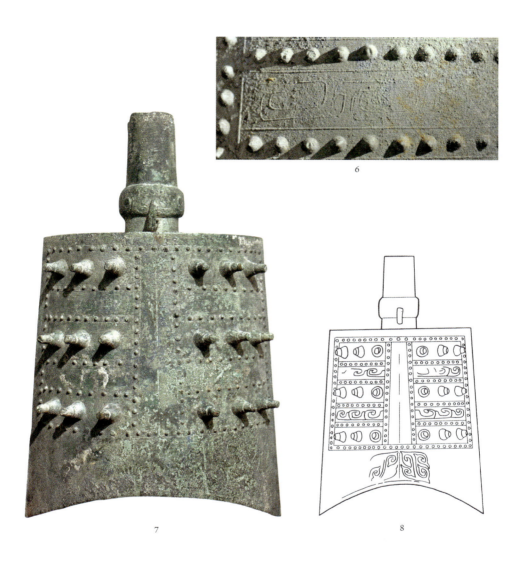

图2·1·5之6～8　篆带饰Ab I 横G形云纹的西周甬钟

6. 湖北随州叶家山M111二式钟M111:7号篆带局部（王清雷摄）　7. 陕西宝鸡竹园沟BZM7:12号钟（王清雷摄）　8.《宝鸡强国墓地》所附宝鸡竹园沟BZM7:12号钟线图[11]

［1］卢连成、胡智生：《宝鸡强国墓地》，文物出版社，1988年，第97页，图七四之3。

9

10

图2·1·5之9～11　篆带饰AbⅠ横G形云纹的西周甬钟

9. 陕西宝鸡竹园沟BZM7:12号钟背面右侧下方篆带（王清雷摄）　10. 湖北宜昌万福垴编钟（12件）[1]　11. 湖北宜昌万福垴2012YWTN03E20:10号钟（王清雷摄）

11

[1] 湖北省文物考古研究所、武汉大学历史学院考古系、宜昌博物馆：《湖北宜昌万福垴遗址发掘简报》，《江汉考古》2016年第4期，封面二。

12

13

图2·1·5之12～14　篆带饰AbⅠ横G形云纹的西周甬钟

12. 湖南宁乡回龙铺钟（总0792）[1]　13. 江西吉水甬钟（297号）[2]　14. 湖南宁乡回龙铺钟（总0792）正面篆带[3]

14

[1] 高至喜、熊传薪：《中国音乐文物大系
　　Ⅱ·湖南卷》，大象出版社，2006年，第
　　70页，图1·3·1b。

[2] 彭适凡、王子初：《中国音乐文物大系Ⅱ·江西卷》，大象出版社，2009年，第54页，图1·4·4b。

[3] 同[1]，"14.湖南宁乡回龙铺钟（总0792）正面篆带"由王清雷裁剪自"图1·3·1b"。

例5：江西吉水甬钟（297号）

20世纪70年代出土于江西吉水县，后由文博部门征集。编甬钟共计出土3件（296～298号），形制纹饰各异。其中，篆带饰AbⅠ横G形云纹的为297号钟。关于其时代，《中国音乐文物大系Ⅱ·江西卷》断为西周时期[1]，确切阶段不知。彭适凡先生认为其为西周早期之器[2]。与西周早期甬钟的断代标准器——叶家山M111所出4件甬钟相比较，笔者认为其时代尚可具体化。吉水甬钟（297号）的钲、篆和枚区界隔方式、篆带纹饰均与叶家山M111:7、11号两钟的类型相同。叶家山M111:7、11号两钟的时代为西周早期的昭王之世，故吉水甬钟（297号）的时代与其相当，亦为西周早期昭王之世。

吉水297号钟（图2·1·5之13）的甬端及于口略有残磕，余部保存完整。器表有锈蚀。其钲、篆、枚区各部以细双阳线弦纹夹乳丁纹界隔，篆带饰横G形云纹（图1·2·1之7），由6个G形勾连而成，工艺手法为细阳线单勾。该钟侧鼓部没有侧鼓音的演奏标记，钟腔内壁没有调音的痕迹。该钟通高32.6厘米，重6.0千克[3]。

AbⅡ

AbⅡ横G形云纹是由4个G形勾连而成。篆带饰有此式云纹的西周甬钟有如下4例：

例1：长由墓编钟（2件，4、3号）

1954年，出土于陕西长安普渡村长由墓，编钟共计3件（图2·1·6之1）[4]。其中，篆带饰AbⅡ横G形云纹的为4号和3号两钟，其时代为西周中期穆王[5]。1959年陕西省博物馆拨交中国历史博物馆（现中国国家博物馆）收藏。这套编甬钟被学界视为西周中期穆王之世的断代标准器。

[1] 彭适凡、王子初：《中国音乐文物大系Ⅱ·江西卷》，大象出版社，2009年，第54页。

[2] 彭适凡：《赣江流域出土商周铜铙和甬钟研究》，《中国南方青铜器研究》，上海辞书出版社，2011年，第169页。

[3] 同[1]。

[4] a.陕西省文物管理委员会：《长安普渡村西周墓的发掘》，《考古学报》1957年第1期，第78、85页。

　　b.袁荃猷：《中国音乐文物大系·北京卷》，大象出版社，1996年，第36页。

[5] 同[4]a，第85页。

长由墓4号钟（图2·1·6之2）器表锈蚀，局部纹饰漫漶。钲、篆、枚区各部以细双阳线弦纹夹乳丁纹界隔，篆带饰横G形云纹（图1·2·1之2），由4个G形勾连而成，工艺手法为细阳线单勾。该钟侧鼓部没有侧鼓音的演奏标记，钟腔内壁没有调音的痕迹。该钟通高48.5厘米，重19.8千克[1]。长由墓3号钟的篆带纹饰与4号钟类型相同。通高44.0厘米，重18.0千克[2]。

例2：山西翼城大河口M1017:15号钟

2009年，出土于山西翼城大河口M1017，墓主为霸伯尚[3]。"其人群应为狄人系统的一支，是被中原商周文化同化的狄人"[4]，属媿姓狄人[5]。该墓出土编甬钟共计3件，其中篆带饰AbⅡ横G形云纹的为M1017:15号钟。

"M1017的年代属西周中期偏早阶段。"[6]墓葬的时代只是出土器物的时代下限，墓中的有些器物会早于墓葬的时代。《山西翼城大河口西周墓地1017号墓发掘》认为，"M1017:15甬钟与陕西眉县杨家村窖藏甲Ⅰ钟相似"[7]，其"年代可早到西周早期"[8]。对此笔者有不同看法。大河口M1017:15号钟（图2·1·6之3）与陕西眉县杨家村窖藏甲Ⅰ钟（图2·1·2之14、15）并不相似，而是相差较大。前者钲、篆、枚区各部以细双阳线弦纹夹乳丁纹界隔，后者以细双阳线弦纹夹连珠纹界隔；前者篆带饰横G形云纹（图1·2·1之12、13），后者饰燕尾云纹（图1·4·1之8）。关于纹饰的工艺手法，前者是细阳线单勾，后者是细阳线双勾。前者钟腔内壁没有调音锉磨的痕迹，后者钟腔内壁有调音槽8条（图2·1·2之16）。显然，大河口M1017:15号钟与陕西眉县杨家村窖藏甲Ⅰ钟绝非同一时代的产物。故此，《山

[1] 袁荃猷：《中国音乐文物大系·北京卷》，大象出版社，1996年，第281页，表26。

[2] 同[1]。

[3] 山西省考古研究所、临汾市文物局、翼城县文物旅游局联合考古队，山西大学北方考古研究中心：《山西翼城大河口西周墓地1017号墓发掘》，《考古学报》2018年第1期，第138页。

[4] 山西省考古研究所大河口墓地联合考古队：《山西翼城县大河口西周墓地》，《考古》2011年第7期，第18页。

[5] 谢尧亭：《发现霸国：讲述大河口墓地考古发掘的故事》，山西人民出版社，2012年，第102页。

[6] 同[3]。

[7] 同[3]。

[8] 同[3]。

西翼城大河口西周墓地1017号墓发掘》认为M1017:15号钟的"年代可早到西周早期"[1]的观点是不能成立的。不仅如此，该文认为陕西眉县杨家村窖藏甲Ⅰ钟属于西周早期器物的观点，也是不能成立的。因为该钟钟腔内壁有调音槽8条（图2·1·2之16），其应为西周中期晚段夷王之器。从大河口M1017:15号钟的篆带纹饰、舞部纹饰与界隔方式来看，其与长由墓4号甬钟类型相同，故应属于同一时代的产物，即西周中期偏早阶段的穆王时期。

M1017:15号钟保存完好，器表有锈蚀，局部纹饰漫漶。其钲、篆、枚区各部以细双阳线弦纹夹乳丁纹界隔，篆带饰横G形云纹（图1·2·1之12、13），由4个G形勾连而成，工艺手法为细阳线单勾。该钟侧鼓部没有侧鼓音的标记纹饰，钟腔内壁没有调音的痕迹。该钟通高37.6厘米，重8.5千克[2]。

例3：七式兴钟（2件，76FZH1:59、67号）

1976年12月，出土于陕西扶风庄白一号窖藏，系白家生产队在平整土地时发现。窖藏出土青铜器属于殷遗民子姓微氏家族[3]。窖藏内器物放置有序，未被盗掘。出土编甬钟共计21件：有铭兴钟14件，无铭兴钟7件[4]。其中，篆带饰AbⅡ横G形云纹的为七式兴钟（2件，76FZH1:59、67号），属于无铭兴钟。

关于七式兴钟的时代，学界尚有争议，主要有三种观点：

第一，"西周中期"说。《中国音乐文物大系·陕西卷》认为七式兴钟（2件，76FZH1:59、67号）的时代为"西周中期"[5]。从宏观而言，此说并无错误。但西周中期包括5个王世，此断代有些宽泛，笔者认为还可继续探讨，做出更为确切的断代。

第二，"西周早期偏晚"说。《微氏家族青铜器群研究》认为："此两钟

［1］山西省考古研究所、临汾市文物局、翼城县文物旅游局联合考古队，山西大学北方考古研究中心：《山西翼城大河口西周墓地1017号墓发掘》，《考古学报》2018年第1期，第138页。

［2］同［1］，第132页。

［3］李学勤：《西周中期青铜器的重要标尺——周原庄白、强家两处青铜器窖藏的综合研究》，《中国历史博物馆馆刊》1979年第1期，第30页。

［4］a.陕西周原考古队：《陕西扶风庄白一号西周青铜器窖藏发掘简报》，《文物》1978年第3期，第1、6、7页。b.方建军：《中国音乐文物大系·陕西卷》，大象出版社，1996年，第37~50页。

［5］同［4］b，第50页。

与一九五四年长安普渡村长由墓出土的编钟形制近似，其时代当在西周早期偏晚。"[1]笔者认为此说值得商榷。冯光生先生指出，西周早期的编钟还没有调音锉磨的痕迹，尚处于"铸生双音"的阶段[2]。七式兴钟（2件，76FZH1:59、67号）的钟腔内壁均有8条调音槽（图2·1·6之6、7），分别位于两正鼓部、四侧鼓部和两铣角，已开始步入编钟调音的成熟阶段，显然不是西周早期偏晚阶段的产物。同时，长由墓编钟（3件）的钟腔内壁光平，均没有调音，显然其与七式兴钟（2件，76FZH1:59、67号）并非同一时代的产物。故此，关于七式兴钟（2件，76FZH1:59、67号）的时代为"西周早期偏晚"的观点，是不能成立的。

第三，"西周早期"说。《先秦大型组合编钟研究》认为："Ⅶ式兴钟共2件，舞饰阴线云纹，钲篆四边以连缀小乳钉为界，篆鼓饰细阳线云纹，绳纹斡，钲间可能有族徽符号，钟体短阔。这些特征与西周前期的弭伯各甬钟、弭伯旨甬钟、长由甬钟和平顶山魏庄甬钟一样，可见，Ⅶ式甬钟的制作年代当为西周早期。"[3]笔者认为此说值得商榷。

在以上这段文字中，该文总结了2件Ⅶ式兴钟的6个特征：其一，"舞饰阴线云纹"；其二，"钲篆四边以连缀小乳钉为界"；其三，"篆鼓饰细阳线云纹"；其四，"绳纹斡"；其五，"钲间可能有族徽符号"；其六，"钟体短阔"。其后指出"这些特征与西周前期的弭伯各甬钟、弭伯旨甬钟、长由甬钟和平顶山魏庄甬钟一样"。由此提出："可见，Ⅶ式甬钟的制作年代当为西周早期"。那么，该文所列Ⅶ式兴钟的6点特征真的与4例西周甬钟，即"弭伯各甬钟、弭伯旨甬钟、长由甬钟和平顶山魏庄甬钟一样"吗？下面笔者逐一比较，试探究竟。

其一，"舞饰阴线云纹"吗？弭伯各甬钟舞部素面[4]；弭伯旨甬钟舞部素面[5]；长由甬钟舞部虽然饰阴线云纹，但阴线云纹是一类云纹的统称，并非是指

[1]刘士莪、尹盛平：《微氏家族青铜器群研究》，《西周微氏家族青铜器群研究》，文物出版社，1992年，第37页。
[2]冯光生：《周代编钟的双音技术及应用》，《中国音乐学》2002年第1期，第42页。
[3]王友华：《先秦大型组合编钟研究》，中国艺术研究院博士学位论文，2009年，第103页。
[4]方建军：《中国音乐文物大系·陕西卷》，大象出版社，1996年，第29页。
[5]同[4]，第31页。

具体的某一种云纹。就类型学的角度而言，应该看二者是否属于同一种云纹。从长由甬钟的舞部纹饰拓片[1]来看，其与Ⅶ式兴钟舞部的纹饰形态[2]并不相同，前者为S形云纹，后者为C形云纹；平顶山魏庄甬钟"舞上阴刻云雷纹"[3]。由此可知，Ⅶ式兴钟舞部纹饰与所举4例西周甬钟无一吻合。

其二，"钲篆四边以连缀小乳钉为界"吗？弢伯各甬钟共计3件，从其图片来看，12号和11号两钟钲篆四边以连缀小乳钉为界，10号钟则以阳线弦纹为界[4]；弢伯旨甬钟共计3件，从其图片来看，28号和29号两钟钲篆四边以连缀小乳钉为界，30号钟则以细双阳线弦纹为界[5]；长由甬钟共计3件，钲篆四边以连缀小乳钉为界[6]；平顶山魏庄甬钟共计3件，从其图片来看，1号和2号两钟钲篆四边以连缀小乳钉为界，3号钟则以细双阳线弦纹为界[7]。由此可知，在该文所举4例西周甬钟当中，Ⅶ式兴钟仅与其中1例（长由甬钟）吻合，与其他3例均是部分吻合。

其三，"篆鼓饰细阳线云纹"吗？弢伯各甬钟共计3件，12号和11号两钟篆、鼓均饰细阳线云纹，10号钟仅鼓部饰细阳线云纹，篆带素面[8]；弢伯旨甬钟共计3件，仅"鼓饰细阳线云纹"，篆带素面[9]；长由甬钟共计3件，从其图片[10]来看，篆、鼓均饰细阳线云纹；平顶山魏庄甬钟共计3件，从其图片[11]来看，1号和2号两钟篆、鼓均饰细阳线云纹，3号钟仅鼓部饰细阳线云纹，篆带素面。由此可知，在该文所举4例西周甬钟当中，Ⅶ式兴钟仅与其中1例（长由甬钟）吻合，与其他3例均是部分吻合。

[1] 陕西省文物管理委员会：《长安普渡村西周墓的发掘》，《考古学报》1957年第1期，第80页，图三。

[2] 方建军：《中国音乐文物大系·陕西卷》，大象出版社，1996年，第50页，图1·5·14b。

[3] 赵世纲：《中国音乐文物大系·河南卷》，大象出版社，1996年，第79页。

[4] 同[2]，第30页。

[5] 同[2]。

[6] 袁荃猷：《中国音乐文物大系·北京卷》，大象出版社，1996年，第36页。

[7] 同[3]。

[8] 同[2]，第29页。

[9] 同[2]。

[10] 同[6]。

[11] 同[3]。

其四，"绳纹斡"吗？弬伯各甬钟共计3件，斡素面[1]；弬伯旨甬钟共计3件，斡素面[2]；长由甬钟共计3件，斡素面[3]；平顶山魏庄甬钟共计3件，斡素面[4]。由此可知，Ⅶ式兴钟与该文所举4例西周甬钟无一吻合。

其五，"钲间可能有族徽符号"？弬伯各甬钟共计3件，钲部没有族徽符号[5]；弬伯旨甬钟共计3件，钲部没有族徽符号[6]；长由甬钟共计3件，钲部没有族徽符号[7]；平顶山魏庄甬钟共计3件，钲部没有族徽符号[8]。由此可知，Ⅶ式兴钟与该文所举4例西周甬钟无一吻合。

其六，"钟体短阔"吗？弬伯各甬钟共计3件，12号和11号两钟可以说"钟体短阔"，10号钟钟体较长[9]；弬伯旨甬钟共计3件，28号钟可以说"钟体短阔"，29号和30号钟钟体较长[10]；长由甬钟共计3件，4号和3号可以说"钟体短阔"，2号钟钟体较长[11]；平顶山魏庄甬钟共计3件，1号钟可以说"钟体短阔"，2号和3号钟钟体较长[12]。由此可知，Ⅶ式兴钟与该文所举4例西周甬钟均为部分吻合。

综上所论，从《先秦大型组合编钟研究》一文所列Ⅶ式兴钟的6点特征与所举4例西周甬钟的对比来看，有3点特征（其一、其四和其五）无一吻合，剩余3点特征为部分吻合。显然，该文所言的"这些特征与西周前期的弬伯各甬钟、弬伯旨甬钟、长由甬钟和平顶山魏庄甬钟一样"[13]的论断无法成立，那么该文由此得出"Ⅶ式甬钟的制作年代当为西周早期"的结论，也就无法成立。

[1]方建军：《中国音乐文物大系·陕西卷》，大象出版社，1996年，第29页。
[2]同[1]，第31页。
[3]袁荃猷：《中国音乐文物大系·北京卷》，大象出版社，1996年，第36页。
[4]赵世纲：《中国音乐文物大系·河南卷》，大象出版社，1996年，第79页。
[5]同[1]。
[6]同[1]，第31页。
[7]同[3]。
[8]同[4]。
[9]同[1]。
[10]同[1]，第31页。
[11]同[3]。
[12]同[4]。
[13]王友华：《先秦大型组合编钟研究》，中国艺术研究院博士学位论文，2009年，第103页。

那么，究竟将七式兴钟（2件，76FZH1:59、67号）断为西周王朝的哪一世合适呢？笔者认为应将七式兴钟与14件有铭兴钟的时代相比，才能梳理清楚这一问题。与七式兴钟同时出土的微氏铜器共计103件。《微氏家族铜器断代》一文指出："西周微氏家族的铜器，成、康、昭、穆、共、懿、孝、夷、厉等9个王世均有，这就为西周的铜器断代树立了一个极好的标尺。它们对于西周铜器断代和西周考古分期都具有重大的意义。"[1]特别珍贵的是，14件有铭兴钟的铭文均为铸铭，这为其断代提供了最直接的证据。李学勤先生于2006年在《庄白兴器的再考察》一文指出："兴的年代是在孝夷以至厉王前半，他的器铭与一些肯定属这个时期的器物联系，在分期研究上是特别有意义的。"[2]由此看来，在14件有铭兴钟中，有的会早至西周中期孝王时期，有的会晚至西周晚期厉王前段。那么哪些兴钟属于西周中期孝王之器？哪些兴钟属于西周中期夷王之器？哪些兴钟又属于西周晚期厉王前段之器？目前，从钟铭中已无法获知答案。与编钟的铭文相比，其调音更具有鲜明的时代特征。从14件有铭兴钟当中，我们可以大致看出甬钟调音技术从无到有，再到初步成熟的发展轨迹。76FZH1:16号和76FZH1:30号钟的钟腔内壁尚没有调音锉磨，应为西周中期孝王前期之器。76FZH1:64号钟（图2·1·7之10）仅在钟腔内壁的两正鼓部有调音槽，较浅，且未延及内唇，内唇保存完好（图2·1·7之9），其应为西周中期孝王后期之器。76FZH1:29号钟（图3·1·3之27）在钟腔内壁的两铣角有很宽但不是很深的调音槽，但调音槽已经延及内唇，且大多锉磨殆尽（图3·1·3之30）。由此可知，其已进入一个新的发展阶段，断为西周中期夷王之世较为妥当。76FZH1:62号钟（图3·1·2之29）在钟腔内壁上有数条调音槽。其中，正面的正鼓部与一侧鼓部均有调音槽；正鼓部调音槽从于口开始，较深、较宽、较长；侧鼓部调音槽较浅、较窄、稍短。背面仅正鼓部有调音槽，较深、较宽、较长。该钟的调音槽形态规范（图3·1·2之35），已经初具西周晚期编钟的成熟调音模

[1] 刘士莪、尹盛平：《微氏家族铜器断代》，《西周微氏家族青铜器群研究》，文物出版社，1992年，第93页。

[2] a. 李学勤：《庄白兴器的再考察》，《华学》（第八辑），紫禁城出版社，2006年，第25页。b. 李学勤：《庄白兴器的再考察》，《文物中的古文明》，商务印书馆，2008年，第263页。

式，故应将其断为西周晚期厉王前段之器。14件有铭兴钟的断代已明，堪称"孝夷以至厉王前半"[1]这一时期甬钟断代的标准器。与14件有铭兴钟相对照，2件七式兴钟（76FZH1:59、67号）的断代也就不难解决了。七式兴钟（2件，76FZH1:59、67号）的钟腔内壁均有8条调音槽（图2·1·6之6、7），分别位于两正鼓部、四侧鼓部和两铣角，这表明其即将步入编钟调音的成熟阶段。但从其调音槽的形态来看，尚不如西周晚期厉王前段的76FZH1:62号钟的调音成熟，显然二者并非同一时期的产物，故应将七式兴钟（76FZH1:59、67号）断为西周中期夷王之世。

七式兴钟76FZH1:59号（图2·1·6之4）保存完好。其钲、篆、枚区各部以细双阳线弦纹夹乳丁纹界隔，小乳钉较为稀疏。篆带饰横G形云纹（图1·2·1之3），由4个G形勾连而成，工艺手法为细阳线单勾。该钟侧鼓部没有侧鼓音的演奏标记。背面（有斡一面）钲部阴刻族徽。于口有内唇。该钟经过调音（图2·1·6之6），钟腔内壁有8条调音槽，分别位于两正鼓部、四侧鼓部和两铣角。其中，正面正鼓部的调音槽较宽、较深，可见有2条调音槽，但已经连接在一起，界限不清；2个侧鼓部的调音槽较浅，在一侧鼓部的调音槽近于口处旁边亦有调音的痕迹；另一侧鼓部的调音槽较深。背面的正鼓部与一侧鼓部的调音槽稍浅。调音槽大致呈梭形，即近于口处和近舞底处较窄、较浅，到钟腔的中部较宽、较深。在背面正鼓部的调音槽两侧近于口处，各有一处调音锉磨的痕迹。两个铣角的调音槽位于近于口处，但不明显。大部分的调音槽距离舞底约1～2厘米。该钟通高46.0厘米，重18.8千克[2]。

七式兴钟76FZH1:67号（图2·1·6之5）除甬端有2个小豁口外，余部保存完好。正鼓部因经常演奏，导致所饰细阳线云纹磨损严重，大部分不存。其钲、篆、枚区各部以细双阳线弦纹夹乳丁纹界隔，小乳钉较为稀疏。篆带饰横G形云纹（图1·2·1之4），但是却有3种不同的形态（图2·1·6之8），均由4个G形勾连而成，工艺手法为细阳线单勾，装饰工艺不甚考究。侧鼓部没有侧鼓音的标记纹饰。该钟经过调音（图2·1·6之7）。于口有内唇，仅一面正鼓部的内唇有明显的锉磨。钟腔内壁有8条

［1］a. 李学勤：《庄白兴器的再考察》，《华学》（第八辑），紫禁城出版社，2006年，第25页。b. 李学勤：《庄白兴器的再考察》，《文物中的古文明》，商务印书馆，2008年，第263页。

［2］方建军：《中国音乐文物大系·陕西卷》，大象出版社，1996年，第179页，表13。

调音槽，分别位于两正鼓部、四侧鼓部和两铣角。其中，正面的正鼓部与2个侧鼓部的调音槽深度与宽度差不多，正鼓部调音槽近于口处的旁边有2处调音锉磨的痕迹。背面正鼓部的调音槽较宽，两侧鼓部的调音槽较窄，其中1个侧鼓部近于口处有轻微的调音痕迹。两铣角调音槽较浅，不是很明显。大部分的调音槽距离舞底约1～2厘米。该钟通高44.0厘米，重19.0千克[1]。

这里需要指出1处谬误。《先秦大型组合编钟研究》认为"Ⅶ式兴钟2件侧鼓有小鸟纹"[2]。但是，笔者于2010年11月在陕西宝鸡青铜器博物院亲自考察过这2件兴钟，在其侧鼓部并没有发现任何侧鼓音的标记纹饰，更谈不上有"小鸟纹"，故《先秦大型组合编钟研究》该处中对于七式兴钟的描述是错误的。

例4：陕西扶风官务吊庄钟（总0122，扶官吊02号）

1984年9月14日，出土于陕西省扶风县法门乡官务吊庄村一处西周窖藏，编钟共计5件。其中，篆带饰AbⅡ横G形云纹的为扶官吊02号钟。

该窖藏系群众平地时发现。由于当时已把周围土取完，只剩下灰土和陶片，所以窖藏的形状及大小已无法得知，仅测得窖藏底距地表约1.8米。出土甬钟和壶堆放零乱，没有规律[3]。"法门官务吊庄这一铜器窖藏的年代应为西周中期，其下限年代应为中期偏晚。"[4]该钟钟腔内壁有调音槽4条，调音槽从于口一直延至舞底。从这种调音特征来看，笔者认为应将扶官吊02号钟断为西周中期夷王之器。

扶官吊02号钟（图2·1·6之9）保存完好，钟体厚实。局部纹饰漫漶。其钲、篆、枚区各部以细双阳线弦纹夹乳丁纹界隔，小乳钉排列非常稀疏。篆带饰横G形云纹（图1·2·1之5），由4个G形勾连而成，工艺手法为细阳线单勾。钟腔内壁有较浅的调音槽4条，正、背面各2条，从于口一直延伸至舞底。该钟通高46.5厘米[5]。

[1] 方建军：《中国音乐文物大系·陕西卷》，大象出版社，1996年，第179页，表13。
[2] 王友华：《先秦大型组合编钟研究》，中国艺术研究院博士学位论文，2009年，第133页。
[3] a.高西省、侯若斌：《扶风发现一铜器窖藏》，《文博》1985年第1期，第93页。b.方建军：《中国音乐文物大系·陕西卷》，大象出版社，1996年，第78、79页。
[4] 同[3]a。
[5] 同[1]，第180页，表19。

1

图2·1·6之1、2　篆带饰AbⅡ横G形云纹的西
周甬钟

1. 长甶墓编钟（3件）[1]　2. 长甶墓4号钟[2]

[1] 袁荃猷：《中国音乐文物大系·北京卷》，
　　大象出版社，1996年，第36页，图1·5·1a。
[2] 同[1]，图1·5·1a。"2. 长甶墓4号钟"
　　由王清雷裁剪自"图1·5·1a"左数1
　　号钟（最大一件）。

2

图2·1·6之3~6　篆带饰Ab II 横G形云纹的西周甬钟

3. 山西翼城大河口M1017:15号钟（张玲玲摄于临汾博物馆展厅）　4. 七式兴钟76FZH1:59号（王清雷摄）　5. 七式兴钟76FZH1:67号（王清雷摄）　6. 七式兴钟76FZH1:59号于口（王清雷摄）

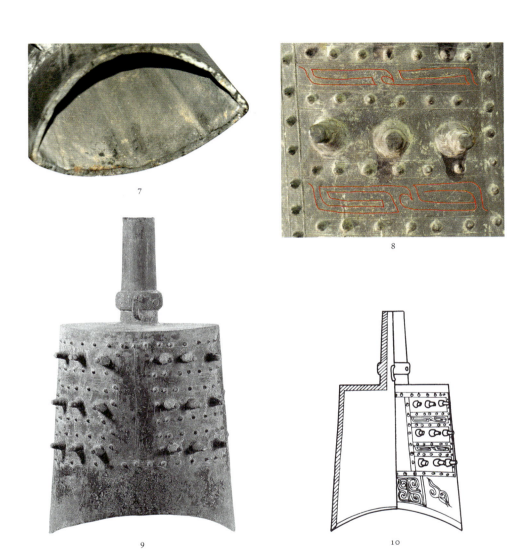

7

8

9

10

图2·1·6之7~10　篆带饰AbⅡ横G形云纹的西周甬钟

7. 七式兴钟76FZH1:67号于口（王清雷摄）　8. 七式兴钟76FZH1:67号篆带纹饰（王清雷描）　9. 陕西扶风官务吊庄钟（总0122，扶官吊02号）[1]　10.《中国音乐文物大系·陕西卷》所载官务吊庄02号钟线图[2]

[1] 方建军：《中国音乐文物大系·陕西卷》，大象出版社，1996年，第78页，图1·5·33a。
[2] 同[1]，图1·5·33c之1。

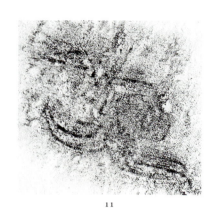

11　　　　　　　　　　　　　　　　12

图2·1·6之11、12　篆带饰Ab Ⅱ横G形云纹的西周甬钟

11.《中国音乐文物大系·陕西卷》所载官务吊庄02号钟侧鼓部纹饰拓片[1]　12.陕西扶风官务吊庄钟（总0122，扶官吊02号）侧鼓部纹饰（王清雷描）

　　特别指出的是，扶官吊02号钟侧鼓部有一个形态独特的侧鼓音标记纹饰，前所未见。《扶风发现一铜器窖藏》一文认为扶官吊02号钟"右鼓饰大云纹"[2]，这种称谓过于宽泛，缺乏具象的意义。《中国音乐文物大系·陕西卷》认为扶官吊02号钟"右侧鼓饰一罕见的阳线图形符号"[3]，并附有该钟的线图（图2·1·6之10）和这个侧鼓音标记纹饰的拓片（图2·1·6之11），但对该纹饰并没有给予具体的命名。《论叶家山曾国编钟及有关问题》一文根据《中国音乐文物大系·陕西卷》所载扶官吊02号钟侧鼓部纹饰的拓片图1·5·33b（图2·1·6之11），认为扶官吊02号钟"右侧鼓饰阳线X形纹"[4]。如果仅从《中国音乐文物大系·陕西卷》所载扶官吊02号钟侧鼓部纹饰的拓片（图2·1·6之11）来看，"X形纹"的命名是合理的。但是，扶官吊02号钟侧鼓部纹饰的拓片不一定是该钟侧鼓部纹饰的全貌。原因是，如果该钟侧鼓

[1]　方建军：《中国音乐文物大系·陕西卷》，大象出版社，1996年，第78页，图1·5·33b。
[2]　高西省、侯若斌：《扶风发现一铜器窖藏》，《文博》1985年第1期，第93页。
[3]　同[1]，第79页。
[4]　方建军：《论叶家山曾国编钟及有关问题》，《中国音乐学》2015年第1期，第50页。

部纹饰保存完好，其拓片无疑可以反映该纹饰的真实全貌；但如果该钟侧鼓部纹饰的大部分线条漫漶，仅一些局部线条保存较好，那么其拓片也只能反映该纹饰的部分形态，而不是该纹饰的完整全貌。从扶官吊02号钟侧鼓部纹饰的拓片（图2·1·6之11）来看，该纹样的诸多细节已不可辨，尚不能勾勒出纹样的全貌，甚至一半，只能模糊地判断其似乎为X形。故此，《论叶家山曾国编钟及有关问题》一文将扶官吊02号钟的侧鼓部纹饰称为"X形纹"[1]，尚存在不确定性。但根据现有发表的资料[2]，笔者也已无法继续探究扶官吊02号钟的侧鼓部纹饰的完整形态，心里感觉非常郁闷。2021年初，笔者抱着试一试的态度，去查找《中国音乐文物大系·陕西卷》的出版原片，看看能否找到扶官吊02号钟tif格式的高清大图。非常幸运的是，笔者竟然真的找到了一张20MB的tif格式的该钟全景照片。通过这张高清大图，笔者终于看清了扶官吊02号钟的侧鼓部纹饰。尽管该纹饰的线条不是特别清晰，局部也已漫漶，但由于笔者对于叶家山M111:7号钟的侧鼓部纹样形态已经烂熟于心，故马上就辨别出该纹样的形态全貌。为使读者可以一目了然地辨认出这一纹饰的具体形态，笔者在该钟侧鼓部纹饰的原图上用红色做了重描（图2·1·6之12）。从该图可以看出，其与叶家山M111:7号钟侧鼓部所饰燕尾云纹（图2·1·5之4）属于同一种纹样。二者的区别仅在纹样的右下角一处，故此也应称其为"燕尾云纹"。

这里需要指出两处谬误，详细如下：

第一，笔者通过考察扶官吊02号钟的原版高清大图，已经厘清该钟侧鼓部的纹样形态（图2·1·6之12），由此可知《中国音乐文物大系·陕西卷》所载扶官吊02号钟的线图[3]（图2·1·6之10）侧鼓部纹饰绘制有误，提醒学界注意。

第二，笔者通过考察扶官吊02号钟的全景高清大图，发现《中国音乐文物大系·陕西卷》所载扶官吊02号钟的侧鼓部纹饰拓片[4]（图2·1·6之11）的放置方向有误，该图片上下颠倒了，应该将该图片旋转180度才对。

[1] 方建军：《论叶家山曾国编钟及有关问题》，《中国音乐学》2015年第1期，第50页。
[2] a.高西省、侯若斌：《扶风发现一铜器窖藏》，《文博》1985年第1期，第93页；b.方建军：《中国音乐文物大系·陕西卷》，大象出版社，1996年，第78、79页。
[3] 方建军：《中国音乐文物大系·陕西卷》，大象出版社，1996年，第78页，图1·5·33c之1。
[4] 同[3]。

（三）　Ac 亚型（螺旋形云纹）

Ac亚型（螺旋形云纹）不分式。篆带饰有此亚型云纹的西周甬钟有如下3例：

例1：山西翼城大河口M1017:86号钟

2009年，出土于山西翼城大河口M1017，墓主为霸伯尚[1]。"其人群应为狄人系统的一支，是被中原商周文化同化的狄人"[2]，属媿姓狄人[3]。该墓出土编甬钟共计3件，其中篆带饰Ac亚型螺旋形云纹的为M1017:86号钟。

关于M1017:86号钟的时代，《西周早期编钟的音乐考古学研究》一文认为M1017出土的3件编钟"从形制与纹饰来判断，与陕西竹园沟M7的3件组编钟相同……这套编钟当属于李纯一先生所归纳的周钟，其年代应晚于竹园沟M7，时代大致为昭穆之际。"[4]笔者认为该文所论值得商榷。先看两套编钟的界隔方式：大河口M1017编钟（3件）中，M1017:15号钟的钲、篆、枚区各部以细双阳线弦纹夹乳丁纹界隔，余2件以细双阳线弦纹夹连珠纹界隔；竹园沟M7编钟（3件）中，BZM7:12、11号两钟的钲、篆、枚区各部以细双阳线弦纹夹乳丁纹界隔，余1件以阳线界隔。可见，两套编钟的界隔方式并不完全相同。再看篆带的纹饰：大河口M1017编钟（3件）中，M1017:15号钟篆带饰横G形云纹，M1017:84号钟篆带饰燕尾云纹，M1017:86号钟篆带饰螺旋形云纹；竹园沟M7编钟（3件）中，BZM7:12号钟篆带饰横G形云纹，BZM7:11号钟篆带饰C形云纹，BZM7:10号钟篆带素面。可见，两套编钟的篆带纹饰也并不完全相同。既然如此，该文的断代也就难以成立。

在前文，笔者已对大河口M1017出土的2件编钟的时代做了探讨，M1017:15号钟应为西周中期穆王时器，M1017:84号钟应为西周早期昭王时器。那么M1017:86

[1] 山西省考古研究所、临汾市文物局、翼城县文物旅游局联合考古队，山西大学北方考古研究中心：《山西翼城大河口西周墓地1017号墓发掘》，《考古学报》2018年第1期，第138页。

[2] 山西省考古研究所大河口墓地联合考古队：《山西翼城县大河口西周墓地》，《考古》2011年第7期，第18页。

[3] 谢尧亭：《发现霸国:讲述大河口墓地考古发掘的故事》，山西人民出版社，2012年，第102页。

[4] 毛悦：《西周早期编钟的音乐考古学研究》，天津音乐学院硕士学位论文，2016年，第18页。

号钟的时代呢？《山西翼城大河口西周墓地1017号墓发掘》指出："M1017的年代属西周中期偏早阶段。"[1]李学勤先生认为M1017出土的霸伯尚盂的"时代应在西周中期前段，可估计属穆王前后"[2]。笔者认为，大河口M1017:86号钟也应为同期之物，当为西周中期穆王之器。

大河口M1017:86号钟（图2·1·7之1、2）除几件枚残缺外，余部保存完整。局部锈蚀严重。绚纹斡。其钲、篆、枚区各部以细双阳线弦纹夹连珠纹界隔，连珠纹很小且排列稀疏，间距大体相同，工艺比较考究。尤为特殊的是，其连珠纹中间几乎都没有实心点装饰。篆带较宽，饰螺旋形云纹（图1·3·1之4、5）。其组织结构属于二方连续纹样，由3个单元纹样组成，每一个单元纹样均为螺旋形云纹。每个螺旋形云纹并不完全相同，螺旋形云纹中心的回旋线条有的向左勾，有的向右勾（图2·1·7之3）。这种螺旋形云纹的整体构图为：如果线条走向先是顺时针旋转，由外而内，那么到达中心点时再逆时针旋转，由内而外，在完成第一个单元纹样后，再连接到第二个单元纹样；如果线条走向先是逆时针旋转，由外而内，那么到达中心点时再顺时针旋转，由内而外，在完成第一个单元纹样后，再连接到第二个单元纹样，如此重复。由于这3个单元纹样均由同一根细阳线单勾而成，故此这种螺旋形云纹的线条走向必须是顺时针与逆时针旋转相结合才能构成这种二方连续纹样，可谓构思巧妙、匠心独具。每个单元纹样的排列方式为顺序排列。工艺手法为细阳线单勾。该钟的篆带纹饰呈现出一种全新的时代特征和艺术审美，显然是一个新时代的产物。该钟侧鼓部没有侧鼓音的标记纹饰。该钟钟腔内壁光平，没有调音锉磨的痕迹（图2·1·7之4）。该钟通高39.8厘米，重8.145千克[3]。

例2：湖北宜昌万福垴2012YWTN03E20:9号钟

2012年6月，出土于湖北宜昌市白洋工业园沙湾路万福垴楚文化西周遗址，属于楚国公室青铜器[4]。出土编钟共计12件（图2·1·5之10），其中篆带饰Ac亚型螺旋

[1] 山西省考古研究所、临汾市文物局、翼城县文物旅游局联合考古队，山西大学北方考古研究中心：《山西翼城大河口西周墓地1017号墓发掘》，《考古学报》2018年第1期，第138页。

[2] 李学勤：《翼城大河口尚盂铭文试释》，《文物》2011年第9期，第67页。

[3] 同[3]，第133页。

[4] 黄文新、赵芳超：《湖北宜昌万福垴遗址出土甬钟年代及相关问题研究》，《江汉考古》2016年第4期，第64页。

形云纹的为2012YWTN03E20:9号钟。

　　关于万福垴2012YWTN03E20:9号钟的时代，学界争议较大，主要有以下3种观点：

　　第一，"西周早期偏晚"说。在《楚季编钟及其他新见楚铭铜器研究》一文中，刘彬徽先生将万福垴编钟分为三式，"Ⅰ式为刻有'楚季'铭文的甬钟；Ⅱ式为有小乳丁界栏的甬钟；Ⅲ式为无小乳丁而有圈点纹界栏的甬钟。"[1]万福垴2012YWTN03E20:9号钟属于该文所言的Ⅲ式钟。关于其年代，该文指出："《断代》[2]Ⅱ型甬钟年代最早者也出自竹园沟M7，'为西周早期康昭之际器'，与之对应的《万福垴钟》Ⅲ式的年代也应和竹园沟同型钟年代相同，为西周早期偏晚。"[3]按照此说，万福垴2012YWTN03E20:9号钟的时代即为"西周早期偏晚"。

　　笔者认为此说值得商榷。竹园沟M7共计出土3件甬钟（BZM7:12、11、10号），其中BZM7:12、11号两件钟（图2·1·5之7）的钲、篆、枚区各部以细双阳线弦纹夹乳丁纹界隔，属于该文所言的Ⅱ式；BZM7:10号以阳线弦纹界隔，属于该文所言的Ⅰ式。也就是说，竹园沟M7甬钟与该文界定的"Ⅲ式为无小乳丁而有圈点纹界栏的甬钟"根本就不属于同一式。故此，该文按照竹园沟M7甬钟的时代来给Ⅲ式万福垴钟断代，就类型学的逻辑而言是讲不通的，其断代也是有问题的。

　　第二，"西周中期"说。《湖北宜昌万福垴遗址发掘简报》将12件编钟分为细阳线乳钉界格钟、细阳线圈点界格钟、阴线界格钟三类[4]。其中，2012YWTN03E20:9号钟被归入第二类"细阳线圈点界格钟"。《湖北宜昌万福垴遗址发掘简报》认为第二类钟的"年代应在西周中期"[5]。笔者认同此说，但西周中期之说有些宽泛，尚需进一步研究予以细化。

[1] 刘彬徽：《楚季编钟及其他新见楚铭铜器研究》，《湖南省博物馆馆刊》（第九辑），岳麓书社，2013年，第198页。

[2]《断代》指的是《西周青铜器分期断代研究》（王世民等著）。

[3] 同[1]，第199页。

[4] 湖北省文物考古研究所、武汉大学历史学院考古系、宜昌博物馆：《湖北宜昌万福垴遗址发掘简报》，《江汉考古》2016年第4期，第30、33页。

[5] 同[4]，第33页。

第三，"西周中期早段"说。在《湖北宜昌万福垴遗址出土甬钟年代及相关问题研究》一文中，万福垴编钟被分为A、B、C三型。其中，B型为"圆圈点纹界格钟"，共计6件，万福垴2012YWTN03E20:9号钟即属于该文的B型。在该文的"万福垴甬钟分型及对应年代图"[1]中，万福垴2012YWTN03E20:9号钟被置于"西周中期早段"。

笔者认同第三种观点。万福垴2012YWTN03E20:9号钟的钟腔内壁光平，没有调音锉磨的痕迹，故可以排除其为西周中期晚段的可能性。其钲、篆、枚区各部以细双阳线弦纹夹连珠纹界隔，连珠纹稀疏，间距基本相等，工艺比较考究；篆带饰螺旋形云纹。这些与西周中期穆王时期的山西翼城大河口M1017:86号钟高度相似，故将其时代断为西周中期的穆王之世比较妥当。

万福垴2012YWTN03E20:9号钟（图2·1·7之5、6）保存较差，钟体背面大部残失，正面右侧于口微残，个别枚残失。未封衡，绹纹干。其钲、篆、枚区各部以细双阳线弦纹夹连珠纹界隔，连珠纹疏朗别致，间距基本相等，工艺比较考究（图2·1·7之7）。篆带很宽，饰螺旋形云纹（图1·3·1之3），其组织结构属于二方连续纹样，由3个单元纹样组成。每一个单元纹样均为螺旋形云纹，但每个螺旋形云纹并不完全相同，螺旋形云纹中心的回旋线条有的向左勾，有的向右勾。每个单元纹样的排列方式为顺序排列。工艺手法为细阳线单勾。该钟的篆带纹饰呈现出一种新的时代特征和艺术审美，应为一个新时代的产物。该钟侧鼓部没有侧鼓音的标记纹饰。该钟钟腔内壁光平，没有调音锉磨的痕迹。该钟通高47.8厘米[2]。

这里需要指出一处谬误。《湖北宜昌万福垴遗址发掘简报》封面三将万福垴2012YWTN03E20:9号钟的图片错误地配成了2012YWTN03E20:7号钟的图片[3]。从简报的描述来看，两件钟的区别是比较明显的，尤其是干的不同。按

[1] 黄文新、赵芳超：《湖北宜昌万福垴遗址出土甬钟年代及相关问题研究》，《江汉考古》2016年第4期，第65页，图一。

[2] 湖北省文物考古研究所、武汉大学历史学院考古系、宜昌博物馆：《湖北宜昌万福垴遗址发掘简报》，《江汉考古》2016年第4期，第35页，附表一。

[3] 同[2]，封面三，图3、4。

照简报的描述，2012YWTN03E20:9号钟的"旋一侧有索状斡"[1]，但是该文给这件钟的配图"3.细阳线圈点界格钟（TN03E20:9）"[2]上的甬钟却是"牛首状斡"，文图不符，显然是图片配错了。笔者通过仔细阅读简报中所有编钟的文字发现，2012YWTN03E20:7号钟的"旋一侧有牛首状斡，斡作'U'环状，牛两角内卷，圆凸目"[3]，且饰"牛首状斡"的钟仅此一件。由此可以确定，简报给2012YWTN03E20:9号钟所配图片是2012YWTN03E20:7号钟的图片。简报给2012YWTN03E20:7号钟的配图"4.细阳线圈点界格钟（TN03E20:7）"[4]上的甬钟是"索状斡"，那么所配之图肯定也是错误的。但在出土的12件万福垴编钟当中，饰"索状斡"的钟却非只一件，由于封面三"4.细阳线圈点界格钟（TN03E20:7）"的图片清晰度有限，细部纹饰不辨，尚不能确定这幅图片是否是2012YWTN03E20:9号钟。同样的错误也存在于《湖北宜昌万福垴遗址出土甬钟年代及相关问题研究》一文中[5]。

例3：一式兴钟76FZH1:64号

1976年12月，出土于陕西扶风庄白一号窖藏，系白家生产队在平整土地时发现。窖藏出土青铜器属于殷遗民子姓微氏家族[6]。窖藏内器物放置有序，未被盗掘，共计出土编甬钟21件：有铭兴钟14件，无铭兴钟7件[7]。其中，篆带饰Ac亚型螺旋形云纹的为一式兴钟76FZH1:64号，属于有铭兴钟。

关于一式兴钟76FZH1:64号的时代，目前学界主要有4种观点：

第一，"西周中期"说。《中国音乐文物大系·陕西卷》认为一式兴钟

[1] 湖北省文物考古研究所、武汉大学历史学院考古系、宜昌博物馆：《湖北宜昌万福垴遗址发掘简报》，《江汉考古》2016年第4期，第30页。

[2] 同[1]，封面三，图3。

[3] 同[1]，封面三，图3。

[4] 同[1]，封面三，图4。

[5] 黄文新、赵芳超：《湖北宜昌万福垴遗址出土甬钟年代及相关问题研究》，《江汉考古》2016年第4期，封面"宜昌万福垴遗址出土青铜甬钟"之图3、4。

[6] 李学勤：《西周中期青铜器的重要标尺——周原庄白、强家两处青铜器窖藏的综合研究》，《中国历史博物馆馆刊》1979年第1期，第30页。

[7] a.陕西周原考古队：《陕西扶风庄白一号西周青铜器窖藏发掘简报》，《文物》1978年第3期，第1、6、7页。b.方建军：《中国音乐文物大系·陕西卷》，大象出版社，1996年，第37～50页。

76FZH1:64号的时代为西周中期[1]。笔者认为此说没有问题。但西周中期的观点有些宽泛，其断代尚可更为具体。

第二，"穆王末叶"说。《先秦大型组合编钟研究》认为："西周前期的强伯各甬钟、强伯旨甬钟、长由甬钟和平顶山魏庄甬钟皆3件成编，都是由2件形制、纹饰相同的甬钟与1件形制、纹饰不同的甬钟拼合而成。Ⅶ式兴钟（2件）和Ⅰ式兴钟（1件）在21钟中年代最早，二者的结合正好符合西周早期'2+1'模式的3件甬钟编列，正鼓音构成'宫—角—羽'音列。'2+1'编列皆为穆王末以前的模式，由此观之，Ⅶ式兴钟和Ⅰ式兴钟的制作年代不晚于西周穆王末叶。"[2]

笔者认为此说值得商榷。一式兴钟76FZH1:64号属于有铭兴钟。从庄白一号窖藏出土青铜器铭文可知，微氏家族可考有七世：高祖、烈祖、乙祖、亚祖祖辛（折）、乙公（丰）、丁公（墙）、兴。李学勤先生指出："第六世史墙，其袭职当不早于穆王晚年。根据其他青铜器铭文，知道他活到了孝王初年。由此，第七世兴的活动年代应为孝王以至夷厉时期。"[3]由此可以确定，14件有铭兴钟绝对不可能早至西周中期穆王时期，其中自然就包括一式兴钟76FZH1:64号。故此，《先秦大型组合编钟研究》认为"Ⅰ式兴钟的制作年代不晚于西周穆王末叶"[4]的观点是不能成立的。

第三，"厉王时期"说。《西周青铜器年代综合研究》认为兴钟为西周晚期厉王时遗物[5]。该书认为："兴钟大致可分三式。一式钟和二式钟器形纹饰都分别接近晋侯苏编钟的两种形式。三式钟篆间饰顾首龙纹，同厉王时的鈇钟、师丞钟等。其铭文措辞也有晚期特征，如一式钟的'昭各喜侃乐前文人'，类同的说法基本上见于厉世器，如师丞钟、井人佞钟、兮仲钟、梁其钟、昊生钟等，二式钟的尹氏是晚期器常见的，其字体风格也近厉王时的鈇钟、鈇簋、师丞钟等。由以上各方

[1] 方建军：《中国音乐文物大系·陕西卷》，大象出版社，1996年，第37页。

[2] 王友华：《先秦大型组合编钟研究》，中国艺术研究院博士学位论文，2009年，第104页。

[3] 李学勤：《西周中期青铜器的重要标尺——周原庄白、强家两处青铜器窖藏的综合研究》，《中国历史博物馆馆刊》1979年第1期，第31页。

[4] 同[2]。

[5] 彭裕商：《西周青铜器年代综合研究》，巴蜀书社，2003年，第406页。

面来看，除兴盨外，其他兴器应大致是厉王时的遗物。"[1]《应侯钟的音列结构及有关问题》一文认为"陕西扶风庄白一号青铜器窖藏出土兴钟14件，时代属西周厉王时期。"[2]其中自然包括一式兴钟。笔者认为此说值得商榷。从这套编钟的调音来看，14件有铭兴钟并非同一时代的产物。其中，一式兴钟76FZH1:64号钟腔内壁仅有2条调音槽（图2·1·7之9），位于两个正鼓部，直达舞底，但是没有延及于口。于口的内唇保存完好，且调音槽呈长梭形，可见其尚处于"铸调双音"的初始阶段，而西周晚期厉王时期已经进入"铸调双音"的成熟阶段。故此，一式兴钟76FZH1:64号绝不会晚至西周晚期厉王时期。

第四，"孝夷以至厉王前半"说。李学勤先生在1979年发表的《西周中期青铜器的重要标尺——周原庄白、强家两处青铜器窖藏的综合研究》一文中认为，14件有铭兴钟的时代为西周中期孝夷时期[3]。对于这种观点，李学勤先生于2006年在《庄白兴器的再考察》一文中做了修订。李先生说："当时我写有小文《西周中期青铜器的重要标尺》，就有关问题试做探讨。现在看来，文中有些地方已需补充修正。"[4]《庄白兴器的再考察》一文通过对微氏家族第七世兴的青铜器的系统研究，认为"兴的年代是在孝夷以至厉王前半，他的器铭与一些肯定属这个时期的器物联系，在分期研究上是特别有意义的。"[5]笔者赞同此说。在14件有铭兴钟中，有的会早至西周中期孝王时期，有的会晚至西周晚期厉王前段。那么哪些兴钟属于西周中期孝王之器？哪些兴钟属于西周中期夷王之器？哪些兴钟又属于西周晚期厉王前段之器？目前，从钟铭中已无法获知答案。与编钟的铭文相比，其调音更具有鲜明的时代特征，是西周编钟断代的重要元素。王子初先生指出："调音锉磨是中国青铜时代各个历史时期造钟

［1］彭裕商：《西周青铜器年代综合研究》，巴蜀书社，2003年，第406页。

［2］方建军：《应侯钟的音列结构及有关问题》，《音乐研究》2011年第6期，第46页。

［3］李学勤：《西周中期青铜器的重要标尺——周原庄白、强家两处青铜器窖藏的综合研究》，《中国历史博物馆馆刊》1979年第1期，第35页。

［4］a.李学勤：《庄白兴器的再考察》，《华学》（第八辑），紫禁城出版社，2006年，第21页。b.李学勤：《庄白兴器的再考察》，《文物中的古文明》，商务印书馆，2008年，第258页。

［5］a.同［4］a，第25页；b.同［4］b，第263页。

图2·1·7之1～4　篆带饰Ac螺旋形云纹的西周甬钟

1. 山西翼城大河口M1017:86号钟（张玲玲摄于临汾博物馆展厅）　2. 山西翼城大河口M1017:86号钟
舞部拓片[1]　3. 山西翼城大河口M1017:86号钟背面篆带拓片[2]　4. 山西翼城大河口M1017:86号钟
于口[3]

[1]　山西省考古研究所、临汾市文物局、翼城县文物旅游局联合考古队，山西大学北方考古研
　　究中心：《山西翼城大河口西周墓地1017号墓发掘》，《考古学报》2018年第1期，第134页，
　　图四六之1。

[2]　同[1]，图四六之2。"3. 山西翼城大河口M1017:86号钟背面篆带拓片"由王清雷裁剪自"图
　　四六之2"。

[3]　同[1]，图版参拾柒之4。

5

6

7

图2·1·7之5～7　篆带饰Ac螺旋形云纹的西周甬钟

5. 湖北宜昌万福垴2012YWTN03E20:9号钟（王清雷摄于湖北省博物馆展厅）　6. 湖北宜昌万福垴2012YWTN03E20:9号钟舞部（王清雷摄于湖北省博物馆展厅）　7. 湖北宜昌万福垴2012YWTN03E20:9号钟篆带局部（王清雷摄于湖北省博物馆展厅）

8

9

10

图2·1·7之8～11　篆带饰Ac螺旋形云纹的
西周甬钟

8. 一式兴钟76FZH1:64号背面左侧下方篆带
局部（王清雷摄）　9. 一式兴钟76FZH1:64
号于口（王清雷摄）　　10. 一式兴钟
76FZH1:64号（王清雷摄）　11. 一式兴钟
76FZH1:64号舞部（王清雷摄）

11

工匠最核心的秘密，……在对编钟进行调音时留下的锉磨遗痕，是追溯当时铸钟工匠调音手法的最好依据，也是对这种乐器进行断代分析的重要物证。事实上，那些位于乐钟于口内面留存至今的锉磨痕迹，看似沟沟洼洼，零零星星，却隐藏着极为深刻的声学含义，不存在哪怕是一点点的随意性。它们随着中国青铜乐钟的发展而发展，随着人们对调音技术认识的深化，时时留下了时代的印记。"[1]从14件有铭兴钟当中，我们可以大致看出甬钟调音技术从无到有，再到初步成熟的发展轨迹。从14件有铭兴钟的调音情况来看，有些为西周中期孝王之器，如76FZH1:64、8、30、16、33、31号钟；有些为西周中期夷王之器，如76FZH1:29、10、9、32号钟；少数几件为西周晚期厉王前段，如76FZH1:62、65、28、57号钟。其中，一式兴钟76FZH1:64号属于西周中期孝王之器。14件有铭兴钟堪称"孝夷以至厉王前半"[2]这一时期甬钟断代的标准器。

　　一式兴钟76FZH1:64号（图2·1·7之10、11）保存完好。未封衡，绹纹斡。其钲、篆、枚区各部以细双阳线弦纹夹连珠纹界隔，连珠纹的圆圈较大，均与上下的弦纹粘连；有的圆圈被截去少许，有的突破至弦纹之外，工艺比较粗糙（图2·1·7之8）。篆带较宽，背面左侧篆带饰螺旋形云纹（图1·3·1之1），其组织结构属于二方连续纹样，由3个单元纹样组成，每一个单元纹样均为螺旋形云纹。每个单元纹样的排列方式为顺序排列。工艺手法为细阳线单勾。该钟侧鼓部没有侧鼓音的标记纹饰。于口有内唇，保存基本完好。该钟的调音情况为（图2·1·7之9）：钟腔内壁有调音槽2条，位于2个正鼓部，较浅，直达舞底，没有延及内唇；两铣角近于口处有轻微的调音痕迹；4个侧鼓部没有调音槽。该钟通高46.1厘米，重16.4千克[3]。

　　这里需要指出两处谬误，详见如下：

　　第一，《中国音乐文物大系·陕西卷》认为一式兴钟76FZH1:64号"内壁有隧

［1］王子初：《中国青铜乐钟的音乐学断代——钟磬的音乐考古学断代之二》，《中国音乐学》2007年第1期，第18页。

［2］a. 李学勤：《庄白兴器的再考察》，《华学》（第八辑），紫禁城出版社，2006年，第25页。b. 李学勤：《庄白兴器的再考察》，《文物中的古文明》，商务印书馆，2008年，第263页。

［3］陕西周原考古队、尹盛平：《西周微氏家族青铜器群研究》，文物出版社，1992年，第36页"编钟一览表"。

4条，两铣及前、后壁正鼓各1。"[1]这里所言的"隧"是指钟腔内壁的调音槽。经笔者亲自考察该钟可知，该钟钟腔内壁仅有调音槽2条，而不是"有隧4条"，位于两个正鼓部，而两铣角近于口处仅有轻微的调音痕迹，并没有形成调音槽。

第二，根据《中国音乐文物大系·陕西卷》的描述，一式兴钟76FZH1:64号"重46.1千克"[2]。但该钟通高为46.1厘米，不可能重达46.1千克，故其重量数据肯定有误。笔者于是去查询多部文献，最后在《西周微氏家族青铜器群研究》一书中终于找到该钟的重量数据，为16.4千克[3]。

（四）　Ad 亚型（横 C 形云纹）

根据纹饰的工艺手法，笔者将Ad亚型（横C形云纹）分为两式：AdⅠ（阴线单勾纹饰）、AdⅡ（阴刻平雕纹饰）。

AdⅠ

AdⅠ横C形云纹的工艺手法为阴线单勾。篆带饰有此式云纹的西周甬钟试举如下1例：

例：湖北宜昌万福垴编钟（2件，2012YWTN03E20:2、3号）

2012年6月，出土于湖北宜昌市白洋工业园沙湾路万福垴楚文化西周遗址，属于楚国公室青铜器[4]。出土编钟共计12件（图2·1·5之10），其中篆带饰AdⅠ横C形云纹的有2件，为万福垴2012YWTN03E20:2、3号钟。

关于万福垴2012YWTN03E20:2、3号钟的时代，学界争议较大，主要有以下3种观点：

第一，"共王"说。在《楚季编钟及其他新见楚铭铜器研究》一文中，刘

［1］方建军：《中国音乐文物大系·陕西卷》，大象出版社，1996年，第37页。

［2］同［1］。

［3］陕西周原考古队、尹盛平：《西周微氏家族青铜器群研究》，文物出版社，1992年，第36页"编钟一览表"。

［4］黄文新、赵芳超：《湖北宜昌万福垴遗址出土甬钟年代及相关问题研究》，《江汉考古》2016年第4期，第64页。

彬徽先生将万福垴编钟分为三式，"Ⅰ式为刻有'楚季'铭文的甬钟；Ⅱ式为有小乳丁界栏的甬钟；Ⅲ式为无小乳丁而有圈点纹界栏的甬钟。"[1]万福垴2012YWTN03E20:2、3号两钟属于该文所言的Ⅰ式钟，其钲、篆、枚区各部以阴线界隔。该文指出："《万福垴钟》的Ⅱ式对应于《断代》[2]的Ⅰ型，Ⅲ式对应于Ⅱ型，Ⅰ式对应于Ⅲ型。"该文对《断代》Ⅲ型钟的时代进行了论证："《断代》的Ⅲ型钟一为陕西扶风庄白1号青铜器窖藏出土。二为山西曲沃晋侯墓地M8盗掘出土的晋侯稣钟丙型钟，和《万福垴钟》Ⅰ式对应，其正鼓部纹样相同。晋侯稣钟有錾刻的长篇铭文，铭文内容表明为西周晚期周厉王时之器，但从晋侯稣钟甲乙丙三型钟的铸制年代看都要早于周厉王。音乐学研究专家王子初认为其甲乙型钟年代为'西周初期'，其丙型钟年代'推前至恭王时期是有一定理由的'。恭王时期的相对年代为西周中期前段，这同样是《万福垴钟》Ⅰ式的年代。"[3]按照此说，万福垴2012YWTN03E20:2、3号两钟的时代即为西周中期恭王时期。

笔者认为此说值得商榷。首先，该文将《万福垴钟》Ⅰ式钟与《断代》的Ⅲ型钟相对应。经笔者查阅《断代》一书得知，该书将晋侯苏编钟（16件）断为西周晚期厉王之器[4]。但该文却没有采纳这一观点，而是按照王子初先生的断代，不知该文将《万福垴钟》Ⅰ式钟与《断代》Ⅲ型钟相对应的用意何在？其次，王子初先生之所以将该文所言的晋侯苏"丙型钟"断为西周中期共王时期，是因为他认为晋侯苏"丙型钟"与应侯视工钟属于同一时代的产物。他认为应侯视工钟为西周中期共王之器，那么晋侯苏"丙型钟"也当为西周中期共王之器[5]。但问题是，应侯视工钟为西周中期共王之器的观点是1975年由韧松、樊维岳先生提出的[6]，近20年已受到学界的质疑，并对其断代提出了新的见解。2001年，王世民先生指出其

[1] 刘彬徽：《楚季编钟及其他新见楚铭铜器研究》，《湖南省博物馆馆刊》（第九辑），岳麓书社，2013年，第198页。
[2] 《断代》指的是《西周青铜器分期断代研究》一书。
[3] 同[1]，第199页。
[4] 王世民、陈公柔、张长寿：《西周青铜器分期断代研究》，文物出版社，1999年，第254页。
[5] 王子初：《晋侯苏钟的音乐学研究》，《文物》1998年第5期，第26页。
[6] 韧松、樊维岳：《记陕西蓝田县新出土的应侯钟》，《文物》1975年第10期，第69页。

时代应为西周中期孝、夷之世[1]。其后，王龙正等先生[2]、娄金山等先生[3]发文赞同王世民先生的观点。除了西周中期孝、夷之世的观点外，还有西周晚期厉王说。李学勤先生通过对西周一些有铭青铜器的类型学研究，同时结合应侯视工钟的铭文释读，认为应侯视工钟的时代应为"厉王的早年"[4]。彭裕商[5]、方建军[6]等先生亦持此说。笔者亦赞同李学勤先生的厉王说。从以上诸家之最新研究可知，应侯视工钟并非西周中期共王之器。既然如此，王子初先生按照旧说，即应侯视工钟为西周中期共王之世的断代，而将晋侯苏Ⅲ式钟断为共王之器的观点，也就难以立足。既然王子初先生的断代不能成立，那么《楚季编钟及其他新见楚铭铜器研究》一文据此将"《万福垴钟》Ⅰ式钟"断为西周中期共王时期的观点也同样不能成立。

第二，"西周中期晚段"说。在《湖北宜昌万福垴遗址出土甬钟年代及相关问题研究》一文中，12件万福垴编钟被分为A、B、C三型，其中2012YWTN03E20:2、3号两钟属于C型。该文认为"C型钟年代为西周中期晚段。"[7]笔者认为此说值得商榷。万福垴2012YWTN03E20:2、3号两钟钟腔内壁光平，没有调音锉磨的痕迹，故其时代不会晚至"西周中期晚段"。

第三，"西周中期偏晚"说。《湖北宜昌万福垴遗址发掘简报》将12件编钟分为细阳线乳钉界格钟、细阳线圈点界格钟、阴线界格钟3类[8]。其中，2012YWTN03E20:2、3号两钟被归入第三类"阴线界格钟"。该文认为第三类钟的

---

[1] 王世民：《应侯见工钟的组合与年代》，《保利藏金（续）》，岭南美术出版社，2001年，第256、257页。

[2] 王龙正、刘晓红、曹国朋：《新见应侯见工簋铭文考释》，《中原文物》2009年第5期，第57页。

[3] 娄金山、马新民、祝容：《应侯见工诸器年代略考》，《中原文物》2012年第5期，第18页。

[4] 李学勤：《论应侯视工诸器的时代》，《文物中的古文明》，商务印书馆，2008年，第255页。

[5] 彭裕商：《西周青铜器年代综合研究》，巴蜀书社，2003年，第415页。

[6] 方建军：《应侯钟的音列结构及有关问题》，《音乐研究》2011年第6期，第47页。

[7] 黄文新、赵芳超：《湖北宜昌万福垴遗址出土甬钟年代及相关问题研究》，《江汉考古》2016年第4期，第68页。

[8] 湖北省文物考古研究所、武汉大学历史学院考古系、宜昌博物馆：《湖北宜昌万福垴遗址发掘简报》，《江汉考古》2016年第4期，第30、33页。

图2·1·8之1～4　篆带饰AdⅠ横C形云纹的西周甬钟

1. 湖北宜昌万福垴2012YWTN03E20:2号钟（王清雷摄于湖北省博物馆展厅）　2. 湖北宜
昌万福垴2012YWTN03E20:2号钟舞部（王清雷摄于湖北省博物馆展厅）　3. 湖北宜昌万
福垴2012YWTN03E20:2号钟篆带（王清雷摄于湖北省博物馆展厅）　4. 湖北宜昌万福垴
2012YWTN03E20:2号钟侧鼓部纹饰（王清雷摄于湖北省博物馆展厅）

5

6

7

8

图2·1·8之5～8　篆带饰Ad I 横C形云纹的西周甬钟

5. 湖北宜昌万福垴2012YWTN03E20:2号钟侧鼓部纹饰拓片（已顺时针旋转90度）[11]　6. 湖北宜昌万福垴2012YWTN03E20:3号钟侧鼓部纹饰（王清雷摄于湖北省博物馆展厅）　7. 湖北宜昌万福垴2012YWTN03E20:3号钟篆带线图（张玲玲绘）　8. 湖北宜昌万福垴2012YWTN03E20:3号钟（王清雷摄于湖北省博物馆展厅）

[1]　黄文新、赵芳超：《湖北宜昌万福垴遗址出土甬钟年代及相关问题研究》,《江汉考古》2016
年第4期，第68页，图五之2。

"年代应在西周中期偏晚阶段"[1]。笔者赞同此说。万福垴2012YWTN03E20:2、3号两钟的钲、篆和枚区各部均以阴线弦纹界隔。采用这种界隔方式的西周中期甬钟以六式兴钟（2件，76FZH1:58、60号）为代表[2]。六式兴钟（2件，76FZH1:58、60号）（图3·1·3之5、11）钲、篆和枚区各部均以阴线弦纹界隔，背面侧鼓部均有侧鼓音的标记纹饰凤鸟纹，钟腔内壁均没有调音，其篆带与正鼓部的纹饰工艺均为阴线单勾，这些特征均与2012YWTN03E20:2、3号两钟相同。不同的是，2012YWTN03E20:2、3号两钟的纹饰风格更为简洁、朴素。故此，笔者认为其时代应为西周中期偏晚的懿王前后。

万福垴2012YWTN03E20:2号钟（图2·1·8之1、2）的甬基已断，舞部微变形，余部保存完整。未封衡，绚纹斡。其钲、篆、枚区各部以阴线弦纹界隔。篆带饰横C形云纹（图1·6·2之15、图2·1·8之3），其组织结构属于二方连续纹样，由2个单元纹样组成，每一个单元纹样均为横C形云纹。2个单元纹样的排列方式为正反颠倒排列。工艺手法为阴线单勾。该钟背面（有斡一面）右侧鼓部有1个侧鼓音的标记纹饰小鸟纹（图2·1·8之4、5），线条简练，工艺手法为阴线单勾。该钟钟腔内壁没有调音锉磨的痕迹。该钟通高45.6厘米[3]。

万福垴2012YWTN03E20:3号钟（图2·1·8之8）钟体破裂成数块，部分枚残缺，器表部分覆盖着泥锈。未封衡。其钲、篆、枚区各部界隔方式与篆带纹饰（图2·1·8之7）均与2012YWTN03E20:2号钟的类型相同。该钟背面（有斡一面）右侧鼓部有1个侧鼓音的标记纹饰小鸟纹（图2·1·8之6），线条简练，工艺手法为阴线单勾。该钟钟腔内壁没有调音锉磨的痕迹。该钟通高43.4厘米[4]。

这里有一点需要说明。对于2012YWTN03E20:2号钟侧鼓部小鸟纹的识别，曾使笔者纠结数年之久，一直处于"不识庐山真面目"的窘境。一直到2017年，笔者

［1］湖北省文物考古研究所、武汉大学历史学院考古系、宜昌博物馆：《湖北宜昌万福垴遗址发掘简报》，《江汉考古》2016年第4期，第33页。

［2］刘士莪、尹盛平：《微氏家族青铜器群研究》，《西周微氏家族青铜器群研究》，文物出版社，1992年，第9页。

［3］同［1］。第35页，附表一。

［4］同［1］。

阅读到《湖北宜昌万福垴遗址出土甬钟年代及相关问题研究》一文，才终于揭开了庐山的真面目，因为在该文中有2012YWTN03E20:2号钟侧鼓部纹饰的拓片（图2·1·8之5）[1]。看到这幅拓片，笔者才恍然大悟，原来这个小鸟在编钟上的呈现姿态不是站立式，而是横躺式（图2·1·8之4）。详细说来，这个小鸟呈横躺姿势，头在左侧，鸟喙向上，爪在右侧，尾部向下。只有将该钟顺时针旋转90度之后，才能看清这是一只站立的小鸟，这是笔者当初没有想到的。加之当初笔者在拍照的时候，编钟的文保工作还没有做完，小鸟纹部位的泥锈没有清理干净，局部线条被覆盖遮蔽，如小鸟的头和喙等，以致无法看清纹饰全貌，所以一直不知其所饰为何物。由此，笔者不禁感叹文保工作的重要性与必要性。如果没有这些繁琐、费时、耗财的文保基础工作，不知会有多少秘密将被永远地尘封。故此，对于构建有中国特色、中国风格、中国气派的中国考古学话语体系，田野考古中的诸多基础工作仍然是重中之重。

Ad Ⅱ

Ad Ⅱ横C形云纹的工艺手法为阴刻平雕。篆带饰有此式云纹的西周甬钟试举如下1例：

例：楚公豪钟（2件，1、3号）

目前所知，楚公豪钟共计5件，其中3件（1、2、3号）藏于日本京都泉屋博古馆，均为陈介祺旧藏；1件（Z98:3009号）于1998年在陕西周原召陈村出土；还有1件仅见于著录[2]。

关于楚公豪钟的时代，争议非常之大。高至喜先生在《晋侯墓出土楚公逆编钟的几个问题》一文中就诸家对楚公豪的断代研究做了综述："关于楚公豪钟的年代，目前学术界多从郭沫若先生的意见，认为楚公豪即熊鄂（楚公逆）之子熊仪，熊仪即若敖。如罗西章先生说：'从这次出土的楚公豪钟的造型、纹饰，以及铭文

[1] 黄文新、赵芳超：《湖北宜昌万福垴遗址出土甬钟年代及相关问题研究》，《江汉考古》2016年第4期，第68页，图五之2。

[2] a.王子初：《中国音乐文物大系·湖北卷》，大象出版社，1996年，第36页。b.罗西章：《陕西周原新出土的青铜器》，《考古》1999年第4期，第20、21页。c.高西省：《楚公编钟及有关问题》，《文物》2015年第1期，第43页。

1

2

3

4

图2·1·9之1～4　篆带饰AdⅡ横C形云纹的西周甬钟

1. 楚公豪钟（1号）[1]　　2. 楚公豪钟（1号）拓片[2]　　3. 楚公豪钟（1号）篆带纹饰构图（张玲玲描）　　4. 楚公豪钟（1号）鼓部纹饰拓片[3]

［1］高西省：《楚公编钟及有关问题》，《文物》2015年第1期，第44页，图一。

［2］http：//www.360doc.com/content/18/0328/16/46962302_741008497.shtml.

［3］同［2］。

5

6

7

8

图2·1·9之5～8　篆带饰AdⅡ横C形云纹的西周甬钟

5. 楚公豪钟（3号）[1]　6. 楚公豪钟（3号）拓片[2]　7. 楚公豪钟（3号）篆带纹饰构图（张玲玲描）　8. 楚公豪钟（3号）鼓部纹饰拓片[3]

[1] 高西省：《楚公编钟及有关问题》，《文物》2015年第1期，第44页，图二。

[2] http : //www.360doc.com/content/18/0328/16/46962302_741008497.shtml.

[3] 同[2]。

的字形字体看，它铸造的时代在幽王之时，正是熊仪在位的年限之内。'关于楚公豪钟的年代，除了郭沫若、罗西章先生等的西周末年说之外，还有张亚初先生的西周中期末说（指夷王时期，或厉王早期）；朱德熙、裘锡圭和李家浩先生的西周晚期说，即认为楚公豪即熊挚，在周厉王时；还有李零先生的春秋早期说，认为楚公豪是熊眴时期的可能性较大，年代在春秋初和夏渌先生的春秋中期说，主张楚公豪即熊恽楚成王。"[1]高至喜先生赞同朱德熙、裘锡圭和李家浩先生的观点，即"楚公豪即熊挚，年代相当于周厉王之时。"[2]高西省先生在《楚公编钟及有关问题》一文提出新说，认为楚公豪钟"应铸于周宣王晚年到周平王初年。"[3]

　　从以上诸家断代之研究来看，楚公豪钟的时代从西周中期的孝王、夷王始，到西周晚期各王，再到春秋初年的周平王，最后到春秋中期，可见争议之大。

　　由于没有楚公豪钟的调音资料可做断代凭证，笔者只能从其纹饰及其工艺手法对其时代试做推测。泉屋博古馆所藏3件楚公豪钟当中，1号钟和3号钟的篆带均饰横C形云纹，其工艺手法为阴刻平雕；正鼓部饰云纹，工艺手法为阳刻平雕加阴线刻。2号钟的篆带饰斜角龙纹，其工艺手法为浅浮雕；正鼓部饰云纹，工艺手法为阴刻平雕加阴线刻，带有西周晚期编钟的特征。由此推测，泉屋博古馆所藏3件楚公豪钟应为西周晚期厉王之器，其钟腔内壁应该是有调音的。关于陕西周原召陈村出土的楚公豪钟（Z98:3009号）的时代，其篆带饰两头龙纹，工艺手法为阴线单勾；正鼓部饰云纹，工艺手法为阴线双勾，这些与泉屋博古馆所藏3件楚公豪钟相异，显然并非同一时期的产物，其时代应早于以上3钟，不会晚至西周晚期厉王时期。其侧鼓部饰有小鸟纹，且"钟壁内部未见有调音锉磨的痕迹"[4]。综合而论，将楚公豪钟（Z98:3009号）断为西周中期晚段的孝夷之世较为合理。

　　在目前所见的5件楚公豪钟当中，篆带饰有AdⅡ横C形云纹的为1号和3号钟，分述如下：

---

［1］高至喜：《晋侯墓出土楚公逆编钟的几个问题》，《晋侯墓地出土青铜器国际学术研讨会论文集》，上海书画出版社，2002年，第348页。

［2］同［1］，第349页。

［3］高西省：《楚公编钟及有关问题》，《文物》2015年第1期，第44页。

［4］邵晓洁：《楚钟研究》，中国艺术研究院博士学位论文，2008年，第141页。

　　1号钟（图2·1·9之1、2）保存完好。半环形斡。其钲、篆、枚区各部以粗阳线弦纹界隔。篆带饰横C形云纹（图1·6·2之16），其组织结构属于二方连续纹样，由2个单元纹样组成，每一个单元纹样均为横C形云纹。该横C形云纹很有特点，C形的两端呈螺旋形内卷，在中间装饰1个歧枝，以填补中间的空白。为了让读者可以清楚地分辨出这种横C形云纹的构图，笔者用红色勾勒出主线条，用黄色勾勒出装饰的歧枝（图2·1·9之3）。两个单元纹样的排列方式为正反颠倒排列，其工艺手法为阴刻平雕。该钟背面（有斡一面）右侧鼓部有1个侧鼓音的标记纹饰小鸟纹（图2·1·9之4），该小鸟纹的特点为花冠、长颈、单翅、短尾，其工艺手法为阴线单勾。该钟钟腔内壁是否有调音未知。该钟"通高53.2厘米，重25.6千克"[1]。

　　3号钟（图2·1·9之5、6）保存完好。半环形斡。其钲、篆、枚区各部以粗阳线弦纹界隔。篆带饰横C形云纹（图1·6·2之17），其组织结构属于二方连续纹样，由2个单元纹样组成，每一个单元纹样均为横C形云纹。与1号钟篆带所饰横C形云纹相比，该横C形云纹极富装饰性，C形的两端呈螺旋形内卷，其中一端还向中间伸出1个歧枝并内卷，作为中间空白的装饰。同时，在C形的背面也装饰2个歧枝。为了让读者可以清楚地分辨出这种华丽的横C形云纹的构图，笔者仍用红色勾勒出主线条，用黄色勾勒出装饰的歧枝（图2·1·9之7）。两个单元纹样的排列方式为正反颠倒排列，其工艺手法为阴刻平雕。该钟背面（有斡一面）右侧鼓部有1个侧鼓音的标记纹饰小鸟纹（图2·1·9之8），该小鸟纹更富装饰性，花冠、长颈、单翅、4歧长尾，其工艺手法为阴线单勾。该钟钟腔内壁是否有调音目前尚不清楚。该钟"通高36.7厘米，重10.0千克"[2]。

（五）　Ae 亚型（横 S 形云纹）

　　根据纹饰的工艺手法，笔者将Ae亚型（横S形云纹）分为两式：Ae Ⅰ（细阳线双勾纹饰）、Ae Ⅱ（阴线单勾纹饰）。

[1] 高西省：《楚公编钟及有关问题》，《文物》2015年第1期，第43页。
[2] 同［1］。

Ae I

Ae I 横S形云纹的工艺手法为细阳线双勾。篆带饰有此式云纹的西周甬钟试举1例：

例：一式兴钟76FZH1:64号

1976年12月，出土于陕西扶风庄白一号窖藏，系白家生产队在平整土地时发现。窖藏出土青铜器属于殷遗民子姓微氏家族[1]。窖藏内器物放置有序，未被盗掘，共计出土编甬钟21件：有铭兴钟14件，无铭兴钟7件[2]。其中，篆带饰Ae I 横S形云纹的为一式兴钟76FZH1:64号，属于有铭兴钟。

关于一式兴钟76FZH1:64号的时代，目前学界主要有4种观点：

第一，"西周中期"说。《中国音乐文物大系·陕西卷》认为一式兴钟76FZH1:64号的时代为西周中期[3]。

第二，"穆王末叶"说。《先秦大型组合编钟研究》认为："I式兴钟的制作年代不晚于西周穆王末叶。"[4]

第三，"厉王时期"说。《西周青铜器年代综合研究》认为兴钟为厉王时遗物[5]。《应侯钟的音列结构及有关问题》一文认为"陕西扶风庄白一号青铜器窖藏出土兴钟14件，时代属西周厉王时期。"[6]

第四，"孝夷时期"说。李学勤[7]、刘士莪和尹盛平[8]、朱凤瀚[9]等诸位学者均认为14件有铭兴钟的时代为西周中期孝夷时期。

[1] 李学勤：《西周中期青铜器的重要标尺——周原庄白、强家两处青铜器窖藏的综合研究》，《中国历史博物馆馆刊》1979年第1期，第30页。
[2] a.陕西周原考古队：《陕西扶风庄白一号西周青铜器窖藏发掘简报》，《文物》1978年第3期，第1、6、7页。b.方建军：《中国音乐文物大系·陕西卷》，大象出版社，1996年，第37～50页。
[3] 同[2]b，第37页。
[4] 王友华：《先秦大型组合编钟研究》，中国艺术研究院博士学位论文，2009年，第104页。
[5] 彭裕商：《西周青铜器年代综合研究》，巴蜀书社，2003年，第406页。
[6] 方建军：《应侯钟的音列结构及有关问题》，《音乐研究》2011年第6期，第46页。
[7] 同[1]，第35页。
[8] 刘士莪、尹盛平：《微氏家族铜器断代》，《西周微氏家族青铜器群研究》，文物出版社，1992年，第93页。
[9] 朱凤瀚：《中国青铜器综论》，上海古籍出版社，2009年，第355页。

从这套编钟的调音来看，14件有铭兴钟并非同一时代的产物。李学勤先生在
《庄白兴器的再考察》一文通过对微氏家族第七世兴的青铜器的研究指出："总的
来说，兴的年代是在孝夷以至厉王前半，他的器铭与一些肯定属这个时期的器物联
系，在分期研究上是特别有意义的。"[1]由此来看，14件有铭兴钟中，有的会早
至西周中期孝王时期，有的会晚至西周晚期厉王早段。一式兴钟76FZH1:64号的于
口内唇没有调音锉磨的缺口，钟腔内壁仅有2条调音槽（图2·1·7之9），位于2个正
鼓部，直达舞底；两个铣角仅在近于口处有轻微的调音；四个侧鼓部没有调音。可
见其处于"铸调双音"的初始阶段，笔者将其断为西周中期孝王之器。对于一式兴
钟76FZH1:64号断代的详细论证与分析，读者可以参阅第二章第一节Ac亚型（螺旋
形云纹）的"例3：一式兴钟76FZH1:64号"示例，这里不再重复阐释。

一式兴钟76FZH1:64号（图2·1·7之10、11）保存完好。未封衡，绹纹斡。其钲、
篆、枚区各部以细双阳线弦纹夹连珠纹界隔，连珠纹的圆圈较大，均与上下的弦纹
粘连，有的圆圈被截去少许，有的突破至弦纹之外，工艺比较粗糙（图2·1·10之1、
2）。篆带较宽，背面右侧下方篆带饰横S形云纹（图1·5·2之6、图2·1·10之2），其组
织结构属于二方连续纹样，由2个单元纹样组成，每一个单元纹样均为横S形云纹。
两个单元纹样的排列方式为正反颠倒排列。工艺手法为细阳线双勾。该钟侧鼓部没
有侧鼓音的标记纹饰。该钟的调音情况为（图2·1·7之9）：于口有内唇，保存基本
完好；钟腔内壁有2条调音槽，呈长梭形，位于2个正鼓部，较浅，直达舞底，没有
延及内唇；两铣角近于口处有轻微的调音痕迹，没有形成调音槽；四个侧鼓部没有
调音锉磨的痕迹。该钟通高46.1厘米，重16.4千克[2]。

需要特别指出的是，一式兴钟76FZH1:64号背面的4方篆带所饰纹样各不相
同。其中，背面左侧2方篆带（图2·1·10之1）均为细阳线单勾的螺旋形云纹，其组织
结构为二方连续纹样。其中左侧上方篆带所饰螺旋形云纹的最左侧单元纹样的构图
有误，钟师虽经修改，但还是没有改对，最后线条的结束部分本应该在该篆带的左

[1] 李学勤：《庄白兴器的再考察》，《文物中的古文明》，商务印书馆，2008年，第263页。
[2] 陕西周原考古队、尹盛平：《西周微氏家族青铜器群研究》，文物出版社，1992年，第36页"编
钟一览表"。

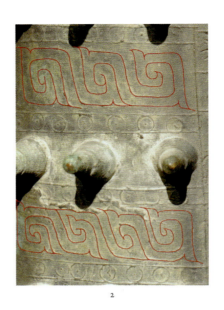

图2·1·10　篆带饰AeⅠ横S形云纹的西周甬钟

1. 一式兴钟76FZH1:64号背面左侧篆带纹饰（王清雷描）　2. 一式兴钟76FZH1:64号背面右侧篆带纹饰（王清雷描）

下方，结果却莫名其妙的结束在最左侧单元纹样的右上方；背面右侧2方篆带（图2·1·10之2）纹饰不同，下方的篆带纹饰为细阳线双勾的横S形云纹，其组织结构为二方连续纹样；背面右侧上方的篆带纹饰为组合纹样，该纹样右侧是1个细阳线双勾的横S形云纹，左侧是1个细阳线单勾的螺旋形云纹。所以，一式兴钟76FZH1:64号既可以作为Ac亚型螺旋形云纹的例证，也可以作为AeⅠ横S形云纹的例证。从另一个角度来看，一式兴钟76FZH1:64号篆带纹饰的乱象也反映出该历史阶段对于编钟这种国家礼乐重器的轻视，其诞生的年代应该处于西周的衰落时期。

AeⅡ

AeⅡ横S形云纹的工艺手法为阴线单勾。篆带饰有此式云纹的西周甬钟试举如下1例：

例：应侯视工钟（2件，陕西蓝田出土钟、保利艺术博物馆所藏之大钟）

应侯视工钟旧称应侯见工钟或应侯钟。名字中的"见"字，按照裘锡圭先生的考释应为"视"[1]。根据这一研究成果，本书统一称之为"应侯视工钟"。

目前所知，应侯视工钟共计4件[2]，其中陕西蓝田县博物馆和日本东京书道博物馆各藏1件，保利艺术博物馆藏2件[3]。蓝田县博物馆藏应侯视工钟（蓝物铜字P24号）于1974年3月出土于陕西省蓝田县红星村。当地农民在搞农田基本建设时，于村东断崖深约1米的土层内发现了这件甬钟。当时群众把它按废铜卖给了供销合作社。蓝田县文化馆闻讯后，当即派人员前往察看，可惜出土地层已被掩埋。保利艺术博物馆所藏2件应侯视工钟系收购。

关于这套编钟的断代，笔者属于后知后觉。1975年，韧松、樊维岳先生在《记陕西蓝田县新出土的应侯钟》一文中将其断为西周中期共王之器[4]，《中国音乐文物大系·陕西卷》亦持此说[5]。笔者于2005年在撰写博士论文时，也是引用这种观点，并没有意识到其断代的不妥，主要是笔者当初考古学的知识水平有限所致。笔者第一次发现其断代有问题，是在撰写《人神共享的西周礼乐重器——西周编钟研究》（2010年中国艺术研究院招标课题，批准号10ZYYB092010）课题结项报告的时候。在报告的第二章，笔者对西周甬钟做类型学的分型分式，除了考古界常考虑的器型、纹饰，笔者还引入了编钟的音乐元素，如调音、侧鼓音标记纹饰等。这时候，笔者发现除了日本东京书道博物馆的1件应侯视工钟调音情况不明外，其余3件应侯视工钟的钟腔内壁均有调音槽，2或3条不等，调音槽的形态较为规范，这是西周甬钟具有鲜明时代特征的元素。从"孝夷以至厉王前半"[6]时期的甬钟标准器——有铭兴钟的调音情况来看，

[1] 裘锡圭：《甲骨文中的见与视》，《甲骨文发现一百周年学术研讨会论文集》，（中国台北）文史哲出版社，1998年，第4页。

[2] a.韧松、樊维岳：《记陕西蓝田县新出土的应侯钟》，《文物》1975年第10期，第68、69页。b.韧松：《记陕西蓝田县新出土的应侯钟》一文补正，《文物》1977年第8期，第27页。c.方建军：《中国音乐文物大系·陕西卷》，大象出版社，1996年，第35页。

[3] 朱凤瀚：《应侯见工钟（两件）》，《保利藏金（续）》，岭南美术出版社，2001年，第159页。

[4] 同[2]a，第69页。

[5] 同[2]c。

[6] a.李学勤：《庄白兴器的再考察》，《华学》（第八辑），紫禁城出版社，2006年，第25页。b.李学勤：《庄白兴器的再考察》，《文物中的古文明》，商务印书馆，2008年，第263页。

应侯视工钟的时代绝对不会早到西周共王时期，其应该是西周晚期之物。对于这一新的认识，笔者当初很不自信，于是立刻上知网查询有关应侯视工钟以及与应侯视工有关的青铜器研究文章，下载、研习后才发现其断代确实已经有了多种不同的认知。现对应侯视工钟时代的不同观点，综述如下：

第一，"共王"说。韧松、樊维岳先生在1975年发表的《记陕西蓝田县新出土的应侯钟》一文中，将应侯视工钟断为西周中期共王之器。该文指出，"过去著录过的恭王时期的铜器如康鼎、卯簋、敔簋、同簋……永盂等铭文中都有荣伯，与此钟铭的荣伯为一人，是知此钟应属恭王时期，铭文中的王即周恭王。"[1]其后学界诸多文献均沿用此说，如《中国音乐文物大系·陕西卷》[2]《晋侯苏钟的音乐学研究》[3]《应侯见工钟（两件）》[4]《西周乐悬制度的音乐考古学研究》[5]《先秦大型组合编钟研究》[6]《探源溯流——青铜编钟谱写的历史》[7]等。王世民等诸位先生在《西周青铜器分期断代研究》（夏商周断代工程报告集）一书中，同样认为其"应为西周中期恭王前后器"[8]。由此，学界多将应侯视工钟视为西周共王时的断代标准器，同时将其侧鼓部所饰凤鸟纹视为西周侧鼓音标记最早的凤鸟纹。

第二，"共王或懿王"说。《商周青铜器铭文选》（三）认为应侯视工钟为"恭王或懿王"时器[9]。

第三，"孝王、夷王时期"说。王世民先生在《应侯见工钟的组合与年代》一文指出："如果多方面斟酌，将应侯见工钟推定为西周中期后段之末，即接近于厉王的孝王、夷王时期，似乎更为合理。"[10]《新见应侯见工簋铭文考释》

[1] 韧松、樊维岳：《记陕西蓝田县新出土的应侯钟》，《文物》1975年第10期，第69页。
[2] 方建军：《中国音乐文物大系·陕西卷》，大象出版社，1996年，第35页。
[3] 王子初：《晋侯苏钟的音乐学研究》，《文物》1998年第5期，第26页。
[4] 朱凤瀚：《应侯见工钟（两件）》，《保利藏金（续）》，岭南美术出版社，2001年，第159页。
[5] 王清雷：《西周乐悬制度的音乐考古学研究》，文物出版社，2007年，第230页。
[6] 王友华：《先秦大型组合编钟研究》，中国艺术研究院博士学位论文，2009年，第72页。
[7] 关晓武：《探源溯流——青铜编钟谱写的历史》，大象出版社，2013年，第84页。
[8] 王世民、陈公柔、张长寿：《西周青铜器分期断代研究》，文物出版社，1999年，第173页。
[9] 马承源：《商周青铜器铭文选》（三），文物出版社，1988年，第163页。
[10] 王世民：《应侯见工钟的组合与年代》，《保利藏金（续）》，岭南美术出版社，2001年，第257页。

一文通过对应侯视工簋等器物铭文的研究，同样认为应侯视工钟的时代应为西周中期的孝王、夷王时期[1]。《应侯见工诸器年代略考》一文通过对应侯诸器的考察，并结合以往研究成果，最终认为应侯视工钟的时代还是"王世民先生提出的孝夷王时期更为适宜。"[2]

第四，"厉王"说。《西周青铜器年代综合研究》认为应侯视工钟为西周晚期厉王时器[3]。该书认为："本器器形类同厉王时的兴钟、梁其钟等，篆间饰BbⅢ式窃曲纹，隧部饰方形卷云纹，其纹饰配置同一式兴钟和宣王元年的逨钟，其器形、纹饰流行于厉世到宣王前期。铭中记载右者为荣伯，与同簋、康鼎等厉世器相同，结合以上所论器形、纹饰，则本器之荣伯应与同簋等的荣伯为一人，即厉王时之荣夷公。"[4]李学勤先生通过对西周一些有铭青铜器的类型学研究，同时结合应侯视工钟的铭文释读，认为应侯视工钟的时代应为"厉王的早年"[5]。方建军先生认为："应侯钟的形制、纹饰、组合和音列结构，均显示出西周晚期的特征，其时代定在厉王时期是合适的。"[6]

笔者曾随业师王子初先生对藏于保利艺术博物馆的2件应侯视工钟亲自考察过。从已知3件应侯视工钟的调音锉磨情况来看（图2·1·11之2），其钟腔内壁有调音槽2或3条，调音槽的形态比较规范，说明其刚刚步入"铸调双音"成熟阶段，故其应为西周晚期厉王早期之器，李学勤先生所言"厉王的早年"[7]的断代是最为准确的。

在4件应侯视工钟当中，篆带饰AeⅡ横S形云纹的分别为陕西蓝田所出应侯视工钟（蓝物铜字P24号）（图1·5·2之3、4）、保利艺术博物馆藏应侯视工钟之大钟（图1·5·2之5），分述如下：

[1] 王龙正、刘晓红、曹国朋：《新见应侯见工簋铭文考释》，《中原文物》2009年第5期，第57页。

[2] 娄金山、马新民、祝容：《应侯见工诸器年代略考》，《中原文物》2012年第5期，第18页。

[3] 彭裕商：《西周青铜器年代综合研究》，巴蜀书社，2003年，第415页。

[4] 同[3]。

[5] 李学勤：《论应侯视工诸器的时代》，《文物中的古文明》，商务印书馆，2008年，第255页。

[6] 方建军：《应侯钟的音列结构及有关问题》，《音乐研究》2011年第6期，第47页。

[7] 同[5]。

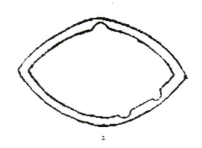

图2·1·11之1～4　篆带饰AeⅡ横S形云纹的西周甬钟

1. 应侯视工钟（陕西蓝田出土）[1]　2. 应侯视工钟（陕西蓝田出土）于口线图[2]　3. 应侯视工钟（陕西蓝田出土）鼓部纹饰[3]　4. 应侯视工钟（保利艺术博物馆所藏之大钟）[4]

[1] 方建军：《中国音乐文物大系·陕西卷》，大象出版社，1996年，第35页，图1·5·7a。

[2] 李纯一：《中国上古出土乐器综论》，文物出版社，1996年，第187页，图一一四。

[3] 同[1]，该书称此钟为"应侯钟"。"3.应侯视工钟（陕西蓝田出土）鼓部纹饰"由王清雷裁剪自"图1·5·7a"。

[4] 朱凤瀚：《应侯见工钟（两件）》，《保利藏金（续）》，岭南美术出版社，2001年，第156页右钟。该文将此钟称为"应侯见工钟"。

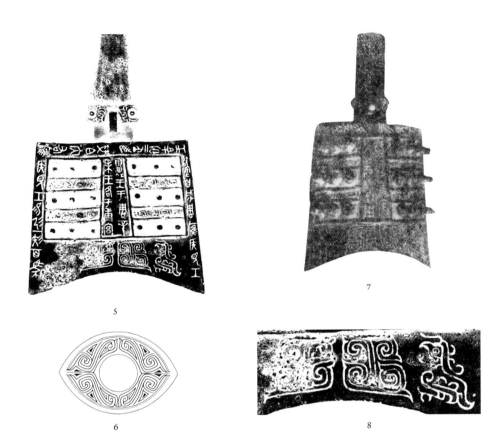

图2·1·11之5～8　篆带饰Ae II 横S形云纹的西周甬钟

5. 应侯视工钟（保利艺术博物馆所藏之大钟）拓片[1]　6. 应侯视工钟（保利艺术博物馆所藏之大钟）舞部线图[2]　7. 应侯视工钟（东京书道博物馆藏）[3]　8. 应侯视工钟（保利艺术博物馆所藏之大钟）鼓部纹饰拓片[4]

[1] 朱凤瀚：《应侯见工钟（两件）》，《保利藏金（续）》，岭南美术出版社，2001年，第158页。该文将此钟称为"应侯见工钟"。

[2] 同[1]，第157页右图。"6.应侯视工钟（保利艺术博物馆所藏之大钟）舞部线图"由王清雷裁剪自"第157页右图"。

[3] 韧松：《〈记陕西蓝田县新出土的应侯钟〉一文补正》，《文物》1977年第8期，第27页，图一。该文称此钟为"应侯钟"。

[4] 同[1]，"8.应侯视工钟（保利艺术博物馆所藏之大钟）鼓部纹饰拓片"由王清雷裁剪自第158页图片。

　　陕西蓝田所出应侯视工钟（蓝物铜字P24号）（图2·1·11之1），除了个别枚残失外，余部保存完整。甬封衡。其钲、篆、枚区各部以粗单阳线弦纹界隔。篆带饰横S形云纹（图1·5·2之3、4），其组织结构属于二方连续纹样，由2个单元纹样组成，每一个单元纹样均为横S形云纹。两个单元纹样的排列方式为顺序排列。工艺手法为阴线单勾。该钟背面（有斡一面）右侧鼓部有1个侧鼓音的标记纹饰凤鸟纹（图2·1·11之3），体型很大，与正鼓部纹饰相比而言明显比例失调。工艺手法为阴线单勾。钟体正面的钲间、两铣和枚、钲区的上沿均有铭文，计39字。该钟钟腔内壁有调音槽3条（图2·1·11之2），其中正面的正鼓部有1条调音槽，背面的一个侧鼓部竟然有2条调音槽，调音槽均延及于口，形态规范；两个铣角略经锉磨[1]。该钟通高25.5厘米，重3.3千克[2]。

　　应侯视工钟（保利艺术博物馆藏之大钟）（图2·1·11之4、5、6），由保利艺术博物馆收购。保存完好。器表覆盖有较厚的绿锈。其钲、篆、枚区各部界隔方式与篆带纹饰（图1·5·2之5）均与陕西蓝田所出应侯视工钟（蓝物铜字P24号）相同。该钟背面（有斡一面）右侧鼓部有1个侧鼓音的标记纹饰凤鸟纹（图2·1·11之8），体型较大，比陕西蓝田所出应侯视工钟（蓝物铜字P24号）之侧鼓部凤鸟纹精致一些。工艺手法为阴线单勾。正面舞部下沿、钲部、左铣及右铣均有铭文。该钟钟腔内壁有3条调音槽，位于2个正鼓部和一面的右侧鼓部。该钟通高36.0厘米[3]。

　　需要说明的是，日本东京书道博物馆也收藏有1件应侯视工钟（图2·1·11之7），《〈记陕西蓝田县新出土的应侯钟〉一文补正》一文指出，这件"应侯钟的形制花纹以及文字风格与蓝田县出土的应侯钟完全一致"[4]。但由于该文所附图片[5]清晰度太差，笔者不能确定该钟篆带纹饰为横S形云纹还是横S形窃曲纹，故此未将该钟列入本书的研究范畴。

---

［1］李纯一：《中国上古出土乐器综论》，文物出版社，1996年，第187页。

［2］方建军：《中国音乐文物大系·陕西卷》，大象出版社，1996年，第35页。

［3］方建军：《应侯钟的音列结构及有关问题》，《音乐研究》2011年第6期，第46页。

［4］韧松：《〈记陕西蓝田县新出土的应侯钟〉一文补正》，《文物》1977年第8期，第27页。

［5］同［4］，图一。

第二节

西周甬钟篆带连续云纹的
类型学分析

在第一节中，笔者将西周甬钟篆带所饰A型云纹（连续云纹）分为5个亚型，列举代表性实物共26例，其中Aa亚型（燕尾云纹）分为三式，共计10例；Ab亚型（横G形云纹）分为两式，共计9例；Ac亚型（螺旋形云纹）不分式，共计3例；Ad亚型（横C形云纹）分为两式，共计2例；Ae亚型（横S形云纹）分为两式，共计2例。详细统计资料参见表3。

（一）　型式分析

按照纹饰整体形态的不同，笔者将西周甬钟篆带所饰A型云纹（连续云纹）分为5个亚型：Aa亚型（燕尾云纹）、Ab亚型（横G形云纹）、Ac亚型（螺旋形云纹）、Ad亚型（横C形云纹）、Ae亚型（横S形云纹）。其中，Ac亚型（螺旋形云纹）不分式。下面，笔者对其余4个亚型的演变试做探讨。

Aa亚型（燕尾云纹）

根据燕尾云纹的形态特征，笔者将Aa亚型（燕尾云纹）分为三式：AaⅠ（三尾燕尾云纹）、AaⅡ（螺旋燕尾云纹）、AaⅢ（斜角燕尾云纹），属于二方连续

表3　西周甬钟篆带A型云纹（连续云纹）的型式与范例一览表

型式		甬钟名称	时代	出土地及墓主	国别、族属
Aa	AaⅠ	1. 陕西扶风五郡西村2006FWXJ1:1号钟	成王早段	陕西扶风五郡西村西周青铜器窖藏2006FWXJ1，窖藏的主人为召氏小宗的珷生。	召氏宗族，姬姓。
		2. 湖北随州叶家山M111一式钟（2件，M111:8、13号）	成王晚段	湖北随州叶家山M111，墓主为曾侯犺。	曾国，姬姓。
		3. 山西翼城大河口M1017:84号钟	康王	山西翼城大河口M1017，墓主为霸伯尚。	霸国，媿姓狄人。
		4. 五式兴钟76FZH1:66号	共王	陕西扶风庄白一号窖藏，器主为微伯兴。	殷遗民微氏家族，子姓。
		5. 一式晋侯苏钟（4件，73627~73630号）	夷王	山西曲沃县天马——曲村遗址M8，墓主为晋侯苏。	晋国，姬姓。
		6. 陕西眉县杨家村甲组编钟（2件，Ⅰ、Ⅱ号）	夷王	陕西眉县马家镇杨家村西周青铜器窖藏，属于单氏家族。	单氏宗族，姬姓。
	AaⅡ	1. 陕西扶风五郡西村2006FWXJ1:3号钟	康王	陕西扶风五郡西村西周青铜器窖藏2006FWXJ1，窖藏的主人为召氏小宗的珷生。	召氏宗族，姬姓。
		2. 湖北宜昌万福垴编钟（3件，2012YWTN03E20:5、6、8号）	康王	湖北宜昌市万福垴楚文化西周遗址，属于楚国公室青铜器。	熊氏楚国，芈姓。
	AaⅢ	1. 陕西长安马王村21号钟	穆王	陕西长安县马王村西周铜器窖藏。	未知。
		2. 五式兴钟76FZH1:61号	孝王后段	陕西扶风庄白一号窖藏，器主为微伯兴。	殷遗民微氏家族，子姓。
Ab	AbⅠ	1. 湖南宁乡回龙铺钟（总0792）	康王	湖南省宁乡县回龙铺村	未知。
		2. 陕西宝鸡竹园沟BZM7:12号钟	康、昭	陕西宝鸡竹园沟M7，墓主为强伯各。	强国，氐羌的一支。
		3. 湖北随州叶家山M111二式钟（2件，M111:7、11号）	昭王	湖北随州叶家山M111，墓主为曾侯犺。	曾国，姬姓。

续表

型式		甬钟名称	时代	出土地及墓主	国别、族属
Ab		4. 湖北宜昌万福垴 2012YWTN03E20:10 号钟	昭王	湖北宜昌市万福垴楚文化西周遗址，属于楚国公室青铜器。	熊氏楚国，芈姓。
		5. 江西吉水甬钟（297 号）	昭王	江西吉水县，后由文博部门征集。	未知
	Ab Ⅱ	1. 长甶墓编钟（2件，4、3 号）	穆王	陕西长安普渡村长甶墓。	殷遗民，长氏宗族。
		2. 山西翼城大河口 M1017:15 号钟	穆王	山西翼城大河口 M1017，墓主为霸伯尚。	霸国，媿姓狄人。
		3. 七式兴钟（2件，76FZH1:59 号、67 号）	夷王	陕西扶风庄白一号窖藏，器主为微伯兴。	殷遗民微氏家族，子姓。
		4. 陕西扶风官务吊庄钟（总 0122，扶官吊 02 号）	夷王	陕西省扶风县吊庄村西周青铜窖藏。	未知
Ac	-	1. 山西翼城大河口 M1017:86 号钟	穆王	山西翼城大河口 M1017，墓主为霸伯尚。	霸国，媿姓狄人。
		2. 湖北宜昌万福垴 2012YWTN03E20:9 号钟	穆王	湖北宜昌市万福垴楚文化西周遗址，属于楚国公室青铜器。	熊氏楚国，芈姓。
		3. 一式兴钟 76FZH1:64 号	孝王	陕西扶风庄白一号窖藏，器主为微伯兴。	殷遗民微氏家族，子姓。
Ad	Ad Ⅰ	湖北宜昌万福垴编钟（2件，2012YWTN03E20:2、3 号）	懿王	湖北宜昌市万福垴楚文化西周遗址，属于楚国公室青铜器。	熊氏楚国，芈姓。
	Ad Ⅱ	楚公豪钟（2件，1、3 号）	厉王	藏于日本京都泉屋博古馆，楚公豪即熊挚。	熊氏楚国，芈姓。
Ae	Ae Ⅰ	一式兴钟 76FZH1:64 号	孝王	陕西扶风庄白一号窖藏，器主为微伯兴。	殷遗民微氏家族，子姓。
	Ae Ⅱ	应侯视工钟（2件，陕西蓝田出土钟、保利艺术博物馆所藏之大钟）	厉王	1件为陕西蓝田出土，1件为保利艺术博物馆所藏。	应国，姬姓。

纹样。

　　Aa Ⅰ 燕尾云纹是目前所见西周甬钟篆带纹饰的最早纹样形态，见于西周早期成王之世，至西周中期晚段的夷王之世还在使用。其纹样特点为每个单元的燕尾云纹均有3个燕尾，笔者故将该式称为"三尾燕尾云纹"（图1·4·1之1、2），其隐含的鸟纹特征较为明显，纹样局部像鸟的简笔画。

　　至西周早期康王之世，Aa Ⅰ 燕尾云纹的3尾缩减到2尾或1尾，减少的2尾或1尾变形为仅有半个燕尾的螺旋形；隐含的鸟纹被弱化，开始向几何形图案转变，笔者故将该式称为"螺旋燕尾云纹"，即Aa Ⅱ 燕尾云纹（图1·4·1之14~16）。此式燕尾云纹昙花一现，西周早期之后就退出了历史舞台。

　　至西周中期穆王之世，Aa Ⅱ 燕尾云纹进一步几何形图案化：每个单元的燕尾云纹有2条边变形，从而在该燕尾云纹的一侧构成1个为锐角的斜角；两个单元的燕尾云纹为正反颠倒排列，由此2个单元燕尾云纹的斜角边构成平行关系，笔者将该式称为"斜角燕尾云纹"，即Aa Ⅲ 燕尾云纹（图1·4·1之5、7）。从Aa Ⅲ 燕尾云纹的形态来看，已几乎找不到鸟纹的影子，其与后来篆带所饰斜角云纹应有一定的渊源关系。

　　Ab亚型（横G形云纹）

　　根据构成横G形云纹的G形数量，笔者将Ab亚型（横G形云纹）分为两式：Ab Ⅰ（由6个G形勾连而成）、Ab Ⅱ（由4个G形勾连而成），属于二方连续纹样。

　　Ab Ⅰ 横G形云纹见于西周早期的康王和昭王之世（图1·2·1之1、9、11），西周早期之后就不见其踪影。

　　至西周中期早段的穆王之世，Ab Ⅰ 横G形云纹的6个G形简化为4个G形，由此而成Ab Ⅱ 横G形云纹（图1·2·1之2、12），体现出简单朴素的时代特点与审美追求。正如张懋镕先生所言："进入西周中期，周系统的简朴风格日益明显地凸显出来。……朴素简洁，是西周中期新的装饰风尚的特征。"[1]

　　Ad亚型（横C形云纹）

　　根据纹饰的工艺手法，笔者将Ad亚型（横C形云纹）分为两式：Ad Ⅰ（阴线

---

［1］张懋镕：《西周青铜器断代两系说刍议》，《考古学报》2005年第1期，第21页。

单勾纹饰）、AdⅡ（阴刻平雕纹饰），属于二方连续纹样。

从西周甬钟篆带纹饰发展史的视角而言，AdⅠ（阴线单勾纹饰）横C形云纹是西周中期诞生的一种新的篆带纹样，为阴线单勾而成，纹样形态朴实无华（图1·6·2之15、图2·1·8之3）。

随着时代的发展，新的工艺手法——阴刻平雕被用于篆带纹饰的制作，AdⅡ横C形云纹由此诞生，见于西周晚期厉王时期的楚公豪钟（2件，1、3号）篆带之上。AdⅡ横C形云纹富有装饰性，C形的两端呈螺旋形内卷，身躯上还饰有不同形态的歧枝，彰显出完全不同于AdⅠ横C形云纹朴实无华的时代特征，显然AdⅡ横C形云纹已经跨入了一个新的历史阶段，那就是西周晚期。

Ae亚型（横S形云纹）

根据纹饰的工艺手法，笔者将Ae亚型（横S形云纹）分为两式：AeⅠ（细阳线双勾纹饰）、AeⅡ（阴线单勾纹饰），属于二方连续纹样。

从西周甬钟篆带纹饰发展史的视角而言，AeⅠ（细阳线双勾纹饰）横S形云纹也是西周中期诞生的一种新的篆带纹样，为细阳线双勾而成，这是一种传统的工艺手法，见于西周中期孝王之世的一式兴钟76FZH1:64号篆带之上（图1·5·2之6、图2·1·10之2）。

用阴线单勾代替细阳线双勾，由此构成的横S形云纹更为简单朴素，这就是AeⅡ横S形云纹，可见于西周晚期厉王之世的应侯视工钟（蓝物铜字P24号）的篆带之上（图1·5·2之3、4）。AeⅡ横S形云纹昙花一现，后被甬钟篆带所饰的横S形窃曲纹（阳刻平雕）所取代。

（二）　时代分析

通过对西周甬钟篆带A型云纹（连续云纹）的型式、范例资料统计（表3）与时代分期（表4）的研究，就其时代方面，笔者得出如下几点认识：

1. AaⅠ燕尾云纹初见于西周早期成王之世，至西周中期末段的夷王之世仍在使用，是西周甬钟篆带所饰A型云纹（连续云纹）中，出现最早、沿用时间最长的云纹纹样。由此，也给篆带饰有此式云纹的西周甬钟断代带来了一些纷争。张懋镕先生指出：“西周青铜器断代是个系统工程，情况非常复杂。由于器物种类的不同，族属的不同，影响到形制、纹饰、铭文演进速度的不同。”[1]同时，西周中期末段开始，复古青铜器开始出现。“我们如果仅仅注意到那些古老的因素，就有可能将此器的年代提前，如果注意到新的元素的出现，就有可能比较准确地把握它的年代，因为按照考古学的常识，判定某器物的年代是着眼于那些显示最晚年代特征的因素。”[2]有的文献误将西周中期夷王之世的一式晋侯苏钟（4件：73627～73630号）断为西周早期之器[3]，正是“仅仅注意到那些古老的因素”，没有“注意到新的元素的出现”而造成的。

对于复古青铜器，陈小三教授认为它们都“存在的共同现象——‘貌合神离’”[4]。我们只有将关注点放在其“神离”之处，才能找到破解其断代的钥匙。“所谓‘神离’则有两种情形：一是由于制作工艺的变化，后代已经不复流行前代的一些工艺，这种情形下的复古往往表现为在同种工艺的制作上较之前代粗劣；二是所谓复古并不是纯粹地模仿，多数情形下是在模仿的同时又加入了很多当时的元素。”[5]西周中期夷王之世的陕西眉县杨家村甲组编钟（2件，Ⅰ、Ⅱ号）就属于典型的复古器物，具有“貌合神离”的特征。有的文献将断代的着重点放到其“貌合”之处，而不是“神离”之所在，所以误将其断为西周初期之器[6]。

2. AaⅡ燕尾云纹、AbⅠ横G形云纹均仅见于西周早期；AaⅢ燕尾云纹、AbⅡ横G形云纹、Ac螺旋形云纹均仅见于西周中期；Ad横C形云纹和Ae横S形云纹均出现于西周中期后段，沿用至西周晚期厉王之世。这些均为西周甬钟的断代提供了一个可供参考的宏观时代标尺。在此基础上，还需结合甬钟不同部位的纹饰、铭文、调音、器型等综合元素，尤其要关注以上几个元素的细节，这样才能给予所研甬钟

［1］张懋镕：《试论西周青铜器演变的非均衡性问题》，《考古学报》2008年第3期，第342页。

［2］张懋镕：《西周青铜器断代两系说刍议》，《考古学报》2005年第1期，第5页。

［3］马承源：《中国音乐文物大系·上海卷》，大象出版社，1996年，第32页。

［4］陈小三：《韩城梁带村M27出土卣、尊年代辨析——附论扇形钺与特殊的凤鸟纹饰》，《文博》2011年第1期，第27页。

［5］同［4］。

［6］刘怀君：《眉县出土一批西周窖藏青铜乐器》，《文博》1987年第2期，第23页。

以准确地断代。

3. 从时代方面来看，Aa亚型（燕尾云纹）、Ab亚型（横G形云纹）云纹是最早出现在西周甬钟篆带的两种纹样，从西周早期一直沿用到西周中期夷王之世；从代表性实物的数量统计（图2·2·1）来看，Aa亚型（燕尾云纹）、Ab亚型（横G形云纹）云纹合计19例，占总数的73%；其他3个亚型仅有7例，占总数的27%。可见，Aa亚型（燕尾云纹）、Ab亚型（横G形云纹）云纹是西周甬钟篆带所饰A型云纹（连续云纹）的主体。进入西周中期，新的篆带纹样Ac亚型（螺旋形云纹）开始出现；至西周中期后段，又有两种新的篆带纹样——Ad亚型（横C形云纹）和Ae亚型（横S形云纹）登上历史舞台，呈现出5个亚型并存的多元文化时代特征。至西周晚期，在西周甬钟篆带所饰A型云纹（连续云纹）中，仅存AdⅡ横C形云纹和AeⅡ横S形云纹两式，且这两式云纹都是西周中期后段才出现的新纹样。由此可知，在西周晚期，甬钟的篆带纹饰已经呈现出一种全新的文化样貌，它标志着周代的礼乐重器——甬钟已经彻底完成历史性蜕变，成为宗周礼乐文化的象征，并由此跨入编钟第一个大发展的历史阶段。

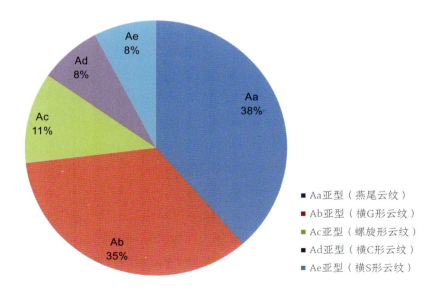

图2·2·1　西周甬钟篆带A型云纹（连续云纹）标本统计图（张玲玲制图）

表4　西周甬钟篆带A型云纹（连续云纹）型式分期表

型式		时期	西周早期				西周中期					西周晚期			
			武王	成王	康王	昭王	穆王	共王	懿王	孝王	夷王	厉王	共和	宣王	幽王
Aa	Aa I			—							—				
	Aa II				—										
	Aa III							—			—				
Ab	Ab I														
	Ab II							—			—				
Ac								—			—				
Ad	Ad I								—						
	Ad II											—			
Ae	Ae I									—					
	Ae II											—			

4. 从表4来看，Aa I 燕尾云纹是目前所见最早的甬钟篆带纹样，见于西周早期成王时期的陕西扶风五郡西村2006FWXJ1:1号钟（铙式甬钟）和湖北随州叶家山M111一式钟（2件，M111:8、13号）的篆带之上。这两件甬钟是目前所见最早的甬钟，其钲、篆和枚区的界隔方式均为细双阳线弦纹夹连珠纹。《西周青铜器分期断代研究》一书认为"细乳钉界隔钟"是西周甬钟最早的类型[1]，以此观之，值得商榷。笔者认为，细双阳线弦纹夹连珠纹界隔钟应为西周甬钟最早的类型，而非"细乳钉界隔钟"。

（三）　地域与族属分析

笔者通过对西周甬钟篆带A型云纹（连续云纹）的型式、范例资料统计（表3）与时代分期（表4）的研究，在其地域和族属方面，初步有如下几点认识：

---

[1] 王世民、陈公柔、张长寿：《西周青铜器分期断代研究》，文物出版社，1999年，第162页。

1. Aa I 燕尾云纹初见于西周早期成王之世，至西周中期末段的夷王之世仍在使用，是西周甬钟篆带A型云纹（连续云纹）中，出现最早、沿用时间最长的云纹纹样。作为一个亚型中的一式纹样，前后沿用约200年，实属罕见。那么为什么会出现这种特殊的现象呢？我们从其国别与族属入手，或许能找到答案。

从"西周甬钟篆带A型云纹（连续云纹）的型式与范例一览表"（表3）可知，在Aa I 燕尾云纹的6例代表性实物中，姬姓诸侯国和姬姓宗族占了4例，可见此式纹样得到了宗周贵族的推崇。其中，Aa I 燕尾云纹的第一例，也是最早的一例为陕西扶风五郡西村2006FWXJ1:1号钟，属于西周早期成王早段之器，窖藏的主人为琱生。琱生属于姬姓召氏宗族的小宗，那么这件成王之时的甬钟应为召氏宗族的祖先所用。成王时召氏宗族的宗君为召公姬奭，是武王姬发的从弟，与周公姬旦共同辅佐成王，可见召氏宗族在西周王朝具有举足轻重的地位。故此，不管五郡西村2006FWXJ1:1号钟是为召氏宗族的宗君召公所用，还是被召氏宗族的小宗所用，该钟作为召氏宗族使用的礼乐重器，其篆带纹样绝不会率意而为，应是周公制礼作乐时与众多姬周贵族反复研究、权衡、筛选的结果，从而具有了国家层面的权威性，并成为姬周文化的象征。由此就不难理解，为何Aa I 燕尾云纹会成为西周甬钟篆带A型云纹（连续云纹）中沿用时间最长的纹样了。值得特别关注的是，大量西周甬钟的旋上均饰有一种细阳线纹饰，少数为阴线。仔细辨认的话就会发现，这种纹饰正是燕尾云纹。这种最早出现于甬钟篆带上的燕尾云纹，是否是宗周礼乐文化的基因或遗传密码呢？值得进一步探讨与研究。

在Aa I 燕尾云纹的6例代表性实物中，除了姬姓诸侯国和姬姓宗族所占4例外，还有2例为山西翼城大河口M1017:84号钟、五式兴钟76FZH1:66号，分别属于媿姓狄人的霸国和殷遗民子姓微氏家族。由此可见，此式纹样不仅得到了姬周贵族的推崇，还被媿姓狄人和殷遗民子姓微氏家族所接受。在此，我们不禁会再次追问，Aa I 燕尾云纹为何会有如此之广泛的受众面？笔者窃认为，这与Aa I 燕尾云纹的纹样形态及其隐含的文化含义密切相关。

从西周早期成王晚段的湖北随州叶家山M111一式钟（2件，M111:8、13号）的篆带纹饰（图1·4·1之1）来看，其组织结构属于二方连续纹样，由2个单元纹样组成，每个单元的燕尾云纹均由1个三尾燕尾云纹和1个二尾燕尾云纹构成，其中的二尾燕尾云纹（图2·2·2之1，描红的纹样）非常像燕子飞翔时的侧视图。为了能使读者直观地看出二者的相似性，笔者专门下载了1幅燕子飞翔的真实图片和1幅燕子的简笔画。将这几幅图片作一比较（图2·2·2之2、3），很容易便能分辨出Aa I 燕尾云纹中隐藏的燕子形态以及装饰的燕尾。

《诗经·商颂·玄鸟》载："天命玄鸟，降而生商，宅殷土芒芒。"[1] "这是宋君祭祀并歌颂祖先的乐歌。《毛序》：'玄鸟，祀高宗也。'三家《诗》则以为宋公祀中宗之乐歌。朱熹不信《序》说：'此亦祭祀宗庙之乐，而追叙商人之所由生，以及其有天下之初也。'朱说较胜。"[2] 其中的"玄鸟"，程俊英、蒋见元两位先生认为："玄鸟，燕子。色黑，故名玄鸟。"[3] （图2·2·2之4）当然，对于"玄鸟"也有其他解读，但笔者赞同"燕子"说。由此不难想象，燕子在殷商贵族的心目中所占的崇高地位。试想一下，当这些篆带饰有Aa I 燕尾云纹的甬钟出现在殷遗民子姓贵族和那些曾经臣服于殷商统治下的异姓贵族面前时，他们应该会从中找到一种文化认同与归属感。

对于刚刚建立的西周王朝而言，Aa I 燕尾云纹具有深刻的政治寓意。马承源先生指出："鸟纹在周初突然大量涌现是一个值得注意的现象。它和'周之兴也，鸑鷟鸣于岐山'的传说当有一定关系，这是为了宣扬天命，即文王受命于天的吉祥的先兆。"[4] 鸑鷟尽管不是燕子，但肯定属于鸟的一种，故隐含着鸟纹的Aa I 燕尾云纹所蕴含的政治寓意显而易见。

需要特别指出的是，6例篆带饰Aa I 燕尾云纹的西周甬钟篆带界隔方式均为连珠纹（图2·2·2之5），这应该也不是偶然现象。马承源先生指出，连珠纹"是青铜器中出现最早的纹饰之一。在夏代晚期爵和斝的腹部，已有实体的连珠纹"[5]。容庚、张维持先生指出，连珠纹"通行于殷代和周初"[6]。由此可知，连珠纹是

[1] 程俊英、蒋见元：《诗经注析》（下册），中华书局，2017年，第1099页。
[2] 同[1]，第1098、1099页。
[3] 同[1]，第1099页。
[4] 马承源：《商周青铜器纹饰综述》，《商周青铜器纹饰》，文物出版社，1984年，第11、12页。
[5] 马承源：《中国青铜器》（修订版），上海古籍出版社，2003年，第331页。
[6] 容庚、张维持：《殷周青铜器通论》，文物出版社，1984年，第106页。

图2·2·2　西周甬钟篆带AaⅠ燕尾云纹的纹样形态

1. 湖北随州叶家山M111编甬钟（M111:13号）篆带纹饰隐含燕纹示意图（张玲玲绘）　2. 燕子飞翔侧
仰图[1]　3. 燕子简笔画[2]　4. 燕子飞翔俯视图[3]　5. 山西翼城大河口M1017:84号篆带界隔之连
珠纹（张玲玲摄于临汾博物馆展厅）

---

[1] https : //www.birdnet.cn/forum.php?mod=viewthread&tid=800973&mobile=1.

[2] https : //c-ssl.duitang.com/uploads/item/201407/19/20140719211930_vVMUr.jpeg.

[3] 同［1］。

一种非常传统且具有悠久历史的青铜器纹饰，这对于当时青铜器不离左右的姬周贵族、曾经的殷商贵族以及其他异姓贵族而言，肯定都会有相同的认识。饰有Aa I燕尾云纹的西周甬钟篆带界隔方式选择连珠纹，就会形成一致的文化认同。而这种一致的文化认同，对于初建的西周王朝非常重要，它会成为姬周统治者维系不同政治集团强有力的隐形纽带。

成王初年，周公摄政，先平定叛乱而后"制礼作乐"[1]，其中一项重要的政治任务就是研发姬周的礼乐重器——甬钟。"国之大事，在祀与戎。"[2]对于礼乐重器甬钟的纹饰设计，其文化内涵和政治寓意必然是要考虑的重大问题，现在我们看到的最早的西周甬钟篆带所饰的Aa I燕尾云纹以及界隔方式，无疑是一项汇集了以周公为首的姬周贵族政治智慧的文化科研成果。从西周甬钟篆带所饰Aa I燕尾云纹的族属、国别和沿用时间来看，成王初年以周公为首的姬周贵族对于甬钟的纹样设计无疑是成功的，Aa I燕尾云纹及篆带界隔方式既使殷商旧贵族和其他投降姬周的政治集团找到了自己的文化归属，又宣扬了姬周受命于天的政治文化主张，这就决定了其必然会在西周不同的政治集团中拥有广泛的受众面，其能沿用至西周中期末段的夷王之世也就成为历史的必然。

2. 从"西周甬钟篆带A型云纹（连续云纹）型式分期表"（表4）来看，Ab横G形云纹最早出现于西周早期康王之世，是继Aa燕尾云纹之后，第二种诞生于西周早期的西周甬钟篆带纹样。从目前出土的西周甬钟资料来看，Ab横G形云纹和Aa燕尾云纹是唯一两种初见于西周早期的甬钟篆带纹饰。与Aa燕尾云纹中的Aa I燕尾云纹沿用近200年不同的是，Ab横G形云纹中的Ab I横G形云纹仅沿用了西周早期康昭两世就退出了历史舞台。作为同样诞生于西周早期的甬钟篆带纹饰，为何会有差距如此之大的发展历程呢？我们还是来看Ab I横G形云纹的国别与族属问题。

从"西周甬钟篆带A型云纹（连续云纹）的型式与范例一览表"（表3）可知，Ab I横G形云纹的代表性实物有5例，仅比Aa I燕尾云纹少1例。其中，姬姓

[1]《礼记·明堂位》，《礼记正义》卷三十一，《十三经注疏》（下），中华书局，1980年，第1488页。

[2]《左传·成公十三年》，《春秋左传正义》，《十三经注疏》（下），中华书局，1980年，第1911页。

诸侯国仅有1例，其余4例均非姬姓诸侯国或姬姓宗族所有，其中未知2例、氏羌的邹国1例、熊氏楚国1例；最早的1例为西周早期康王之世的湖南宁乡回龙铺钟（总0792），属于扬越之地。由此可知，AbⅠ横G形云纹不属于姬周文化，也不属于商文化，而应源自扬越文化。一般认为，西周甬钟就源自扬越之地的大铙。"中原西周甬钟的形成主要是以南方大铙为基础，又吸收殷商编铙的某些因素而成。可名之为大铙改良起源说。"[1]"陕西宝鸡、长安所出西周早期后段和中期之初的甬钟，应是传自南方。它们北传的路线可能有两条，一条是经湖北东南部的扬越之地直接传入北方，另一条可能是经楚地再传入周人地区。"[2]既然姬周所用礼乐重器——甬钟源自扬越之地的大铙，那么扬越之地的AbⅠ横G形云纹，也会一同传入中原地区。AbⅠ横G形云纹作为一种源自扬越文化的纹样，其很难成为西周甬钟篆带上的主流纹样。事实也确实如此。AbⅠ横G形云纹仅沿用西周早期康昭两世，进入西周中期就不见其踪影；AbⅡ横G形云纹出现于西周中期穆王之世，终于西周中期夷王之世，仅被殷商旧族、媿姓狄人所用，而不见于姬姓贵族墓葬或窖藏。

---

[1] 王清雷：《西周乐悬制度的音乐考古学研究》，文物出版社，2007年，第76页。

[2] 王子初：《中国音乐考古学》，福建教育出版社，2003年，第146、147页。

第三章

西周甬钟篆带适合云纹的
类型学研究

　　按照纹饰组织结构的不同，笔者将西周甬钟篆带所饰云纹分为两型：A型（连续云纹）和B型（适合云纹）。A型（连续云纹）分为5个亚型，共9式；B型（适合云纹）分为3个亚型，共6式，详细的型式划分参见西周甬钟篆带云纹型式图（图2·1·1）。

　　本章拟对西周甬钟篆带所饰B型云纹（适合云纹）的分型分式做详细阐述，在此基础上再对其做型式演变、时代、地域与族属的分析与研究。

第一节

西周甬钟篆带适合云纹的
分型分式

按照纹饰主体形态的不同，笔者将西周甬钟篆带B型云纹（适合云纹）分为3个亚型：Ba亚型（斜角云纹）、Bb亚型（横C形云纹）、Bc亚型（横S形云纹）。

（一） Ba 亚型（斜角云纹）

根据纹饰的工艺手法，笔者将Ba亚型（斜角云纹）分为两式：BaⅠ（细阳线单勾纹饰）、BaⅡ（阴线单勾纹饰）。

BaⅠ

BaⅠ斜角云纹的工艺手法为细阳线单勾。篆带饰有此式斜角云纹的西周甬钟很少，试举如下1例：

例：五式兴钟76FZH1:63号

1976年12月，出土于陕西扶风庄白一号窖藏，系白家生产队在平整土地时发现。窖藏青铜器属于殷遗民子姓微氏家族[1]。窖藏内器物放置有序，没被盗掘。

[1] 李学勤:《西周中期青铜器的重要标尺——周原庄白、强家两处青铜器窖藏的综合研究》,《中国历史博物馆馆刊》1979年第1期，第30页。

出土编甬钟共计21件，其中有铭兴钟14件，无铭兴钟7件[1]。其中，篆带饰BaⅠ斜角云纹的为五式兴钟76FZH1:63号，属于无铭兴钟。

关于五式兴钟76FZH1:63号的时代，目前学界主要有2种观点：

第一，"西周中期"说，见于《微氏家族青铜器群研究》[2]《中国音乐文物大系·陕西卷》[3]。

第二，"穆王末叶"说，见于《先秦大型组合编钟研究》[4]。

笔者认为这两种观点值得商榷。详细论证参见第二章第一节AaI的"例4：五式兴钟76FZHI:66号"的时代辨析。这里不再重复赘述。

对于五式兴钟76FZH1:63号的时代，笔者认为将其断为西周中期没有问题，但从调音来看，其断代尚可更具体些。该钟的钟腔内壁没有调音的痕迹，故此不会晚于西周中期孝王时期。其钲、篆、枚区各部界隔的细双阳线弦纹夹连珠纹工艺粗糙，连珠纹很大，几乎所有连珠纹都与上下的弦纹黏合在一起，有的甚至突破至弦纹之外。与西周早期和西周中期穆王时期采用同样界隔方式的编钟相比而言，其在工艺方面尚存在一定差距，故其应在西周中期穆王之后。其舞部纹饰与西周中期孝王时的76FZH1:61号兴钟的舞部纹饰均为横S形云纹（图3·1·1之6），工艺手法亦相同，均为阴刻平雕，故二者时代相差不远。综合而论，笔者认为五式兴钟76FZH1:63号应为西周中期懿王之世的产物。

五式兴钟76FZH1:63号（图3·1·1之1、2）保存完整。器表多有铜锈覆盖，部分纹饰不辨。背面正鼓部因经常敲击演奏，致纹饰磨损严重，而正面正鼓部由于未经演奏，故纹饰保存完好（图3·1·1之4）。甬未封衡，半环形素幹。其钲、篆、枚区各部以细双阳线弦纹夹连珠纹界隔，连珠纹很大，几乎所有连珠纹都与上下的弦纹黏合在一起，有的甚至突破至弦纹之外，间距不等，工艺不甚考究。篆带较窄，呈窄

［1］a.陕西周原考古队：《陕西扶风庄白一号西周青铜器窖藏发掘简报》，《文物》1978年第3期，第1、6、7页。b.方建军：《中国音乐文物大系·陕西卷》，大象出版社，1996年，第37～50页。

［2］刘士莪、尹盛平：《微氏家族青铜器群研究》，《西周微氏家族青铜器群研究》，文物出版社，1992年，第9页。

［3］同［1］b，第47页。

［4］王友华：《先秦大型组合编钟研究》，中国艺术研究院博士学位论文，2009年，第104页。

长方形，饰斜角云纹（图1·1·1之3、图3·1·1之3），线条较为流畅，工艺手法为细阳线单勾。该钟侧鼓部没有侧鼓音的标记纹饰。于口有内唇，钟腔内壁没有调音锉磨的痕迹（图3·1·1之5）。该钟通高38.0厘米，重8.0千克[1]。

Ba Ⅱ

Ba Ⅱ斜角云纹的工艺手法为阴线单勾。篆带饰有此式云纹的西周甬钟有如下4例：

例1：虘钟（3件）

目前所知，虘钟著录5件，现存3件，其中2件藏于日本京都泉屋博古馆。一件较大，其侧鼓部饰涡纹，本书称之为虘钟一（图3·1·2之1、2）；一件较小，其侧鼓部饰凤鸟纹，本书称之为虘钟二（图3·1·2之7、8）。另1件于1955年入藏北京故宫博物院，本书称之为虘钟三（图3·1·2之12）。从虘钟一和虘钟三的铭文内容可知，为姜姓纪国之器。

虘钟在不同的文献中有不同的名称，由此可能会给不同研究领域的学者和年轻学子带来一些麻烦。《西周铜器断代》[2]《论应侯视工诸器的时代》[3]《中国青铜器综论》[4]等文献将该钟称为"虘钟"。《商周彝器通考》[5]《中国音乐文物大系·北京卷》[6]等文献将该钟称为"戲钟"。在有些文献当中，对于不同的虘钟有不同的称谓。如日本京都泉屋博古馆所藏的虘钟一（侧鼓部饰涡纹）和虘钟二（侧鼓部饰凤鸟纹），在《颂斋吉金图录·颂斋吉金续录·海外吉金图录》一书中分别被称为"戲钟""戲编钟"[7]，在《西周青铜器分期断代研究》一书中分别被称为"虘钟"[8]"戲钟"[9]，在《中国青铜器综论》一书中分别被称为"虘钟

[1] 方建军：《中国音乐文物大系·陕西卷》，大象出版社，1996年，第178页，表11。
[2] 陈梦家：《西周铜器断代》，中华书局，2004年，目录第3页。
[3] 李学勤：《论应侯视工诸器的时代》，《文物中的古文明》，商务印书馆，2008年，第255页。
[4] 朱凤瀚：《中国青铜器综论》，上海古籍出版社，2009年，第363页。
[5] 容庚：《商周彝器通考》（重印版），上海人民出版社，2008年，第374页。
[6] 袁荃猷：《中国音乐文物大系·北京卷》，大象出版社，1996年，第38页。
[7] 容庚：《颂斋吉金图录·颂斋吉金续录·海外吉金图录》，中华书局，2012年，第814页。
[8] 王世民、陈公柔、张长寿：《西周青铜器分期断代研究》，文物出版社，1999年，第163页。
[9] 同[8]，第173页。

1

图3·1·1之1　篆带饰BaⅠ斜角云纹的西周甬钟

1. 五式兴钟76FZH1:63号（王清雷摄）

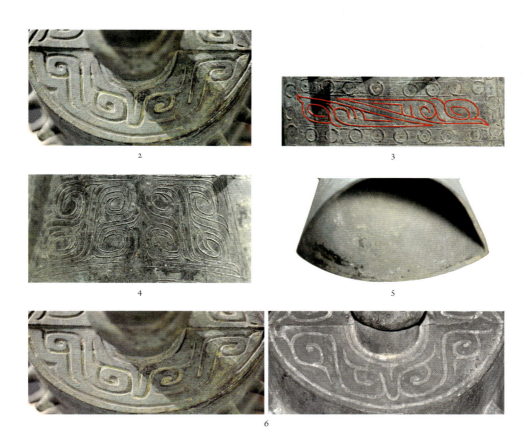

图3·1·1之2～6　篆带饰BaⅠ斜角云纹的西周甬钟

2. 五式兴钟76FZH1:63号舞部（王清雷摄）　3. 五式兴钟76FZH1:63号背面篆带（张玲玲描）　4. 五式兴钟76FZH1:63号正面正鼓部纹饰（王清雷摄）　5. 五式兴钟76FZH1:63号于口（王清雷摄）　6. 五式兴钟之76FZH1:63号（左）、61号（右）舞部纹饰对比图（王清雷摄）

一”“虘钟二”[1]，在《国家图书馆藏陈介祺藏古拓本选编》（青铜器）一书中分别被称为“虘钟”[2]“厘伯钟”[3]，等等。

[1] 朱凤瀚：《中国青铜器综论》，上海古籍出版社，2009年，第363页。
[2] 国家图书馆金石拓片组（编）：《国家图书馆藏陈介祺藏古拓本选编》（青铜器），浙江古籍出版社，2008年，第2页。
[3] 同[2]，第1页。

关于虘钟的时代，学界争议颇大。主要有以下7种观点：

第一，"懿王"说。《试论西周青铜器演变的非均衡性问题》一文对学界诸家关于虘钟时代的不同认知做了详细地梳理，指出陈梦家、唐兰、白川静、刘启益四位先生将虘钟断为西周中期懿王之器。

第二，"孝王前后"说。《西周青铜器分期断代研究》认为虘钟的时代应为西周中期孝王前后[1]。

第三，"懿孝"说。《试论西周青铜器演变的非均衡性问题》一文将虘钟断为西周中期懿孝之器[2]。

第四，"西周中期偏晚"说。《中国青铜器综论》一书认为虘钟的时代应为西周中期偏晚[3]。

第五，"西周中期"说。《中国音乐文物大系·北京卷》一书认为虘钟为西周中期之器[4]。

第六，"厉王早期"说。《论应侯视工诸器的时代》一文认为虘钟为西周晚期厉王早期之器[5]。

第七，"春秋时期"说。《商周彝器通考》一书将虘钟的时代断为春秋时期[6]。

另外，《试论西周青铜器演变的非均衡性问题》一文指出，彭裕商先生将虘钟断为西周中期夷王之器[7]，这似乎是第八种观点。但事实并非如此。经笔者核实该文的注释，即《西周青铜器年代综合研究》一书，发现此说有误。彭裕商先生对于虘钟的断代如是说："以上虘所做钟，器形纹饰均近西周晚期的纪侯钟，'正月初吉丁亥'也常见西周晚期至春秋时期的器铭，其年代应晚于太师虘所作二器。但

［1］王世民、陈公柔、张长寿：《西周青铜器分期断代研究》，文物出版社，1999年，第163页。

［2］张懋镕：《试论西周青铜器演变的非均衡性问题》，《考古学报》2008年第3期，第349页。

［3］朱凤瀚：《中国青铜器综论》，上海古籍出版社，2009年，第363页。

［4］袁荃猷：《中国音乐文物大系·北京卷》，大象出版社，1996年，第38页。

［5］李学勤：《论应侯视工诸器的时代》，《文物中的古文明》，商务印书馆，2008年，第255页。

［6］容庚：《商周彝器通考》（重印版），上海人民出版社，2008年，第374、383页。

［7］同［2］。

从社会地位来看，较早的簋和豆自称太师，而较晚的钟反无官职可称，自称其名，明显是前者[1]地位高，后者地位反低，这不符合一般的规律，所以簋、豆和钟的作者应不是一人，只是名字相同而已。"[2]显然，彭裕商先生认为虘钟铭文中的"虘"与太师虘簋、太师虘豆铭文中的"虘"不是一个人，"其年代应晚于太师虘所作二器"，虘钟自然也就并非西周中期夷王之器了。《试论西周青铜器演变的非均衡性问题》一文之所以误认为彭裕商先生将虘钟断为西周中期夷王之器[3]，是因为彭裕商先生将虘钟与夷王时期的太师虘簋、太师虘豆放在了一起探讨，由此才造成了这种误读。而事实上，彭裕商先生在这里已经明确指出将三者放在一起探讨的原因："传世有虘钟和戱编钟，学者或谓与大师虘为一人，故附于此一并讨论。"[4]从上一段彭裕商先生对虘钟的分析，我们可以明确看出彭裕商先生并没有认为虘钟是西周中期夷王之器，而恰恰是对这种观点持质疑与批驳的态度。

从以上诸家观点来看，就虘钟时代的认知，分歧很大。彭裕商先生指出，虘钟铭文中的"虘"与太师虘簋、太师虘豆铭文中的"虘"不是一个人[5]，故此诸家根据太师虘簋、太师虘豆给虘钟所作之断代则难以成立。从形制、纹饰和铭文的内容与字体特征来看，虘钟一（图3·1·2之1、2）和虘钟二（图3·1·2之7、8）并非同一时代的产物。虘钟一（图3·1·2之1、2）的钲、篆、枚区各部以细双阳线弦纹夹乳丁纹界隔，具有西周早中期的特征；篆带饰斜角云纹（图3·1·2之3），其工艺手法为阴线刻；背面侧鼓部有侧鼓音的标记纹饰涡纹（图3·1·2之5），亦为阴线刻，这些又显示出西周中期偏晚的特点。其钟腔内壁是否有调音未知。综合而论，笔者暂时赞同第二种观点，即"孝王前后"说。虘钟三（北京故宫博物院藏）亦为这一时期之器。关于虘钟二（图3·1·2之7、8）的时代，其鼓部纹饰与陕西眉县杨家村丙组Ⅳ号钟的鼓部纹饰极其相似（图3·1·2之15）：二者侧鼓部所饰凤鸟纹均为勾喙，带有云纹式后垂长冠，鸟尾为剪刀式垂尾；二者的正鼓部纹饰均为工字形云纹。故此，虘

[1] 这里的"前者"是指太师虘簋、太师虘豆铭文中的"虘"，"后者"是指虘钟铭文中的"虘"。
[2] 彭裕商：《西周青铜器年代综合研究》，巴蜀书社，2003年，第356页。
[3] 张懋镕：《试论西周青铜器演变的非均衡性问题》，《考古学报》2008年第3期，第349页。
[4] 同[2]。
[5] 同[2]。

钟二与陕西眉县杨家村丙组Ⅳ号钟应该属于同一时代的产物。关于杨家村丙组Ⅳ号钟的时代，《眉县出土一批西周窖藏青铜乐器》认为："丙组器物从其形制、纹饰看，都与西周晚期出土的钟雷同。"[1] 从杨家村丙组Ⅳ号钟的调音情况（图3·1·3之54）来看，其钟腔内壁有调音槽8条，分别位于两正鼓部、四侧鼓部和两铣角，调音手法较为成熟，当为西周晚期厉王之器。故此，虞钟二的时代亦应为西周晚期厉王之世。另外，康鼎的铭文中有"用乍朕文考釐伯"7字[2]，这7字同样出现在虞钟二的铭文中，故虞钟二应与康鼎为同一时代的器物。《西周青铜器年代综合研究》认为康鼎"年代应在厉世"[3]。这是笔者将虞钟二的时代断为西周晚期厉王之世的另一条理由。

目前所知，虞钟著录5件，现存的3件虞钟分述如下：

虞钟一（图3·1·2之1、2），藏于日本京都泉屋古馆。该钟钟甬已失，现甬为后配。其钲、篆、枚区各部以细双阳线弦纹夹乳丁纹界隔，乳丁较大，分布细密，工艺较为考究。篆带饰斜角云纹（图3·1·2之3），左、右两侧篆带的斜角云纹形态略有不同，其中右侧的更富装饰性。纹饰线条流畅细腻，工艺手法为阴线单勾。正鼓部饰横C形云纹（图3·1·2之4），而不是常见的工字形云纹，非常少见，极具特色。这种横C形云纹的构图为：横C形云纹分为左右两组，每一组有两个横C形云纹，这两个横C形云纹口与口相对，上下叠置。为了适合编钟于口上凹的器型，下方的横C形云纹外侧一端均下垂，可见钟师之匠心。该钟侧鼓部有侧鼓音的标记纹饰，为阴线单勾的涡纹（图3·1·2之5）。涡纹中心有一小实心点，其周围有4条短弧线，呈顺时针方向旋转，简洁大方。在该钟的篆带上方、钲部铸有铭文（图3·1·2之6），共计35字，铭文曰："隹（唯）正月初吉丁亥，虞（䖺）乍（作）宝钟，用追孝于己（纪）白（伯），用享大宗，用浟（乐）好宾，虞（䖺）眔蔡姬永宝，用邵大宗。"[4] 钟腔内壁是否有调音目前并不清楚。从其纹饰特点来看，其铸造时

［1］刘怀君：《眉县出土一批西周窖藏青铜乐器》，《文博》1987年第2期，第23页。

［2］彭裕商：《西周青铜器年代综合研究》，巴蜀书社，2003年，第435页。

［3］同［2］，第435页。

［4］容庚：《颂斋吉金图录·颂斋吉金续录·海外吉金图录》，中华书局，2012年，第814页。

代可能会早于虡钟三。该钟"通高44.9厘米"[1]。

虡钟二（图3·1·2之7、8），藏于日本京都泉屋博古馆。除个别枚残缺外，余部保存完整。其钲、篆、枚区各部以粗阳线弦纹界隔。篆带较窄，饰斜角云纹（图3·1·2之10），线条简练，工艺手法为阴线单勾。正鼓部饰工字形云纹，工艺手法为阴线单勾。背面侧鼓部饰阴线单勾的凤鸟纹（图3·1·2之9），作为侧鼓音的演奏标记。鸟纹为大眼，勾喙，带有云纹式后垂长冠，鸟尾为剪刀式垂尾，爪为3趾。在该钟的右铣、篆带上方、钲间和甬部均铸有铭文（图3·1·2之11），铭文曰："首敢对扬天子丕显休，用乍（作）朕文考釐白（伯）龢林钟，虡罙蔡姬永宝。"[2]钟腔内壁是否有调音目前尚不清楚。该钟"通高25.1厘米"[3]。

虡钟三（图3·1·2之12），传世品，1955年入藏北京故宫博物院。该钟钟甬已失，现甬为后配。钟体多处有砂眼，枚多有缺失。其钲、篆、枚区各部以细双阳线弦纹夹乳丁纹界隔，乳丁很小且分布稀疏，工艺不甚考究。篆带较窄，饰斜角云纹（图3·1·2之13），线条较为生硬，工艺手法为阴线单勾。正鼓部饰工字形云纹。该钟侧鼓部有侧鼓音的标记纹饰涡纹。该钟背面（有斡一面）的钲间、左侧鼓部以及正面的右侧鼓部均有铭文（图3·1·2之14），计35字："唯正月初吉丁亥，虡作宝钟，用追孝于己伯，用享大宗，用添好宾。虡罙蔡姬永宝，用邵大宗。"钟腔内壁是否有调音目前尚不清楚。该钟通高35.7厘米[4]。

需要指出的是，以上3件虡钟的铭文中均有"罙蔡姬永宝"这5个字，但器主却不完全相同。虡钟一和虡钟三是"虡"，虡钟二是"虡"；前两钟均将该钟称为"宝钟"，虡钟二却将该钟称为"龢林钟"；铭文的字体也不相同，有的字甚至差异很大。故此，虡钟一和虡钟三中的"虡"与虡钟二中的"虡"应该并非同一人。本书权且沿用学界惯例，将三钟放在一起研究。

这里需要指出一处错误。《西周青铜器分期断代研究》一书认为虡钟二[5]的

---

［1］王世民、陈公柔、张长寿：《西周青铜器分期断代研究》，文物出版社，1999年，第163页。

［2］容庚：《颂斋吉金图录·颂斋吉金续录·海外吉金图录》，中华书局，2012年，第814页。

［3］同［1］，第173页。

［4］袁荃猷：《中国音乐文物大系·北京卷》，大象出版社，1996年，第38页。

［5］虡钟二在《西周青铜器分期断代研究》一书中戏叡虡称"叡钟"。

篆带饰"斜角龙纹"[1]。经笔者核验该钟的图片（图3·1·2之10），可知其篆带饰斜角云纹，并非是斜角龙纹。该书作者清楚地明白斜角龙纹与斜角云纹的区别，故此论误应为该书所附图片[2]模糊不清所致。

例2：纪侯钟

纪侯钟（图3·1·2之16、18），于"乾隆年间山东寿光县人得于纪侯台下"[3]，为姜姓纪国之器。

关于纪侯钟的时代，学界尚有分歧。具体如下：

第一，"西周晚期"说。《西周青铜器年代综合研究》一书指出：纪侯钟"篆间饰斜角卷云纹，隧部饰方形卷云纹，其器形、纹饰雷同晋侯苏钟、虩钟等，铭文字体也晚，应为西周晚期器。"[4]

第二，"西周后期"说。《殷周青铜器通论》认为纪侯钟属于西周后期之器[5]。《中国音乐文物大系·山东卷》亦持此说[6]。

第三，"懿孝"说。《西周铜器断代》一书认为："此钟形制花纹，和虖钟、遅父钟、鲜钟相同，应是懿、孝时器。"[7]

从纪侯钟的纹饰和铭文风格来看，具有西周晚期的特点。尤其是其侧鼓部所饰凤鸟纹（图3·1·2之23），与虖钟二（图3·1·2之9）、陕西眉县杨家村丙组Ⅳ号钟所饰凤鸟纹（图3·1·2之53）非常相似。故此笔者推测其为西周晚期厉王前后之器，也可能早至西周中期夷王之世。

纪侯钟（3·1·2之16～19）保存完好。旋、斡俱全，其特殊之处在于斡上套有一环，此环曾将王引之等古代学者引入旋斡之辨的歧途[8]。该钟的斡饰牛首纹

［1］王世民、陈公柔、张长寿：《西周青铜器分期断代研究》，文物出版社，1999年，第173页。

［2］同［1］，图"钟14虩钟"。

［3］容庚：《商周彝器通考》（重印版），上海人民出版社，2008年，第374页。

［4］彭裕商：《西周青铜器年代综合研究》，巴蜀书社，2003年，第498页。

［5］容庚、张维持：《殷周青铜器通论》，文物出版社，1984年，第75页。

［6］周昌富、温增源：《中国音乐文物大系·山东卷》，大象出版社，2001年，第80页。

［7］陈梦家：《西周铜器断代》，中华书局，2004年，第228页。

［8］a.王引之：《钟悬谓之旋旋虫谓之斡》（附纪侯钟图），《经义述闻》（上），上海书店出版社，2012年，第237、238页。《经义述闻》（卷九），嘉庆二十二年刻本。b.王清雷：《"旋""斡"名实考》，《音乐探索》2021年第3期。

（3·1·2之21），与湖北宜昌万福垴2012YWTN03E20:7号钟的牛首纹斡相似[1]，极富特色，值得学界关注。其钲、篆、枚区各部以粗阳线弦纹界隔。篆带较窄，饰斜角云纹（图3·1·2之20），线条简洁，工艺手法为阴线单勾。正鼓部纹饰为螺旋形云纹（3·1·2之22），非常少见。这种螺旋形云纹分为左右两个单元，每个单元是一个适合纹样，二者呈轴对称关系。每个适合纹样均由4个螺旋形云纹两两叠置而成，叠置的位置线条重合，极富特色。背面（有斡一面）侧鼓部饰阴线单勾的凤鸟纹（3·1·2之23），作为侧鼓音的演奏标记。鸟纹为小眼，长勾喙，头上有云纹式后垂长冠，鸟尾为剪刀式垂尾，爪简化为1趾。该钟正面（无斡一面）的左侧鼓部铸有铭文（3·1·2之24），计6字："己侯两虎 作宝钟。"[2]钟腔内壁是否有调音目前尚不清楚。通高约26.7厘米[3]。

这里需要指出两处谬误，详见如下：

第一，《中国音乐文物大系·山东卷》认为纪侯钟的篆带饰"双头龙纹"[4]。从纪侯钟的篆带图片（3·1·2之20）可以清楚地看出，该纹饰为斜角云纹，而非"双头龙纹"。

第二，《先秦乐钟之研究》一书指出："《殷周青铜器通论》著录有'纪侯钟'一件，斡上有环，其鼓右鸟纹铸于无斡之一面，极为特殊。"[5]那么事实果真是"极为特殊"吗？从纪侯钟无斡一面（正面）的拓片（3·1·2之19）上，我们可以清楚地看到其右侧鼓部并没有凤鸟纹。我们再看纪侯钟有斡一面（背面）的拓片（3·1·2之17），可以清楚地看到凤鸟纹是装饰在有斡这面（背面）的右侧鼓部，符合常制，并没有特殊之处。所以，《先秦乐钟之研究》一书所谓纪侯钟"其鼓右鸟纹铸于无斡之一面"是错误的，所谓的"极为特殊"并不存在。

[1] 湖北省文物考古研究所、武汉大学历史学院考古系、宜昌博物馆：《湖北宜昌万福垴遗址发掘简报》，《江汉考古》2016年第4期，第30页。

[2] 容庚、张维持：《殷周青铜器通论》，文物出版社，1984年，第75页；b.容庚：《颂斋吉金图录·颂斋吉金续录·海外吉金图录》，中华书局，2012年，第808页。

[3] 同[2]a。

[4] 周昌富、温增源：《中国音乐文物大系·山东卷》，大象出版社，2001年，第80页。

[5] 朱文玮、吕琪昌：《先秦乐钟之研究》，台湾南天书局，1994年，第75页。

例3：陕西扶风东渠钟（七八·909号）

1978年12月，陕西省扶风县"上宋公社东渠村在村东北的坡地平地时，从一灰窖中发现一大陶三足器，内装铜甬钟一件"[1]，出土号为七八·909号。《中国上古出土乐器综论》认为该钟的出土号应为"七八·908号"，并在该书注释中解释说"发表时908误为909"[2]。由于该书没有说明此信息的详细出处，故笔者暂不采纳此说，仍然采用罗西章所著《扶风出土的商周青铜器》一文发表的出土号。

关于该钟的时代，主要有2种观点，具体如下：

第一，"西周中晚期"说。《扶风出土的商周青铜器》一文认为："从形制、纹饰看此钟应是西周中晚期之物"[3]。《中国上古出土乐器综论》一书亦持此说[4]。

第二，"西周中期"说。《中国音乐文物大系·陕西卷》一书认为该钟的时代为西周中期[5]。

从该钟的纹饰来看，其应为西周中期之器；再结合该钟的调音情况（图3·1·2之28）来看，还可更为具体。该钟钟腔内壁有4条调音槽，可以断定其不是西周中期前段之器。4条调音槽均延及于口，且位于4个侧鼓部，而两个正鼓部和两个铣角均没有调音槽，可见其还没有进入"一钟双音"的成熟阶段。故此，笔者认为东渠钟（七八·909号）应为西周中期晚段夷王之器。

东渠钟（七八·909号）（图3·1·2之25）保存完整。绹纹斡。其钲、篆、枚区各部以细双阳线弦纹夹乳丁纹界隔，乳丁分布非常稀疏，工艺不甚考究。篆带饰斜角云纹（图3·1·2之27），线条简单，工艺手法为阴线单勾。背面（有斡一面）侧鼓部饰阴线单勾的凤鸟纹，作为侧鼓音的演奏标记。钲部有族徽符号，与七式兴钟（2件，76FZH1:59、67号）（图2·1·6之4、5）的钲部族徽符号有相似之处（图3·1·2之26），由此可知其为殷遗民之器，值得关注。该钟的详细调音情况（图3·1·2

[1] 罗西章：《扶风出土的商周青铜器》，《考古与文物》1980年第4期，第19页。

[2] 李纯一：《中国上古出土乐器综论》，文物出版社，1996年，第192页。

[3] 同[1]。

[4] 同[2]，第92页。

[5] 方建军：《中国音乐文物大系·陕西卷》，大象出版社，1996年，第74页。

之28）为：钟腔内壁有4条调音槽，位于4个侧鼓部，均延及于口，其他部位没有调音。该钟通高26.9厘米，重2.9千克[1]。

这里需要指出一处谬误。《扶风出土的商周青铜器》一文指出，东渠钟"钲间有图形文字。此铭与庄白西周微史族窖藏铜器中的76FZH9号钟铭文相似。"[2]这里说的"图形文字"就是指钲部的族徽符号。经笔者查阅《西周微氏家族青铜器群研究》一书发现，该文关于庄白西周微氏家族窖藏兴钟的出土号记述不完整，"76FZH9号钟"应该是"76FZH1:9号钟"。但笔者核对76FZH1:9号钟的文字[3]和图片[4]，并没有发现该钟的钲部有族徽符号。由此可见，《扶风出土的商周青铜器》一文所言东渠钟钲部的族徽符号"与庄白西周微史族窖藏铜器中的76FZH9号钟铭文相似"[5]，是与事实不符的。经笔者逐一核验庄白西周微氏家族窖藏21件兴钟的资料，最后确认钲部有族徽的是76FZH1:59、67号两钟。在《西周微氏家族青铜器群研究》一书中被称为"云纹编钟"[6]，其"钲间铸图形文字二……图形文字"[7]；笔者再核对2件钟的图片[8]，确实如此（图3·1·2之26）。

例4：三式兴钟（2件，76FZH1:62、65号）

1976年12月，出土于陕西扶风庄白一号窖藏，系白家生产队在平整土地时发现。窖藏出土青铜器属于殷遗民子姓微氏家族[9]。窖藏内器物放置有序，未被盗掘，出土编甬钟共计21件，其中有铭兴钟14件，无铭兴钟7件[10]。篆带饰BaⅡ斜角云纹的为三式兴钟（2件，76FZH1:62、65号），属于有铭兴钟。

---

[1] 方建军：《中国音乐文物大系·陕西卷》，大象出版社，1996年，第74页。
[2] 罗西章：《扶风出土的商周青铜器》，《考古与文物》1980年第4期，第19页。
[3] 陕西周原考古队、尹盛平：《西周微氏家族青铜器群研究》，文物出版社，1992年，第37、38页。
[4] 同[3]，第426页，图八一。
[5] 同[2]。
[6] 同[3]，第35页。
[7] 同[3]，第37页。
[8] 同[3]，第424页，图七四、七五。
[9] 李学勤：《西周中期青铜器的重要标尺——周原庄白、强家两处青铜器窖藏的综合研究》，《中国历史博物馆馆刊》1979年第1期，第30页。
[10] a.陕西周原考古队：《陕西扶风庄白一号西周青铜器窖藏发掘简报》，《文物》1978年第3期，第1、6、7页。b.方建军：《中国音乐文物大系·陕西卷》，大象出版社，1996年，第37～50页。

关于三式兴钟（2件，76FZH1:62、65号）的时代，目前学界主要有4种观点：

第一，"西周中期"说。《中国音乐文物大系·陕西卷》认为三式兴钟（2件，76FZH1:62、65号）的时代为西周中期[1]。笔者认为此说值得商榷。笔者考察过14件有铭兴钟的调音情况，发现其中三式兴钟（2件，76FZH1:62、65号）的调音与二式晋侯苏钟（73631～73640号，M8:32、33号）类似，而二式晋侯苏钟属于西周晚期厉王后段之器。由此判断，三式兴钟（2件，76FZH1:62、65号）应已进入西周晚期厉王之世，故"西周中期"说并不妥当。

第二，"厉王时期"说。《西周青铜器年代综合研究》认为兴钟为西周晚期厉王时遗物[2]。该书认为："兴钟大致可分三式。一式钟和二式钟器形纹饰都分别接近晋侯苏编钟的两种形式。三式钟篆间饰顾首龙纹，同厉王时的𪾔钟、师丞钟等。其铭文措辞也有晚期特征，如一式钟的'昭各喜侃乐前文人'，类同的说法基本上见于厉世器，如师丞钟、井人佞钟、兮仲钟、梁其钟、昊生钟等，二式钟的尹氏是晚期器常见的，其字体风格也近厉王时的𪾔钟、𪾔簋、师丞钟等。由以上各方面来看，除兴盨而外，其他兴器应大致是厉王时的遗物。"[3]《应侯钟的音列结构及有关问题》一文认为"陕西扶风庄白一号青铜器窖藏出土兴钟14件，时代属西周厉王时期。"[4]应该说，仅就三式兴钟（2件，76FZH1:62、65号）的时代而言，这种观点是妥当的。但是对于其他兴钟而言，"厉王时期"说就不合适了，有些兴钟为西周中期孝王之器，有些兴钟为西周中期夷王之器。

第三，"孝夷"说。《微氏家族铜器断代》认为："兴钟的时代为孝夷之间。"[5]这里的兴钟指的是14件有铭兴钟。《中国青铜器综论》一书亦认为14件有铭兴钟的时代为西周中期孝夷时期[6]。其中自然包括三式兴钟（2件，

［1］方建军：《中国音乐文物大系·陕西卷》，大象出版社，1996年，第41页。

［2］彭裕商：《西周青铜器年代综合研究》，巴蜀书社，2003年，第406页。

［3］同［2］。

［4］方建军：《应侯钟的音列结构及有关问题》，《音乐研究》2011年第6期，第46页。

［5］刘士莪、尹盛平：《微氏家族铜器断代》，《西周微氏家族青铜器群研究》，文物出版社，1992年，第93页。

［6］朱凤瀚：《中国青铜器综论》，上海古籍出版社，2009年，第355页。

76FZH1:62、65号）。笔者亲自考察过14件有铭兴钟的调音情况，发现其中三式兴钟（2件，76FZH1:62、65号）的调音与二式晋侯苏钟（73631～73640号，M8:32、33号）类似，而二式晋侯苏钟属于西周晚期厉王后段之器。由此判断，三式兴钟（2件，76FZH1:62、65号）应该已进入西周晚期厉王之世，突破了"孝夷"说的下限，故此说并不妥当。

第四，"孝夷以至厉王前半"说。李学勤先生在1979年发表的《西周中期青铜器的重要标尺——周原庄白、强家两处青铜器窖藏的综合研究》一文认为，14件有铭兴钟的时代为西周中期孝夷时期[1]。对于当初这种观点，李学勤先生于2006年在《庄白兴器的再考察》一文中做了修订。李先生说："当时我写有小文《西周中期青铜器的重要标尺》，就有关问题试做探讨。现在看来，文中有些地方已需补充修正。"[2]《庄白兴器的再考察》一文通过对微氏家族第七世兴的青铜器的系统研究，认为"兴的年代是在孝夷以至厉王前半，他的器铭与一些肯定属这个时期的器物联系，在分期研究上是特别有意义的。"[3]按照这种观点，14件有铭兴钟中，有的会早至西周中期孝王时期，有的会晚至西周晚期厉王前段。那么哪些兴钟属于西周中期孝王之器？哪些兴钟属于西周中期夷王之器？哪些兴钟又属于西周晚期厉王前段之器？目前，从钟铭中已无法获知答案。与编钟的铭文相比，其调音更具有鲜明的时代特征，可以将14件兴钟的断代加以细化。从这套编钟的调音情况来看，14件有铭兴钟并非同一时代的产物。其中，三式兴钟（2件，76FZH1:62、65号）的调音与二式晋侯苏钟（73631～73640号，M8:32、33号）类似，而二式晋侯苏钟属于西周晚期厉王后段之器。由此判断，三式兴钟（2件，76FZH1:62、65号）应已进入西周晚期厉王之世，恰好处于"孝夷以至厉王前半"的下限，即厉王前段。

---

[1] 李学勤：《西周中期青铜器的重要标尺——周原庄白、强家两处青铜器窖藏的综合研究》，《中国历史博物馆馆刊》1979年第1期，第35页。

[2] a. 李学勤：《庄白兴器的再考察》，《华学》（第八辑），紫禁城出版社，2006年，第21页。b. 李学勤：《庄白兴器的再考察》，《文物中的古文明》，商务印书馆，2008年，第258页。

[3] a. 同[2]a，第25页。b. 同[2]b，第263页。

同时，李学勤先生关于14件有铭兴钟为"孝夷以至厉王前半"[1]说，也解决了当初笔者一直纠结的一个问题。当初，笔者赞同《微氏家族铜器断代》和《中国青铜器综论》两部文献的观点，认为14件兴钟的时代为西周中期孝夷时期[2]。但是从14件有铭兴钟调音情况所彰显出来的时代特征，并不能与西周中期孝夷时期的断代完全契合，如三式兴钟（2件，76FZH1:62、65号），其调音槽的形态规范，与二式晋侯苏钟（73631～73640号，M8:32、33号）相比具有诸多的相似性，显示其已进入"一钟双音"的成熟阶段。故此，应将三式兴钟（2件，76FZH1:62、65号）断为西周晚期厉王之器，但这显然已突破《微氏家族铜器断代》和《中国青铜器综论》两部文献所作断代"孝夷时期"的下限。对此，应该作何解释？笔者很是纠结。应该说，不同诸侯国的钟师在同一历史时期，其调音技术应存在着高低之分。那是不是微伯兴的钟师调音技术高超，领先于时代，在夷王时期就已掌握了晋国钟师在厉王时期才掌握的调音技术呢？如果这种假设属实，那么将具有厉王时期调音特征的三式兴钟（2件，76FZH1:62、65号）断为西周中期夷王之世是可行的。但假设毕竟是假设，这一问题一直令笔者十分纠结。直到笔者阅读了李学勤先生的《庄白兴器的再考察》一文，得知"兴的年代是在孝夷以至厉王前半"[3]这一新观点时，笔者才大胆地将三式兴钟（2件，76FZH1:62、65号）断为西周晚期厉王前段之器。

三式兴钟76FZH1:62号（图3·1·2之29、32），保存完好。甬封衡，近方形斡。其钲、篆、枚区各部以粗阳线弦纹界隔。背面有3方篆带饰斜角云纹（图3·1·2之31），线条简略，工艺手法为阴线单勾。还有1方篆带饰横S形窃曲纹，工艺手法为阳刻平雕加阴线刻；如果未经仔细辨认，会误以为其是斜角云纹或者横S形云纹，辨识的关键点在于要分清阴纹是纹饰还是阳纹是纹饰。背面钲部有铭文10字（图3·1·2之30）。正鼓部饰一对鸟体龙纹（图3·1·2之34），二者呈镜面对称关系。侧鼓

［1］a. 李学勤：《庄白兴器的再考察》，《华学》（第八辑），紫禁城出版社，2006年，第25页。b. 李学勤：《庄白兴器的再考察》，《文物中的古文明》，商务印书馆，2008年，第263页。

［2］a. 刘士莪、尹盛平：《微氏家族铜器断代》，《西周微氏家族青铜器群研究》，文物出版社，1992年，第93页。b. 朱凤瀚：《中国青铜器综论》，上海古籍出版社，2009年，第355页。

［3］a. 同［1］a。b. 同［1］b。

部饰一只较大的鸟体龙纹（图3·1·2之33），作为侧鼓音的演奏标记。该钟的调音情况为（图3·1·2之35）：于口有内唇，可见有较深的锉磨弧形缺口。钟腔内壁有3条调音槽，形态规范。其中，正面的正鼓部与一个侧鼓部有调音槽，正鼓部调音槽从于口开始，较深、较宽、较长；侧鼓部的调音槽较浅、较窄、稍短；另一个侧鼓部没有调音槽。背面仅正鼓部有调音槽，较深、较宽、较长。两铣角均没有调音槽，也没有任何调音锉磨的痕迹。该钟通高28.8厘米，重5.6千克[1]。

三式兴钟76FZH1:65号（图3·1·2之36、40），保存完好。甬封衡，近方形斡。其钲、篆、枚区各部以粗阳线弦纹界隔。正背两面篆带的纹饰不同，正面纹饰精细，背面纹饰粗糙简约。背面4方篆带的纹饰不同（图3·1·2之38）：右侧2方篆带饰斜角云纹，线条简略，工艺手法为阴线单勾；左侧2方篆带饰两头龙纹，局部线条粘连，工艺手法为阳刻平雕加阴线刻。背面钲部有铭文8字（图3·1·2之37）。正鼓部饰一对鸟体龙纹（图3·1·2之39），二者呈镜面对称关系。侧鼓部饰一只较大的鸟体龙纹，作为侧鼓音的演奏标记。该钟的调音情况为（图3·1·2之41）：于口有内唇，可见弧形锉磨缺口。钟腔内壁上有5条调音槽，形态规范。其中，正面仅一个侧鼓部有较浅、较窄、较短的调音槽，距离舞底约5厘米；正鼓部和另一个侧鼓部没有调音槽。背面的正鼓部和一个侧鼓部均有调音槽，其中正鼓部的调音槽较深、较宽，延及内唇，在内唇上留下一个弧形缺口；一个侧鼓部的调音槽较浅、较窄；另一个侧鼓部没有调音槽。两个铣角都有较深、较宽的调音槽。该钟通高24.1厘米，重4.1千克[2]。

这里需要指出一处谬误。《中国音乐文物大系·陕西卷》认为三式兴钟（2件，76FZH1:62、65号）篆带纹饰"与H1:16相同"[3]。经笔者核验76FZH1:16号兴钟的篆带纹样（图3·1·2之42），发现其4方篆带均饰两头龙纹，与三式兴钟（2件，76FZH1:62、65号）的篆带纹饰（图3·1·2之31、38）并不相同，请学界使用该资料时注意这一讹误。

---

[1] 方建军：《中国音乐文物大系·陕西卷》，大象出版社，1996年，第178页，表9。
[2] 同[1]。
[3] 同[1]，第42页。

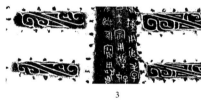

图3·1·2之1～6　篆带饰BaⅡ斜角云纹的西周甬钟

1.虡钟一[1]　2.虡钟一拓片[2]　3.虡钟一篆带纹饰拓片[3]　4.虡钟一正鼓部纹饰拓片[4]　5.虡钟一侧鼓部纹饰拓片[5]　6.虡钟一铭文拓片[6]

[1]［日］朝日新闻社　大田信男：《东洋美术》（第五卷·铜器），昭和四十三年（1968年），第80页。该书将此钟称为"西周雷文钟"。

[2] http：//www.360doc.com/content/18/0328/16/46962302_741008497.shtml.

[3] 王清雷裁剪自"2.虡钟一拓片"。

[4] 同［3］。

[5] 国家图书馆金石拓片组：《国家图书馆藏陈介祺藏古拓本选编》（青铜器），浙江古籍出版社，2008年，第2页。"5.虡钟一侧鼓部纹饰拓片"由王清雷裁剪自第2页图片。

[6] 王清雷裁剪自"2.虡钟一拓片"，然后拼接而成。

a 篆带上方铭文　　b 钲部铭文

6

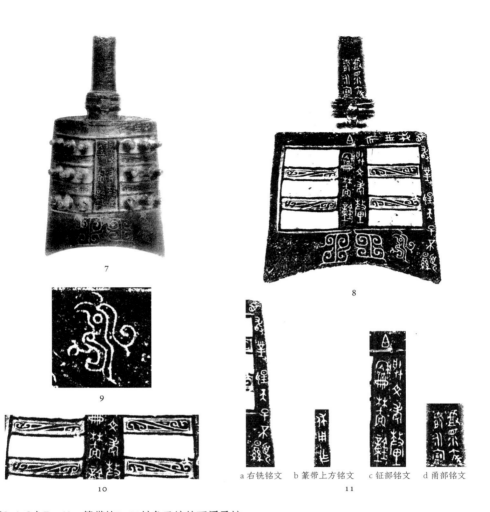

7

8

9

10

a 右铣铭文　b 篆带上方铭文　c 钲部铭文　d 甬部铭文

11

图3·1·2之7～11　篆带饰BaⅡ斜角云纹的西周甬钟

7. 虘钟二[1]　8. 虘钟二拓片[2]　9. 虘钟二侧鼓部纹饰拓片[3]　10. 虘钟二篆带纹饰拓片[4]　11. 虘钟二铭文拓片[5]

［1］容庚：《颂斋吉金图录·颂斋吉金续录·海外吉金图录》，中华书局，2012年，第719页。

［2］国家图书馆金石拓片组（编）：《国家图书馆藏陈介祺藏古拓本选编》（青铜器），浙江古籍出版社，2008年，第1页。该书将此钟称为"厘伯钟"。

［3］同［2］，"9. 虘钟二侧鼓部纹饰拓片"由王清雷裁剪自第1页的"厘伯钟"拓片。

［4］同［2］，"10. 虘钟二篆带纹饰拓片"由王清雷裁剪自第1页的"厘伯钟"拓片。

［5］同［2］，"11. 虘钟二铭文拓片"由王清雷裁剪自第1页的"厘伯钟"拓片，然后拼接而成。

13

a 背面钲部铭文　　　b 背面左侧鼓部铭文　　　c 正面右侧鼓部铭文

12

14

图3·1·2之12～15　篆带饰BaⅡ斜角云纹的西周甬钟

12. 虘钟三[1]　13. 虘钟三篆带纹饰[2]　14. 虘钟三铭文拓片[3]　15. 虘钟二鼓部纹饰（上）与眉县杨家村丙组Ⅳ号钟鼓部纹饰（下）对比图[4]

[1] 袁荃猷：《中国音乐文物大系·北京卷》，大象出版社，1996年，第38页，图1·5·2a。

[2] 同[1]，"13. 虘钟三篆带纹饰"由王清雷裁剪自图1·5·2a

[3] 同[1]，图1·5·2c、d、e，由王清雷拼接制图。

[4] 由王清雷裁剪拼接。图中上方图片取自本书图3·1·2之8，图中下方图片取自本书图3·1·3之53。

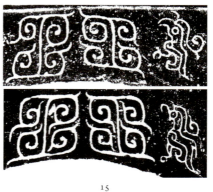

15

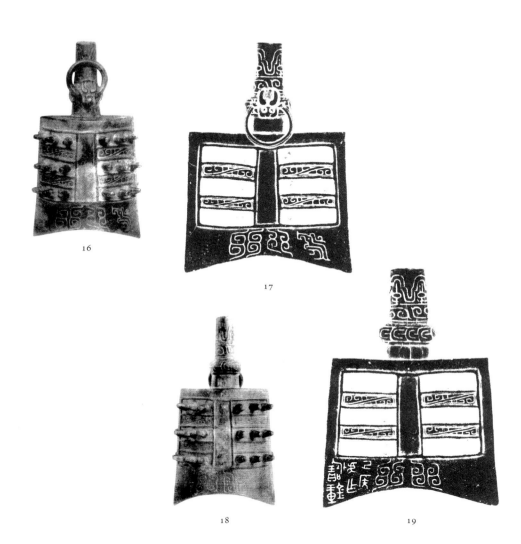

图3·1·2之16～19　篆带饰Ba II 斜角云纹的西周甬钟

16. 纪侯钟背面[1]　17. 纪侯钟背面拓片[2]　18. 纪侯钟正面[3]　19. 纪侯钟正面拓片[4]

[1]　容庚：《颂斋吉金图录·颂斋吉金续录·海外吉金图录》，中华书局，2012 年，第 703 页。

[2]　国家图书馆金石拓片组（编）：《国家图书馆藏陈介祺藏古拓本选编》（青铜器），浙江古籍出
　　　版社，2008 年，第 10 页，右图。该书将此钟称为"己（纪）侯虎钟"。

[3]　同[1]，第 701 页。

[4]　同[2]，左图。

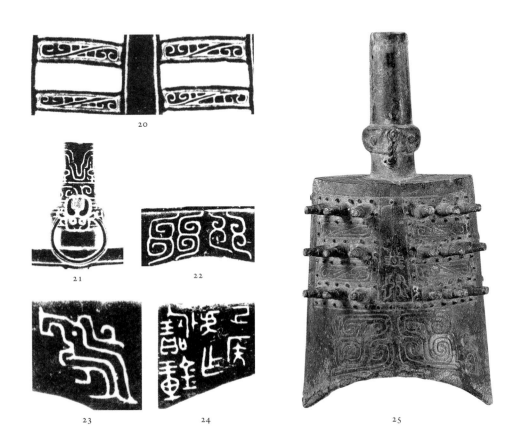

图3·1·2之20～25　篆带饰Ba II 斜角云纹的西周甬钟

20. 纪侯钟背面篆带纹饰拓片[1]　21．纪侯钟旋斡拓片[2]　22.纪侯钟背面正鼓部纹饰拓片[3]　23.纪侯钟背面侧鼓部纹饰拓片[4]　24.纪侯钟正面左侧鼓部铭文拓片[5]　25.陕西扶风东渠钟[6]

[1] 国家图书馆金石拓片组：《国家图书馆藏陈介祺藏古拓本选编》（青铜器），浙江古籍出版社，2008年，第10页，右图。该书将此钟称为"己（纪）侯虎钟"。"20.纪侯钟背面篆带纹饰拓片"由王清雷剪裁自该页右图。

[2] 同[1]，"21.纪侯钟旋斡拓片"由王清雷剪裁自该页右图。

[3] 同[1]，"22.纪侯钟背面正鼓部纹饰拓片"由王清雷剪裁自该页右图。

[4] 容庚：《颂斋吉金图录·颂斋吉金续录·海外吉金图录》，中华书局，2012年，第704页，下图。

[5] 同[3]，上图。

[6] 方建军：《中国音乐文物大系·陕西卷》，大象出版社，1996年，第74页，图1·5·28a。

26

27

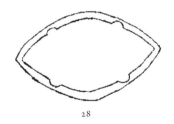

28

29

图3·1·2之26～30　篆带饰BaⅡ斜角云纹的西周甬钟

26. 扶风东渠钟钲部族徽[1]（左）与七式兴钟钲部族徽（王清雷摄）
（右）对比图（王清雷制图）　27.陕西扶风东渠钟背面篆带纹饰[2]　28.陕西
扶风东渠钟于口线图[3]　29.三式兴钟76FZH1:62号（王清雷摄）　30.三
式兴钟76FZH1:62号钲部铭文（王清雷摄）

30

[1] 方建军：《中国音乐文物大系·陕西卷》，大象出版社，1996年，
　　第74页，图1·5·28c。
[2] 同［1］，图1·5·28a。"27.陕西扶风东渠钟背面篆带纹饰"由王
　　清雷剪裁自"图1·5·28a"。
[3] 李纯一：《中国上古出土乐器综论》，文物出版社，1996年，第191
　　页，图一一七之2。

31

33

32

34

35

36

图3·1·2之31～36　篆带饰BaⅡ斜角云纹的西周甬钟

31. 三式兴钟76FZH1:62号篆带纹饰（王清雷摄）　32. 三式兴钟76FZH1:62号舞部（王清雷摄）　33. 三式兴钟76FZH1:62号侧鼓部纹饰（王清雷摄）　34. 三式兴钟76FZH1:62号正鼓部纹饰（王清雷摄）　35. 三式兴钟76FZH1:62号于口（王清雷摄）　36. 三式兴钟76FZH1:65号（王清雷摄）

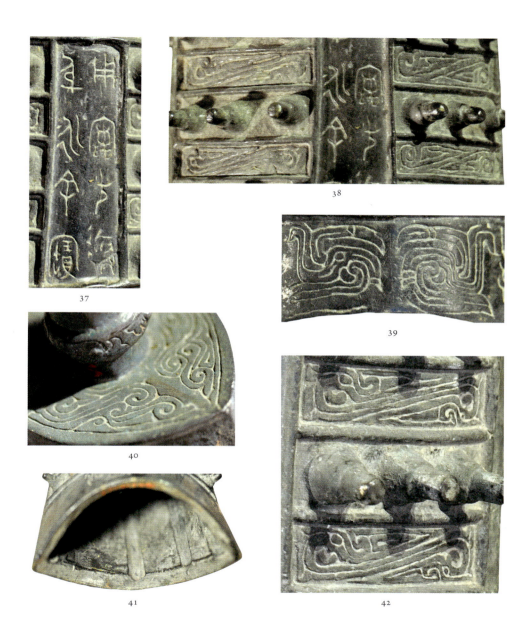

图3·1·2之37～42　篆带饰BaⅡ斜角云纹的西周甬钟

37. 三式兴钟76FZH1:65号钲部铭文（王清雷摄）　38. 三式兴钟76FZH1:65号篆带纹饰（王清雷摄）　39. 三式兴钟76FZH1:65号正鼓部纹饰（王清雷摄）　40. 三式兴钟76FZH1:65号舞部纹饰（王清雷摄）　41. 三式兴钟76FZH1:65号于口（王清雷摄）　42. 三式兴钟76FZH1:16号篆带纹饰（王清雷摄）

（二） Bb 亚型（横 C 形云纹）

根据纹饰的形态特征，笔者将Bb亚型（横C形云纹）分为两式：BbⅠ（篆带边框不饰歧枝）、BbⅡ（篆带边框饰有歧枝）。

BbⅠ

饰BbⅠ横C形云纹的篆带上下边框没有装饰歧枝。篆带饰有此式云纹的西周甬钟主要有如下5例：

例1：湖北宜昌万福垴2012YWTN03E20:4号钟

2012年6月，出土于湖北宜昌市白洋工业园沙湾路万福垴楚文化西周遗址，属于楚国公室青铜器[1]。编钟共计12件（图2·1·5之10），其中篆带饰BbⅠ横C形云纹的有1件，即万福垴2012YWTN03E20:4号钟。

关于万福垴2012YWTN03E20:4号钟的时代，学界争议较大，主要有以下3种观点：

第一，"共王"说。在《楚季编钟及其他新见楚铭铜器研究》一文中，刘彬徽先生将万福垴编钟分为三式，"Ⅰ式为刻有'楚季'铭文的甬钟；Ⅱ式为有小乳丁界栏的甬钟；Ⅲ式为无小乳丁而有圈点纹界栏的甬钟。"[2]万福垴2012YWTN03E20:4号钟属于该文所言的Ⅰ式钟，其钲、篆、枚区各部以阴线界隔。该文指出："《万福垴钟》的Ⅱ式对应于《断代》[3]的Ⅰ型，Ⅲ式对应于Ⅱ型，Ⅰ式对应于Ⅲ型。"该文对《断代》Ⅲ型钟的时代进行了论证："《断代》的Ⅲ型钟一为陕西扶风庄白1号青铜器窖藏出土。二为山西曲沃晋侯墓地M8盗掘出土的晋侯稣钟丙型钟，和《万福垴钟》Ⅰ式对应，其正鼓部纹样相同。晋侯稣钟有錾刻的长篇铭文，铭文内容表明为西周晚期周厉王时之器，但从晋侯稣钟甲乙丙三型钟的铸制年代看都要早于周厉王。音乐学研究专家王子初认为其甲乙型钟年代为

---

[1] 黄文新、赵芳超：《湖北宜昌万福垴遗址出土甬钟年代及相关问题研究》，《江汉考古》2016年第4期，第64页。

[2] 刘彬徽：《楚季编钟及其他新见楚铭铜器研究》，《湖南省博物馆馆刊》（第九辑），岳麓书社，2013年，第198页。

[3]《断代》指的是《西周青铜器分期断代研究》（王世民等著）。

'西周初期'，其丙型钟年代'推前至恭王时期是有一定理由的'。恭王时期的相对年代为西周中期前段，这同样是《万福垴钟》Ⅰ式的年代。"[1]按照此说，万福垴2012YWTN03E20∶4号钟的时代即为西周中期恭王时期。

笔者认为此说值得商榷。王子初先生之所以将该文所言的晋侯苏"丙型钟"断为西周中期共王时期，是因为他认为晋侯苏"丙型钟"与应侯视工钟属于同一时代的产物。他认为应侯视工钟为西周中期共王之器，那么晋侯苏"丙型钟"也当为西周中期共王之器[2]。但问题是，应侯视工钟为西周中期共王之器的观点是1975年由韧松、樊维岳先生提出的[3]，近20年已受到学界的质疑，并对其断代提出了新的见解。2001年，王世民先生指出其时代应为西周中期孝、夷之世[4]。其后，王龙正等先生[5]、娄金山等先生[6]发文赞同王世民先生的观点。除了西周中期孝、夷之世的观点外，还有西周晚期厉王说。李学勤先生通过对西周一些有铭青铜器的类型学研究，同时结合应侯视工钟的铭文释读，认为应侯视工钟的时代应为"厉王的早年"[7]。彭裕商[8]、方建军[9]等先生亦持此说。笔者亦赞同李学勤先生所言的厉王说。从以上诸家之最新研究可知，应侯视工钟并非西周中期共王之器。既然如此，王子初先生按照旧说，即应侯视工钟为西周中期共王之器，而将"晋侯苏Ⅲ式钟"断为西周中期共王之器的观点，也就难以成立。既然王子初先生的断代不能成立，那么《楚季编钟及其他新见楚铭铜器研究》一文据此将"《万福垴钟》Ⅰ式钟"断为西周中期共王时期的观点也同样不能成立。

第二，"西周中期晚段"说。在《湖北宜昌万福垴遗址出土甬钟年代及相关问

［1］刘彬徽：《楚季编钟及其他新见楚铭铜器研究》，《湖南省博物馆馆刊》（第九辑），岳麓书社，2013年，第199页。

［2］王子初：《晋侯苏钟的音乐学研究》，《文物》1998年第5期，第26页。

［3］韧松、樊维岳：《记陕西蓝田县新出土的应侯钟》，《文物》1975年第10期，第69页。

［4］王世民：《应侯见工钟的组合与年代》，《保利藏金（续）》，岭南美术出版社，2001年，第256、257页。

［5］王龙正、刘晓红、曹国朋：《新见应侯见工簋铭文考释》，《中原文物》2009年第5期，第57页。

［6］娄金山、马新民、祝容：《应侯见工诸器年代略考》，《中原文物》2012年第5期，第18页。

［7］李学勤：《论应视工诸器的时代》，《文物中的古文明》，商务印书馆，2008年，第255页。

［8］彭裕商：《西周青铜器年代综合研究》，巴蜀书社，2003年，第415页。

［9］方建军：《应侯钟的音列结构及有关问题》，《音乐研究》2011年第6期，第47页。

题研究》一文中，12件万福垴编钟被分为A、B、C三型，2012YWTN03E20:4号钟属于其中的C型。该文认为"C型钟年代为西周中期晚段"[1]。笔者认为此说值得商榷。万福垴2012YWTN03E20:4号钟钟腔内壁光平，没有调音锉磨的痕迹，故其时代不会晚至"西周中期晚段"。

第三，"西周中期偏晚"说。《湖北宜昌万福垴遗址发掘简报》将12件编钟分为细阳线乳钉界格钟、细阳线圈点界格钟、阴线界格钟3类[2]。其中，2012YWTN03E20:4号钟被归入第三类"阴线界格钟"。该文认为第三类钟的"年代应在西周中期偏晚阶段"[3]。笔者赞同此说。万福垴2012YWTN03E20:4号钟的钲、篆和枚区各部均以阴线弦纹界隔。采用这种界隔方式的西周中期甬钟以六式兴钟（2件，76FZH1:58、60号）为代表[4]。六式兴钟（2件，76FZH1:58、60号）（图3·1·3之5、11）钲、篆和枚区各部均以阴线弦纹界隔，背面侧鼓部均有侧鼓音的标记纹饰凤鸟纹，钟腔内壁均没有调音，其篆带与正鼓部的纹饰工艺均为阴线单勾，这些均与2012YWTN03E20:4号钟的类型相同。另外，2012YWTN03E20:4号钟与孝王时期的一式兴钟76FZH1:64号舞部纹饰雷同（图3·1·3之4），时代应相去不远。一式兴钟76FZH1:64号钟腔内壁已有调音，而2012YWTN03E20:4号钟钟腔内壁没有调音，故2012YWTN03E20:4号钟的时代要早于一式兴钟76FZH1:64号，也就是在西周中期孝王之前。综合考量，笔者认为万福垴2012YWTN03E20:4号钟的时代应为西周中期懿王前后。

万福垴2012YWTN03E20:4号钟（图3·1·3之1），甬残失（后修复），钟体锈蚀严重。其钲、篆、枚区各部以粗阴线弦纹为界。篆带饰横C形云纹（图3·1·3之2），工艺手法为阴线单勾。该云纹属于适合纹样，其构图为：由2条横C形云纹叠置而

[1] 黄文新、赵芳超：《湖北宜昌万福垴遗址出土甬钟年代及相关问题研究》，《江汉考古》2016年第4期，第68页。

[2] 湖北省文物考古研究所、武汉大学历史学院考古系、宜昌博物馆：《湖北宜昌万福垴遗址发掘简报》，《江汉考古》2016年第4期，第30、33页。

[3] 同[2]，第33页。

[4] 刘士莪、尹盛平：《微氏家族青铜器群研究》，《西周微氏家族青铜器群研究》，文物出版社，1992年，第9页。

成，二者呈逆对称关系；每一条横C形云纹的线条均为一端分叉，另一端不分叉；在不分叉的一端，两条横C形云纹由一条短线相连，这种连接方式与横G形云纹的连接方式雷同。这个细节从另一个角度显示出该横C形云纹应为西周中期早段的产物。正鼓部饰一对工字形云纹（图3·1·3之3），线条舒展，两个单元的工字形云纹呈镜面对称关系。该钟侧鼓部所饰小鸟纹非常特殊（图3·1·3之3），《湖北宜昌万福垴遗址出土甬钟年代及相关问题研究》指出："4号C型钟正鼓云纹两侧饰对望小鸟，小鸟纹样与C型2号钟背向小鸟不同，为尖喙、双冠羽、翘尾，这种布局及风格十分罕见。"[1]钟腔内壁没有调音锉磨的痕迹。该钟残高31.2厘米[2]。

关于万福垴2012YWTN03E20:4号钟的配图，这里需要说明一下。如果是细心的读者，可能会发现笔者在这里给万福垴2012YWTN03E20:4号钟配的图片（图3·1·3之1）似乎有问题。因为，图上的甬钟只有钟体，钟甬残失，而《湖北宜昌万福垴遗址发掘简报》发表的万福垴编钟全景图（图2·1·5之10）中的12件万福垴编钟没有任何一件钟的甬残失。是不是笔者在这里放错图片了？笔者想说明的是，这里并没有放错图片。笔者当初在湖北省博物馆隔着玻璃拍摄展柜中的万福垴编钟（12件）时，2012YWTN03E20:4号钟的钟甬确实不存，这里配的图片就是当时所拍。不仅这一件，当时展陈的2012YWTN03E20:3号钟破裂成数块；2012YWTN03E20:12号钟的保存情况更差，不仅钟甬不存，钟体也仅存一部分而已。但在《湖北宜昌万福垴遗址发掘简报》发表的万福垴编钟全景图（图2·1·5之10）中，却是12件编钟的完整呈现。那么这几件曾经残缺的甬钟后来变成完整之器，到底是因为残件均在而被文保人员修复成完整的样态？还是残失的部分由文保人员修补而成完整的样态？这在《湖北宜昌万福垴遗址发掘简报》中并没有给予说明。如有音乐学者研究万福垴编钟，需要关注这一点，避免可能带来的学术失误。

[1] 黄文新、赵芳超：《湖北宜昌万福垴遗址出土甬钟年代及相关问题研究》,《江汉考古》2016年第4期，第68页。

[2] 湖北省文物考古研究所、武汉大学历史学院考古系、宜昌博物馆：《湖北宜昌万福垴遗址发掘简报》,《江汉考古》2016年第4期，第35页，附表一。

例2：六式兴钟（2件，76FZHl:58、60号）

1976年12月，出土于陕西扶风庄白一号窖藏，系白家生产队在平整土地时发现。窖藏出土青铜器属于殷遗民子姓微氏家族[1]。窖藏内器物放置有序，未被盗掘，出土编甬钟共计21件：有铭兴钟14件，无铭兴钟7件[2]。其中，篆带饰BbⅠ横C形云纹的为六式兴钟（2件，76FZHl:58、60号），属于无铭兴钟。

关于六式兴钟（2件，76FZHl:58、60号）的时代，目前学界主要有两种观点：

第一，"西周中期"说。《微氏家族青铜器群研究》将六式兴钟（2件，76FZHl:58、60号）断为西周中期之器[3]。《中国音乐文物大系·陕西卷》亦认为六式兴钟（2件，76FZHl:58、60号）的时代为西周中期[4]。笔者赞同此说。但西周中期的断代有些宽泛，其时代尚可更具体些。

第二，"恭王时期或略晚"说。《先秦大型组合编钟研究》认为："Ⅵ式兴钟与Ⅰ式、Ⅶ式、Ⅴ式兴钟最大的区别是，Ⅵ式兴钟的右侧鼓有标明使用侧鼓音的小鸟纹。前文已述，周人有最早意识地使用侧鼓音是在恭王时期，因此，Ⅵ式兴钟的制作年代当在恭王时期或略晚。"[5]笔者认为此说值得商榷。从该文这段表述来看，其为六式兴钟（2件，76FZHl:58、60号）断代是根据该钟侧鼓部所饰小鸟纹的有无，参照的断代标准器是出土于陕西蓝田红星村的应侯视工钟。该文认为应侯视工钟属于西周中期共王时器，其侧鼓部饰有小鸟纹，故此该文认为"周人有最早意识地使用侧鼓音是在恭王时期"[6]。以其为断代标准器，该文将侧鼓部同样饰有凤鸟纹的六式兴钟断为"恭王时期或略晚"[7]。如果这种逻辑成立，那么西周

［1］李学勤：《西周中期青铜器的重要标尺——周原庄白、强家两处青铜器窖藏的综合研究》，《中国历史博物馆馆刊》1979年第1期，第30页。

［2］a.陕西周原考古队：《陕西扶风庄白一号西周青铜器窖藏发掘简报》，《文物》1978年第3期，第1、6、7页。b.方建军：《中国音乐文物大系·陕西卷》，大象出版社，1996年，第37～50页。

［3］刘士莪、尹盛平：《微氏家族青铜器群研究》，《西周微氏家族青铜器群研究》，文物出版社，1992年，第9页。

［4］同［2］b，第47页。

［5］王友华：《先秦大型组合编钟研究》，中国艺术研究院博士学位论文，2009年，第105页。

［6］同［5］。

［7］同［5］。

中晚期的诸多侧鼓部饰有凤鸟纹的编钟岂不都成了"恭王时期或略晚"之器？这显然是讲不通的。另外，关于应侯视工钟的断代，学界已经有了新的研究成果，"共王"说已受到广泛质疑。"共王"说于1975年由韧松、樊维岳先生提出[1]，之后学界几乎均沿用此说，同时还将其侧鼓部的凤鸟纹视为西周编钟侧鼓音标记最早的凤鸟纹。2001年，王世民先生通过对西周甬钟的类型学研究，不认同应侯视工钟的"共王"说，指出其时代应为西周中期孝、夷之世[2]。王龙正等先生赞同王世民先生的意见[3]。2012年，娄金山等先生也赞同王世民先生的观点[4]。除了王世民等先生所持的"孝、夷"说，李学勤先生认为应侯视工钟应为西周晚期"厉王的早年"之器[5]。方建军先生认为将其"定在厉王时期是合适的"[6]。笔者赞同李学勤先生的观点。从已知的3件应侯视工钟的调音锉磨情况来看（图2·1·11之2），其钟腔内壁有调音槽2或3条，调音槽的形态比较规范，说明其刚刚步入"铸调双音"的成熟阶段，故其应为西周晚期厉王早期之器。李学勤先生所言"厉王的早年"[7]的断代是最为准确的。既然应侯视工钟并非西周中期共王之器，而为西周晚期厉王之器，那么《先秦大型组合编钟研究》一文根据应侯视工钟为西周中期共王之器的旧说，而将六式兴钟（2件，76FZHl:58、60号）的时代断为"恭王时期或略晚"[8]的观点，显然就不能成立了。

　　六式兴钟（2件，76FZHl:58、60号）钟腔内壁均无调音锉磨的痕迹（图3·1·3之10、16），故其时代不会晚至西周中期孝王。其侧鼓部均有侧鼓音的标记——凤鸟纹（图3·1·3之8、14），篆带（图3·1·3之6、12）所饰横C形云纹为适合纹样，而非连续纹样，工艺手法为阴线单勾。综合考量，笔者认为六式兴钟（2件，76FZHl:58、

[1] 韧松、樊维岳：《记陕西蓝田县新出土的应侯钟》，《文物》1975年第10期，第69页。
[2] 王世民：《应侯见工钟的组合与年代》，《保利藏金（续）》，岭南美术出版社，2001年，第256、257页。
[3] 王龙正、刘晓红、曹国朋：《新见应侯见工簋铭文考释》，《中原文物》2009年第5期，第57页。
[4] 娄金山、马新民、祝容：《应侯见工诸器年代略考》，《中原文物》2012年第5期，第18页。
[5] 李学勤：《论应侯视工诸器的时代》，《文物中的古文明》，商务印书馆，2008年，第254~257页。
[6] 方建军：《应侯钟的音列结构及有关问题》，《音乐研究》2011年第6期，第47页。
[7] 同[5]，第255页。
[8] 王友华：《先秦大型组合编钟研究》，中国艺术研究院博士学位论文，2009年，第105页。

60号）应为西周中期懿王之器。

六式兴钟76FZH1:58号（图3·1·3之5），保存完整。绚纹斡。舞部饰阴线云纹（图3·1·3之9）。其钲、篆、枚区各部以粗阴线弦纹为界。篆带饰横C形云纹（图3·1·3之6），工艺手法为阴线单勾。该云纹属于适合纹样，其构图为：由2条横C形云纹叠置而成，二者呈逆对称关系；每一条横C形云纹的线条均为一端分叉，另一端不分叉；中间的身躯被拉伸得较长，并饰有歧枝。正鼓部饰一对工字形云纹（图3·1·3之7），两个单元的工字形云纹呈镜面对称关系。侧鼓部饰一个精致的凤鸟纹（图3·1·3之8），工艺手法为阴线单勾与双勾相结合。于口有内唇，钟腔内壁没有调音锉磨的痕迹（图3·1·3之10）。该钟通高35.7厘米，重7.1千克[1]。

六式兴钟76FZH1:60号（图3·1·3之11、15），保存完整。其枚、篆、钲区的界隔方式、篆带纹饰（图3·1·3之12）、正鼓部纹饰（图3·1·3之13）以及侧鼓部纹饰（图3·1·3之14）均与76FZH1:58号钟的类型相同。于口有内唇，钟腔内壁没有调音锉磨的痕迹（图3·1·3之16）。该钟通高37.1厘米，重7.3千克[2]。

例3：陕西扶风五郡西村2006FWXJ1：4号钟

2006年，出土于陕西扶风五郡西村西周青铜器窖藏。该窖藏出土编甬钟共计5件，其中篆带饰Bb Ⅰ横C形云纹的为五郡西村2006FWXJ1:4号钟。

关于该窖藏的主人，《陕西扶风五郡西村西周青铜器窖藏发掘简报》指出："出土的器物中5件有铭文，1件编钟上有族徽。我们认为这些青铜器应是同一家族之物，根据铭文推测，可能这个窖藏的主人就是琱生。"[3]"琱生应是召氏宗族的一员。"[4]该钟钲部有族徽，应为殷遗民贵族之器。

关于五郡西村2006FWXJ1:4号钟的时代，目前学界有不同认识，主要有如下3种观点：

第一，"西周晚期"说。《陕西扶风五郡西村西周青铜器窖藏发掘简报》一文

---

[1]方建军：《中国音乐文物大系·陕西卷》，大象出版社，1996年，第179页，表12。
[2]同[1]。
[3]宝鸡市考古研究所、扶风县博物馆：《陕西扶风五郡西村西周青铜器窖藏发掘简报》，《文物》2007年第8期，第26页。
[4]同[3]，第27页。

认为这3件编钟的时代为西周晚期[1]。

第二，"西周中期"说。《简论扶风五郡西周窖藏出土的青铜器》一文认为这3件编钟的时代为西周中期[2]。

第三，"共懿之际"说。《扶风五郡西村西周青铜器窖藏编钟及相关问题》一文认为这3件编钟的时代"大致在共懿之际为妥"[3]。

对于以上3种观点，笔者有不同看法。五郡西村2006FWXJ1:4号钟与六式兴钟（2件，76FZH1:58、60号）整体特征最为接近，如二者的篆带界隔方式、篆带纹饰和正鼓部纹饰的类型均相同；钟腔内壁均没有调音锉磨的痕迹；侧鼓部均有小鸟纹等。六式兴钟（2件，76FZH1:58、60号）为西周中期懿王之器，五郡西村2006FWXJ1:4号钟的时代应与之相当，亦为西周中期懿王之器。

五郡西村2006FWXJ1:4号钟保存完好（图3·1·3之17、18）。旋幹俱全，半环形幹。其钲、篆、枚区各部以粗阴线弦纹为界。篆带饰横C形云纹（图3·1·3之19），工艺手法为阴线单勾。该云纹属于适合纹样，其构图为：由2条横C形云纹叠置而成，二者呈逆对称关系；每一条横C形云纹的线条均为一端分叉，另一端不分叉；中间的身躯被拉伸得较长，并饰有歧枝。正鼓部饰一对工字形云纹（图3·1·3之20），两个单元的工字形云纹呈镜面对称关系。钟体背面右侧鼓部饰一个小鸟纹（图3·1·3之20），线条简单、小巧，鸟首上的高冠非常夸张，其工艺手法为阴线单勾。钟体无铭文。钲部有族徽。钟腔内壁没有调音锉磨的痕迹（图3·1·3之21）。该钟通高49.7厘米[4]。

例4：二式兴钟（4件，76FZH1:29、10、9、32号）和四式兴钟76FZH1:31号

1976年12月，出土于陕西扶风庄白一号窖藏，系白家生产队在平整土地时发现。窖藏出土青铜器属于殷遗民子姓微氏家族[5]。窖藏内器物放置有序，没被盗

[1] 宝鸡市考古研究所、扶风县博物馆：《陕西扶风五郡西村西周青铜器窖藏发掘简报》，《文物》2007年第8期，第17页。

[2] 高西省：《简论扶风五郡西周窖藏出土的青铜器》，《中国历史文物》2008年第6期，第7页。

[3] 陈亮：《扶风五郡西村西周青铜器窖藏编钟及相关问题》，《文物》2007年第8期，第82页。

[4] 同[1]，第7页。

[5] 李学勤：《西周中期青铜器的重要标尺——周原庄白、强家两处青铜器窖藏的综合研究》，《中国历史博物馆馆刊》1979年第1期，第30页。

掘。出土编甬钟共计21件：有铭兴钟14件，无铭兴钟7件[1]。其中，篆带饰Bb I 横C形云纹的为二式兴钟（4件，76FZHl:29、10、9、32号）和四式兴钟76FZH1:31号，均属于有铭兴钟。

关于二式兴钟（4件，76FZHl:29、10、9、32号）和四式兴钟76FZH1:31号的时代，目前学界主要有4种观点：

第一，"西周中期"说。《中国音乐文物大系·陕西卷》认为二式兴钟（4件，76FZHl:29、10、9、32号）和四式兴钟76FZH1:31号的时代均为"西周中期"[2]。

第二，"孝夷"说。《微氏家族铜器断代》认为："兴钟的时代为孝夷之间。"[3]这里所言的"兴钟"指的是14件有铭兴钟。《中国青铜器综论》一书亦认为14件有铭兴钟的时代为西周中期孝夷时期[4]。

第三，"孝夷以至厉王前半"说。李学勤先生在1979年发表的《西周中期青铜器的重要标尺——周原庄白、强家两处青铜器窖藏的综合研究》一文中认为，14件有铭兴钟的时代为西周中期孝夷时期[5]。对于这种观点，李学勤先生于2006年在《庄白兴器的再考察》一文中做了修订。李先生说："当时我写有小文《西周中期青铜器的重要标尺》，就有关问题试做探讨。现在看来，文中有些地方已需补充修正。"[6]《庄白兴器的再考察》一文通过对微氏家族第七世兴的青铜器地系统研究，认为"兴的年代是在孝夷以至厉王前半，他的器铭与一些肯定属这个时期的器物联系，在分期研究上是特别有意义的。"[7]按照这种观点，14件有铭兴钟中，

[1] a. 陕西周原考古队：《陕西扶风庄白——号西周青铜器窖藏发掘简报》，《文物》1978年第3期，第1、6、7页。b. 方建军：《中国音乐文物大系·陕西卷》，大象出版社，1996年，第37~50页。
[2] 同[1]b，第39、45页。
[3] 刘士莪、尹盛平：《微氏家族铜器断代》，《西周微氏家族青铜器群研究》，文物出版社，1992年，第93页。
[4] 朱凤瀚：《中国青铜器综论》，上海古籍出版社，2009年，第355页。
[5] 李学勤：《西周中期青铜器的重要标尺——周原庄白、强家两处青铜器窖藏的综合研究》，《中国历史博物馆馆刊》1979年第1期，第35页。
[6] a. 李学勤：《庄白兴器的再考察》，《华学》（第八辑），紫禁城出版社，2006年，第21页。b. 李学勤：《庄白兴器的再考察》，《文物中的古文明》，商务印书馆，2008年，第258页。
[7] a. 同[6]a，第25页。b. 同[6]b，第263页。

有的会早至西周中期孝王时期，有的会晚至西周晚期厉王前段。

以上3种观点都是对于二式兴钟（4件，76FZHl:29、10、9、32号）和四式兴钟76FZH1:31号的宏观断代。笔者认为，从这5件兴钟的调音情况来看，其断代可以确定到某一王世，故以上3种断代有些宽泛，尚需要进一步具体化。

第四，"厉王时期"说。《西周青铜器年代综合研究》认为兴钟为西周晚期厉王时遗物[1]。该书认为："兴钟大致可分三式。一式钟和二式钟器形纹饰都分别接近晋侯苏编钟的两种形式。三式钟篆间饰顾首龙纹，同厉王时的獣钟、师丞钟等。其铭文措辞也有晚期特征，如一式钟的'昭各喜侃乐前文人'，类同的说法基本上见于厉世器，如师丞钟、井人佞钟、兮仲钟、梁其钟、昊生钟等，二式钟的尹氏是晚期器常见的，其字体风格也近厉王时的獣钟、獣簋、师丞钟等。由以上各方面来看，除兴瘟而外，其他兴器应大致是厉王时的遗物。"[2]《应侯钟的音列结构及有关问题》一文认为"陕西扶风庄白一号青铜器窖藏出土兴钟14件，时代属西周厉王时期。"[3]

与前3种宽泛的断代不同的是，第四种断代确切到"厉王时期"，应该说已经很具体了。但将14件有铭兴钟全部断为西周晚期厉王时期，显然是不妥的。从14件有铭兴钟的调音情况来看，四式兴钟（2件，76FZH1:28、57号）和三式兴钟（2件，76FZH1:62、65号）可以断为西周晚期厉王前段之器，而剩余9件兴钟的时代均早于厉王时期，有些为西周中期孝王之器，有些为西周中期夷王之器，故此第四种断代也不妥当。

那么二式兴钟（4件，76FZHl:29、10、9、32号）和四式兴钟76FZH1:31号的时代应该断为何时比较妥当呢？

先说四式兴钟76FZH1:31号的时代。该钟钟腔内壁有4条较浅的调音槽（图3·1·3之23），分别位于侧鼓部和铣角，而正鼓部均没有调音锉磨的痕迹。同时，该钟于口内唇保存完好，调音槽均没有延及内唇。由此判断，四式兴钟76FZH1:31

[1] 彭裕商：《西周青铜器年代综合研究》，巴蜀书社，2003年，第406页。
[2] 同[1]。
[3] 方建军：《应侯钟的音列结构及有关问题》，《音乐研究》2011年第6期，第46页。

号应为西周中期孝王之器。同时，从钲部所铸8字铭文来看，四式兴钟76FZH1:31号与四式兴钟76FZH1:57号虽然内容相同，但有些字体、书风并不相同，例如"兴""协""鼓"3字。这说明，尽管同被考古工作者编为四式兴钟，但并非属于同一时代的产物。

再看二式兴钟（4件，76FZHl:29、10、9、32号）的时代。这4件兴钟钟腔内壁均有调音槽，1~4条不等，这些调音槽均延及内唇或于口，显示出调音技术的进步；尤其是76FZH1:32号钟的调音槽形态，已经较为规范。故此笔者认为，将二式兴钟（4件，76FZHl:29、10、9、32号）的时代断为西周中期夷王之世较为妥当。

四式兴钟76FZH1:31号（图3·1·3之22），保存完好。旋斡俱全，近方形斡。其钲、篆、枚区以粗阳线弦纹界隔。篆带饰横C形云纹（图3·1·3之24），工艺手法为阴线单勾。该云纹属于适合纹样，其构图为：由2条身体被拉长的横C形云纹叠置而成，二者呈逆对称关系；每一条横C形云纹的线条均为一端分叉，另一端不分叉；中间的身躯被拉伸得很长，并饰有形态多样的歧枝。正鼓部饰一对鸟体龙纹（图3·1·3之25），两个单元的鸟体龙纹呈镜面对称关系。侧鼓部饰一精致的凤鸟纹（图3·1·3之26），作为侧鼓音的演奏标记。通体纹饰线条繁缛华丽，富于装饰性。该钟的调音情况为（图3·1·3之23）：于口有内唇，保存完好。钟腔内壁有4条较浅的调音槽。其中，正面的一个侧鼓部有较浅、较短的调音槽，正鼓部和另一个侧鼓部均没有调音锉磨的痕迹。背面的一个侧鼓部近于口处有2条较浅、较短的调音槽，正鼓部和另一个侧鼓部均没有调音锉磨的痕迹。两个铣角均有调音，其中一个铣角近于口处有调音锉磨的痕迹，但不明显；另一个铣角有1条调音槽。钲部铸有铭文8字，内容为"兴乍协钟 万年日鼓"。该钟通高33.8厘米，重12.6千克[1]。

4件二式兴钟（76FZHl:29、10、9、32号）均保存完好（图3·1·3之27、32、35、40）。近方形斡。其钲、篆、枚区的界隔方式、篆带纹饰（图3·1·3之29、34、37、42）、正鼓部纹饰（图3·1·3之28、33、38、43）均与四式兴钟76FZH1:31号的种类相同，但细部形态有所差别。钲部、两铣有铸铭104字。4件二式兴钟（76FZHl:29、

---

[1] 方建军：《中国音乐文物大系·陕西卷》，大象出版社，1996年，第178页，表10。

10、9、32号）不同之处分述如下：

二式兴钟76FZHⅠ:29号（图3·1·3之27），侧鼓部没有侧鼓音的标记纹饰。钟腔内壁调音的详细情况为（图3·1·3之30）：于口处原有内唇，现多锉磨殆尽，仅局部留有少许内唇残迹；2个正鼓部和2个铣角的内唇均被锉磨殆尽。钟腔内壁共有调音槽2条，位于2个铣角，调音槽很宽但不是很深，距离舞底约1～2厘米；2个正鼓部和4个侧鼓部均无调音槽。该钟通高70.6厘米，重40.8千克[1]。

二式兴钟76FZHⅠ:10号（图3·1·3之32），侧鼓部没有侧鼓音的标记纹饰。该钟篆带所饰横C形云纹并不统一，其中背面右侧上方篆带的上下边框各饰有1个歧枝，其他3方篆带则没有。钟腔内壁调音的详细情况为（图3·1·3之31）：于口有内唇，1个铣角有调音锉磨的缺口。钟腔内壁共有调音槽1条，位于背面的左铣角，调音槽很浅，不明显；其余部位均无调音锉磨的痕迹。该钟通高64.0厘米，重37.8千克[2]。

二式兴钟76FZHⅠ:9号（图3·1·3之35）的篆带纹饰（图3·1·3之37）比较特殊。其背面左侧2方篆带均饰横C形云纹，右侧上方篆带饰横S形云纹，右侧下方篆带则是横S形云纹与横C形云纹相结合，反映出一种由西周中期至西周晚期过渡的纹样形态。该钟侧鼓部饰有一精致的凤鸟纹（图3·1·3之36），作为侧鼓音的演奏标记。钟腔内壁调音的详细情况为（图3·1·3之39）：于口无内唇。钟腔内壁共有调音槽4条。其中，正面的正鼓部和左侧鼓部均有调音槽，正鼓部的调音槽很窄、很浅，不是很明显；侧鼓部的调音槽较窄、较长，稍微明显一些。背面仅右侧鼓部有调音槽，较长、较窄、较浅；正鼓部和左侧鼓部均没有调音槽。正面左侧鼓部与背面右侧鼓部的调音槽长、宽、深近似。背面的左铣角有调音槽，较浅、较长；右铣角没有调音槽。该钟通高63.0厘米，重40.7千克[3]。

二式兴钟76FZHⅠ:32号（图3·1·3之40），该钟侧鼓部饰有一精致的凤鸟纹（图3·1·3之41），作为侧鼓音的演奏标记。钟腔内壁调音的详细情况为（图3·1·3之

[1] 方建军：《中国音乐文物大系·陕西卷》，大象出版社，1996年，第178页，表10。
[2] 同[1]，表8。
[3] 同[1]。

44）：于口有内唇，上有调音锉磨的弧形缺口。钟腔内壁共有调音槽4条。其中，正面仅左侧鼓部有调音槽，正鼓部和右侧鼓部均没有调音槽。背面仅右侧鼓部有调音槽，正鼓部和左侧鼓部均没有调音槽。调音槽均较深，直达舞底，自于口至舞底越来越浅。两个铣角均有调音槽，较浅。调音槽的形态较为规范。该钟通高61.2厘米，重44.8千克[1]。

这里需要指出四处谬误，详见如下：

第一，《中国音乐文物大系·陕西卷》指出，四式兴钟"H1:31形制、纹饰和铭文与H1:28相同。"[2]实际上，二者的纹饰并不相同，四式兴钟76FZH1:28号的篆带饰横S形云纹（图3·1·5之20），而四式兴钟76FZH1:31号篆带饰横C形云纹（图3·1·3之24）。如果不仔细分辨，很容易误认为二者是同一种纹饰。

第二，《中国音乐文物大系·陕西卷》指出，二式兴钟76FZH1:9号"内壁有隧5条，两铣、前壁正鼓、左侧鼓及后壁左侧鼓各1"[3]。这里所言的"隧"是指调音槽。该书这里所描述的调音槽数量及其位置均有错误。笔者曾亲自考察过该钟的调音情况（图3·1·3之39），该钟钟腔内壁共有调音槽4条，而不是"有隧5条"，分别位于正面的正鼓部和左侧鼓部、背面的右侧鼓部和背面的左铣角，而不是"两铣、前壁正鼓、左侧鼓及后壁左侧鼓各1"。

第三，《中国音乐文物大系·陕西卷》指出，二式兴钟76FZH1:32号"内壁有隧4条，两铣及前、后壁正鼓各1"[4]。这里所言的"隧"是指调音槽。该书这里所描述的调音槽位置有误。经笔者亲自考察该钟的调音情况（图3·1·3之44），可知钟腔内壁的4条调音槽分别位于正面的左侧鼓部、背面的右侧鼓部和两个铣角，其"前、后壁正鼓"并没有调音槽。

第四，《中国音乐文物大系·陕西卷》中图1·5·9e[5]有误。仔细观察该图会发现，侧鼓部的凤鸟纹是在该钟背面的左侧鼓部，而不是传统模式位于右侧鼓部，这

---

[1] 方建军：《中国音乐文物大系·陕西卷》，大象出版社，1996年，第178页，表8。
[2] 同[1]，第45页。
[3] 同[1]，第39页。
[4] 同[1]，第39页。
[5] 同[1]，第40页，图1·5·9e。

是不是填补空白的重大发现呢？答案是否定的。图1·5·9e是二式兴钟76FZHl:32号的背面全景图。笔者亲自考察过该钟，其侧鼓部所饰凤鸟纹是位于该钟背面的右侧鼓部（图3·1·3之40），并不是在左侧鼓部，《中国音乐文物大系·陕西卷》中图1·5·9e应该是在排版过程中，将其左右颠倒了。如果有的学者对此不了解，还会以为是填补空白的重大发现，迅速撰文发表，从而导致一个新的"乌龙"学术事件。有的学者可能会问，笔者会不会在现场看错了呢？图1·5·9e二式兴钟76FZHl:32号会不会是特例呢？笔者可以肯定地说，这幅图片确实有误，因为有一个铁证，那就是该钟钲部的铸铭。如果懂金文的话，一眼就会发现其钲部铭文是左右颠倒的，错误显而易见。所以，当我们在面对一个可能是填补空白的新发现的时候，首先想到的不应该是迅速撰文发表，而应选择从微观到宏观、从材料考辨到逻辑推理反复斟酌这个令人激动的新发现是否存在问题？我们总把这种大好事誉为"天上掉馅饼"，但是我们更应倍加小心，因为天上掉下来的也可能是"铁饼"。

例5：陕西眉县杨家村丙组编钟（2件，丙组Ⅲ、Ⅳ号）

据《眉县出土一批西周窖藏青铜乐器》一文介绍，"1985年8月，眉县马家镇杨家村砖厂工人在取土时发现一西周青铜器窖藏，共出土西周甬钟十件，镈三件。"[1]属于单氏家族所有，为姬姓[2]。其中，甲组钟2件；乙组钟4件，根据其铭文，学界称其为逨钟；丙组钟4件。"通过对现存4件丙组甬钟的测音数据进行分析，并结合西周编钟的音列规律推定，丙组编钟也应为1肆8件，其正鼓音构成的音列应为：羽—宫—角—羽—角—羽—角—羽。因此，应缺少第一、二、五、六钟。"[3]也就是说，杨家村丙组编钟（2件，丙组Ⅲ、Ⅳ号）是这套编钟的最后两件。其中，篆带饰BbⅠ横C形云纹的为丙组钟（2件，丙组Ⅲ、Ⅳ号）。

关于杨家村丙组钟（2件，丙组Ⅲ、Ⅳ号）的时代，学界尚存在分歧，主要有以下2种观点：

第一，"西周中期"说。《中国音乐文物大系·陕西卷》认为眉县杨家村丙组

[1] 刘怀君：《眉县出土一批西周窖藏青铜乐器》，《文博》1987年第2期，第17页。
[2] 张天恩：《从逨盘铭文谈西周单氏家族的谱系及相关铜器》，《文物》2003年第7期，第63页。
[3] 王清雷：《西周乐悬制度的音乐考古学研究》，文物出版社，2007年，第151页。

编钟的时代为"西周中期"[1]。

第二，"西周晚期"说。《眉县出土一批西周窖藏青铜乐器》一文认为，眉县杨家村"丙组器物从其形制、纹饰看，都与西周晚期出土的钟雷同"[2]。

关于杨家村丙组钟（2件，丙组Ⅲ、Ⅳ号）的时代，笔者认同第二种观点，即"西周晚期"说。但此断代略显宽泛，笔者认为尚可更为具体。与编钟的器型和纹饰相比，调音技术更具有鲜明的时代特征，是西周中晚期编钟断代的重要元素之一。王子初先生指出："调音锉磨是中国青铜时代各个历史时期造钟工匠最核心的秘密，……在对编钟进行调音时留下的锉磨遗痕，是追溯当时铸钟工匠调音手法的最好依据，也是对这种乐器进行断代分析的重要物证。事实上，那些位于乐钟口内面留存至今的锉磨痕迹，看似沟沟洼洼，零零星星，却隐藏着极为深刻的声学含义，不存在哪怕是一点点的随意性。它们随着中国青铜乐钟的发展而发展，随着人们对调音技术认识的深化，时时留下了时代的印记。"[3] 14件有铭兴钟堪称"孝夷以至厉王前半"[4]这一时期甬钟断代的标准器。与之相比对，杨家村丙组编钟之Ⅲ、Ⅳ号两钟的调音槽都是近于口处调音较深，越往钟腔里面越浅，呈半梭形。两钟调音槽的形态规范，表明其已经进入"铸调双音"的成熟阶段，比西周晚期厉王前段的4件兴钟（76FZH1:62、65、28、57号）的调音技术还要进步一些。故此，笔者认为应将杨家村丙组编钟之Ⅲ、Ⅳ号两钟断为西周晚期厉王后段之器。

杨家村丙组编钟（2件，丙组Ⅲ、Ⅳ号）均保存完好（图3·1·3之46、50）。旋幹俱全。舞部素面。其钲、篆、枚区各部以粗阴线弦纹为界。篆带饰横C形云纹（图3·1·3之45、52），工艺手法为阴线单勾。该云纹属于适合纹样，其构图为：由2条横C形云纹叠置而成，二者呈逆对称关系；每一条横C形云纹的线条均为一端分叉，另一端不分叉；中间的身躯被拉伸得较长，并饰有形态不同的歧枝。正鼓部饰

[1] 方建军：《中国音乐文物大系·陕西卷》，大象出版社，1996年，第65页。

[2] 刘怀君：《眉县出土一批西周窖藏青铜乐器》，《文博》1987年第2期，第23页。

[3] 王子初：《中国青铜乐钟的音乐学断代——钟磬的音乐考古学断代之二》，《中国音乐学》2007年第1期，第18页。

[4] a.李学勤：《庄白兴器的再考察》，《华学》（第八辑），紫禁城出版社，2006年，第25页。b.李学勤：《庄白兴器的再考察》，《文物中的古文明》，商务印书馆，2008年，第263页。

图3·1·3之1～4　篆带饰Bb Ⅰ横C形云纹的西周甬钟

1. 湖北宜昌万福垴2012YWTN03E20:4号钟正面（王清雷摄）　2. 湖北宜昌万福垴2012YWTN03E20:4号钟篆带纹饰（王清雷摄）　3. 湖北宜昌万福垴2012YWTN03E20:4号钟鼓部纹饰拓片[1]　4. 一式兴钟（76FZH1:64号）（左）与万福垴2012YWTN03E20:4号钟（右）舞部纹饰对比图（王清雷摄影、制图）

----

[1] 黄文新、赵芳超：《湖北宜昌万福垴遗址出土甬钟年代及相关问题研究》，《江汉考古》2016年第4期，第68页，图五之4。

5

6

7

8

9

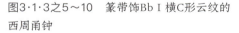

图3·1·3之5～10　篆带饰Bb I 横C形云纹的
西周甬钟

5. 六式兴钟76FZH1:58号（王清雷摄）　6. 六式兴
钟76FZH1:58号篆带纹饰（王清雷摄）　7. 六式兴
钟76FZH1:58号正鼓部纹饰（王清雷摄）　8. 六式
兴钟76FZH1:58号侧鼓部纹饰（王清雷摄）　9. 六
式兴钟76FZH1:58号舞部纹饰（王清雷摄）　10. 六
式兴钟76FZH1:58号于口（王清雷摄）

10

11

12

13

14

15

图3·1·3之11～16　篆带饰BbⅠ横C形云纹的西
周甬钟

11. 六式兴钟76FZH1:60号（王清雷摄）　12. 六式兴
钟76FZH1:60号篆带纹饰（王清雷摄）　13. 六式兴
钟76FZH1:60号正鼓部纹饰（王清雷摄）　14. 六式
兴钟76FZH1:60号侧鼓部纹饰（王清雷摄）　15. 六
式兴钟76FZH1:60号舞部纹饰（王清雷摄）　16. 六
式兴钟76FZH1:60号于口（王清雷摄）

16

17　　　　　　　　　　　　　　　　　　　18

19　　　　　　　　　　　　　　　　　　　20

图3·1·3之17～20　篆带饰Bb I 横C形云纹的西周甬钟

17. 陕西扶风五郡西村2006FWXJ1:4号钟（宝鸡青铜器博物院陈亮供图）　18. 陕西扶风五郡西村2006FWXJ1:4号钟拓片[1]　19. 陕西扶风五郡西村2006FWXJ1:4号钟篆带线图[2]　20. 陕西扶风五郡西村2006FWXJ1:4号钟鼓部纹饰线图[3]

---

[1] 宝鸡市考古研究所、扶风县博物馆：《陕西扶风五郡西村西周青铜器窖藏发掘简报》，《文物》2007年第8期，第22页，图三五。

[2] 同[1]，第16页，图二六。"19. 陕西扶风五郡西村2006FWXJ1：4号钟篆带线图"由王清雷剪裁自"图二六"。

[3] 同[1]，第16页，图二六。"20. 陕西扶风五郡西村2006FWXJ1：4号钟鼓部纹饰线图"由王清雷剪裁自"图二六"。

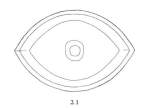

21

23

22

24

25

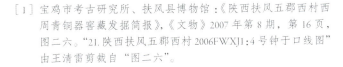

图3·1·3之21～26　篆带饰Bb I 横C形云纹的西周甬钟

21. 陕西扶风五郡西村2006FWXJ1:4号钟于口线图[1]　22. 四式
兴钟76FZH1:31号（王清雷摄）　23. 四式兴钟76FZH1:31号于口
（王清雷摄）　24. 四式兴钟76FZH1:31号篆带纹饰（王清雷
摄）　25. 四式兴钟76FZH1:31号正鼓部纹饰（王清雷摄）　26. 四
式兴钟76FZH1:31号侧鼓部纹饰（王清雷摄）

26

[1] 宝鸡市考古研究所、扶风县博物馆：《陕西扶风五郡西村西
周青铜器窖藏发掘简报》，《文物》2007年第8期，第16页，
图二六。"21.陕西扶风五郡西村2006FWXJ1:4号钟于口线图"
由王清雷剪裁自"图二六"。

27

28

29

图3·1·3之27～30　篆带饰BbⅠ横C形云纹
的西周甬钟

27. 二式兴钟76FZH1:29号（王清雷摄）　28. 二
式兴钟76FZH1:29号正鼓部纹饰（王清雷
摄）　29. 二式兴钟76FZH1:29号篆带纹饰（王
清雷摄）　30. 二式兴钟76FZH1:29号于口（王
清雷摄）

30

31

32

33

34

图3·1·3之31～34　篆带饰Bb I 横C形云纹的西周甬钟

31. 二式兴钟76FZH1:10号于口（王清雷摄）　32. 二式兴钟76FZH1:10号（王清雷摄）　33. 二式兴钟
76FZH1:10号正鼓部纹饰（王清雷摄）　34. 二式兴钟76FZH1:10号篆带纹饰（王清雷摄）

35

36

图3·1·3之35、36　篆带饰Bb I 横C形云纹的西周甬钟

35. 二式兴钟76FZH1:9号（王清雷摄）　36. 二式兴钟76FZH1:9号侧鼓部纹饰（王清雷摄）

37

38

图3·1·3之37～39　篆带饰Bb I
横C形云纹的西周甬钟

37. 二式兴钟76FZH1:9号篆带纹
饰（王清雷摄）　38. 二式兴钟
76FZH1:9号正鼓部纹饰（王清雷
摄）　39. 二式兴钟76FZH1:9号于
口（王清雷摄）

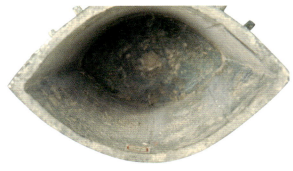

39

40

41

42

图3·1·3之40～42 篆带饰Bb I 横C形云纹的西周甬钟

40. 二式兴钟76FZH1:32号（王清雷摄） 41. 二式兴钟76FZH1:32号侧鼓部纹饰（王清雷摄） 42. 二式兴钟76FZH1:32号篆带纹饰（王清雷摄）

43

44

45

46

**图3·1·3之43～47　篆带饰BbⅠ横C形云纹
的西周甬钟**

43. 二式兴钟76FZH1:32号正鼓部纹饰（王清
雷摄）　44. 二式兴钟76FZH1:32号于口（王
清雷摄）　45. 陕西眉县杨家村丙组Ⅲ号钟篆
带纹饰拓片[1]　46. 陕西眉县杨家村丙组Ⅲ号
钟[2]　47. 陕西眉县杨家村丙组Ⅲ号钟拓片[3]

47

[1] 方建军：《中国音乐文物大系·陕西卷》，
　　大象出版社，1996年，第67页，图1·5·21f。
　　"45.陕西眉县杨家村丙组Ⅲ号钟篆带纹饰
　　拓片"由王清雷剪裁自"图1·5·21f"。
[2] 同[1]，第66页，图1·5·21c。
[3] 同[1]。

48

49

50

图3·1·3之48～51　篆带饰BbⅠ横C形云纹的西周甬钟

48.陕西眉县杨家村丙组Ⅲ号钟鼓部纹饰拓片[1]　49.陕西眉县杨家村丙组Ⅲ号钟于口（王清雷摄）　50.陕西眉县杨家村丙组Ⅳ号钟[2]　51.陕西眉县杨家村丙组Ⅳ号钟拓片[3]

[1]　方建军：《中国音乐文物大系·陕西卷》，大象出版社，1996年，第67页，图1·5·21f。"48.陕西眉县杨家村丙组Ⅲ号钟鼓部纹饰拓片"由王清雷剪裁自"图1·5·21f"。

[2]　同[1]，图1·5·21g。

[3]　同[1]，图1·5·21h。

51

52

53

图3·1·3之52～54　篆带饰BbⅠ横C形云纹的
西周甬钟

52. 陕西眉县杨家村丙组Ⅳ号钟篆带纹饰拓
片[1]　53. 陕西眉县杨家村丙组Ⅳ号钟鼓部纹
饰拓片[2]　54. 陕西眉县杨家村丙组Ⅳ号钟于
口（王清雷摄）

54

[1] 方建军：《中国音乐文物大系·陕西卷》，大象出版社，1996年，第67页，图1·5·21h。"52.
　　陕西眉县杨家村丙组Ⅳ号钟篆带纹饰拓片"由王清雷剪裁自"图1·5·21h"。
[2] 同［1］，"53.陕西眉县杨家村丙组Ⅳ号钟鼓部纹饰拓片"由王清雷剪裁自"图1·5·21h"。

一对工字形云纹（图3·1·3之48、53），两个单元的工字形云纹呈镜面对称关系。侧鼓部饰一凤鸟纹，Ⅲ号钟为翘尾，Ⅳ号钟为垂尾。钟体没有铭文。钟腔内壁均有调音槽。2件杨家村丙组编钟的各自不同之处分述如下：

杨家村丙组Ⅲ号钟（图3·1·3之46、47）：近方形斡，很粗壮。背面右侧鼓部饰一凤鸟纹（图3·1·3之48），翘尾，比例适中。于口无内唇。该钟调音情况为（图3·1·3之49）：钟腔内壁共有调音槽5条，分别位于2个正鼓部、2个铣角和正面的左侧鼓部，有的调音槽延及于口。其中，2个正鼓部和2个铣角的调音槽较宽而浅，近于口处调音槽最深，越往钟腔里面越浅，呈半棱形。正面左侧鼓部的调音槽很浅，不明显。该钟通高27.0厘米，重6.5千克[1]。

杨家村丙组Ⅳ号钟（图3·1·3之50、51）：近方形斡，很粗壮。背面右侧鼓部饰一凤鸟纹（图3·1·3之53），垂尾，线条较为复杂，工艺比较考究。于口无内唇。该钟调音情况为（图3·1·3之54）：钟腔内壁共有调音槽8条，分别位于2个正鼓部、4个侧鼓部和2个铣角，调音槽均延及于口，在于口留下数个弧形缺口。其中，2个正鼓部和2个铣角的调音槽较为明显，较深而宽；4个侧鼓部的调音槽较浅。所有的调音槽都是近于口处最深而宽，越往钟腔里面越浅而窄，呈半棱形。此外，正面2个侧鼓部和背面左侧鼓部调音槽的两侧在近于口处均有调音锉磨的痕迹。故此，在于口上形成了高低起伏的波浪形状。该钟通高24.5厘米，重5.0千克[2]。

BbⅡ

饰BbⅡ横C形云纹的篆带上下边框各饰有1个歧枝。篆带饰有此式云纹的西周甬钟主要有如下4例：

例1：湖北宜昌万福垴2012YWTN03E20:1号钟

2012年6月，出土于湖北宜昌市白洋工业园沙湾路万福垴楚文化西周遗址，属于楚国公室青铜器[3]。编钟共计12件（图2·1·5之10）。其中，篆带饰BbⅡ横C形云

［1］方建军：《中国音乐文物大系·陕西卷》，大象出版社，1996年，第180页，表18。
［2］同［1］。
［3］黄文新、赵芳超：《湖北宜昌万福垴遗址出土甬钟年代及相关问题研究》，《江汉考古》2016年第4期，第64页。

纹的为万福垴2012YWTN03E20:1号钟，又称楚季宝钟。

关于万福垴2012YWTN03E20:1号钟的时代，学界争议较大，主要有以下3种观点：

第一，"共王"说。在《楚季编钟及其他新见楚铭铜器研究》一文中，刘彬徽先生将万福垴编钟分为三式，"Ⅰ式为刻有'楚季'铭文的甬钟；Ⅱ式为有小乳丁界栏的甬钟；Ⅲ式为无小乳丁而有圈点纹界栏的甬钟。"[1] 该文指出："山西曲沃晋侯墓地M8盗掘出土的晋侯稣钟丙型钟，和《万福垴钟》Ⅰ式对应，其正鼓部纹样相同。晋侯稣钟有錾刻的长篇铭文，铭文内容表明为西周晚期周厉王时之器，但从晋侯稣钟甲乙丙三型钟的铸制年代看都要早于周厉王。音乐学研究专家王子初认为其甲乙型钟年代为'西周初期'，其丙型钟年代'推前至恭王时期是有一定理由的'。恭王时期的相对年代为西周中期前段，这同样是《万福垴钟》Ⅰ式的年代。"[2] 按照此说，万福垴2012YWTN03E20:1号钟的时代即为西周中期恭王时期。

笔者认为此说不能成立。详细论证参见第二章第一节AdⅠ的"例：湖北宜昌万福垴编钟（2件，2012YWTN03E20:2、3号）"的时代辨析。此处不重复赘述。

第二，"西周中期晚段"说。在《湖北宜昌万福垴遗址出土甬钟年代及相关问题研究》一文中，12件万福垴编钟被分为A、B、C三型，2012YWTN03E20:1号钟属于其中的C型。该文认为"C型钟年代为西周中期晚段"[3]。

第三，"西周中期偏晚"说。《湖北宜昌万福垴遗址发掘简报》将12件编钟分为细阳线乳钉界格钟、细阳线圈点界格钟、阴线界格钟3类[4]。其中，2012YWTN03E20:1号钟被归入第三类"阴线界格钟"。该文认为第三类钟的"年

[1] 刘彬徽：《楚季编钟及其他新见楚铭铜器研究》，《湖南省博物馆馆刊》（第九辑），岳麓书社，2013年，第198页。

[2] 同[1]，第199页。

[3] 黄文新、赵芳超：《湖北宜昌万福垴遗址出土甬钟年代及相关问题研究》，《江汉考古》2016年第4期，第68页。

[4] 湖北省文物考古研究所、武汉大学历史学院考古系、宜昌博物馆：《湖北宜昌万福垴遗址发掘简报》，《江汉考古》2016年第4期，第30、33页。

代应在西周中期偏晚阶段"[1]。

　　对于以上2种观点，即"西周中期晚段"说、"西周中期偏晚"说，从宏观断代而言没有问题。但其断代是否可以更具体一些呢？同样属于《湖北宜昌万福垴遗址出土甬钟年代及相关问题研究》一文所言的C型钟还有2012YWTN03E20:2～4号钟，该型共计4件。这4件钟又被归入《湖北宜昌万福垴遗址发掘简报》一文所言的第三类"阴线界格钟"[2]，其时代均被断为"西周中期晚段"[3]或"西周中期偏晚"[4]。但从这4件编钟的纹饰来看，它们并非属于同一时期的产物。《湖北宜昌万福垴遗址出土甬钟年代及相关问题研究》一文认为："1号C型楚季铭文钟右鼓光素无纹，无标示第二音标的小鸟纹，其年代应比其他三件C型钟稍早，落在西周中期早晚段之间。"[5]笔者认为，不能仅凭有无侧鼓部的小鸟纹来判定这4件万福垴编钟时代的早晚。因为在这一阶段，侧鼓部的小鸟纹并非标配；而且除了小鸟纹的有无之外，1号钟并不具有早于其他3件钟的器型以及纹饰方面的时代特征。相反，与另外3件钟相比，1号楚季宝钟的篆带饰横C形云纹，属于适合纹样，工艺手法为阴刻平雕，恰恰具有晚于2～4号钟的时代特征。在本书中，笔者将万福垴2～4号钟的时代断为西周中期懿王之世。另外，还有一些学者仅仅根据1号钟（楚季宝钟）的刻铭进行断代，笔者认为这是个逻辑问题。因为退一万步讲，即使刻铭的时代毫无争议，那也是刻铭的时间，而不是铸钟的时间。这仅为该钟的断代提供了一个可以参考的时代下限，至于这个下限距离铸钟的时间之长短，尚是未知数。"楚季钟刻铭年代要较其铸造年代晚，两个年代要分开来认识是没有异议的。"[6]故此，通过刻铭了解2012YWTN03E20:1号钟（楚季宝钟）可供参考的时代下限之后，还需要将断代的焦点聚于该钟的器型与纹饰上。综合考量，笔者认为将万福垴

---

[1] 湖北省文物考古研究所、武汉大学历史学院考古系、宜昌博物馆：《湖北宜昌万福垴遗址发掘简报》，《江汉考古》2016年第4期，第33页。

[2] 同[1]，第30、33页。

[3] 黄文新、赵芳超：《湖北宜昌万福垴遗址出土甬钟年代及相关问题研究》，《江汉考古》2016年第4期，第68页。

[4] 同[1]，第33页。

[5] 同[3]。

[6] 同[3]，第65页。

2012YWTN03E20:1号钟（楚季宝钟）的时代断为西周中期孝王之世较为妥当。

万福垴2012YWTN03E20:1号钟（楚季宝钟）（图3·1·4之2），甬端微磕损，个别枚端微残，余部保存完好。器表均覆盖着淡淡的绿锈，局部泥锈留存。绚纹斡。其钲、篆、枚区各部以粗阴线弦纹为界。篆带饰横C形云纹（图3·1·4之1），工艺手法为阴刻平雕。该云纹属于适合纹样，其构图为：由2条横C形云纹叠置而成，二者呈逆对称关系；每一条横C形云纹的线条均为一端分叉，另一端不分叉；中间的身躯被拉伸得较长，并饰有形态不同的歧枝；篆带上下边框上各有1个较粗的歧枝。正鼓部饰一对工字形云纹（图3·1·4之3），两个单元的工字形云纹呈镜面对称关系。侧鼓部没有侧鼓音的标记纹饰。钟体有刻铭17字，内容为："楚季宝钟厥孙乃献于公公其万年受厥福"[1]。其中，16字位于钲部，最后一字位于正鼓部的左上角，不注意会被忽略。钟腔内壁没有调音锉磨的痕迹。该钟通高48.0厘米[2]。

例2：陕西眉县杨家村丙组编钟（2件，丙组Ⅰ、Ⅱ号）

据《眉县出土一批西周窖藏青铜乐器》一文介绍，"1985年8月，眉县马家镇杨家村砖厂工人在取土时发现一西周青铜器窖藏，共出土西周甬钟十件，镈三件。"[3]属于单氏家族所有，为姬姓[4]。其中，甲组钟2件；乙组钟4件，根据其铭文，学界称其为逨钟；丙组钟4件。其中，篆带饰BbⅡ横C形云纹的为丙组钟（2件，丙组Ⅰ、Ⅱ号）。

关于杨家村丙组钟（2件，丙组Ⅰ、Ⅱ号）的时代，主要有以下2种不同观点：

第一，"西周中期"说。《中国音乐文物大系·陕西卷》认为眉县杨家村丙组编钟（4件，丙组Ⅰ、Ⅱ、Ⅲ、Ⅳ号）的时代为"西周中期"[5]。

第二，"西周晚期"说。《眉县出土一批西周窖藏青铜乐器》一文认为，眉县

［1］湖北省文物考古研究所、武汉大学历史学院考古系、宜昌博物馆：《湖北宜昌万福垴遗址发掘简报》，《江汉考古》2016年第4期，第33页。

［2］同［1］，第35页，附表一。

［3］刘怀君：《眉县出土一批西周窖藏青铜乐器》，《文博》1987年第2期，第17页。

［4］张天恩：《从逨盘铭文谈西周单氏家族的谱系及相关铜器》，《文物》2003年第7期，第63页。

［5］方建军：《中国音乐文物大系·陕西卷》，大象出版社，1996年，第65页。

杨家村"丙组器物从其形制、纹饰看，都与西周晚期出土的钟雷同"[1]。

　　关于杨家村丙组钟（2件，丙组Ⅰ、Ⅱ号）的时代，笔者认同第一种观点，即"西周中期"说。但此断代略显宽泛，笔者认为尚可更为具体。与编钟的器型和纹饰相比，调音技术更具有鲜明的时代特征，是西周中晚期编钟断代的重要元素。14件有铭兴钟堪称"孝夷以至厉王前半"[2]这一时期甬钟断代的标准器。与之相比对，眉县杨家村丙组编钟之Ⅰ、Ⅱ号两钟的调音情况与夷王时期的二式兴钟（76FZHⅠ:29、10、9、32号）雷同，且二者篆带纹饰同属于横C形云纹，故此笔者认为杨家村丙组编钟之Ⅰ、Ⅱ号两钟应断为西周中期夷王之世。

　　杨家村丙组编钟（2件，丙组Ⅰ、Ⅱ号）均保存完好（图3·1·4之4、9）。旋幹俱全。舞部素面。其钲、篆、枚区各部以粗阴线弦纹为界。篆带饰横C形云纹（图3·1·4之6、11），工艺手法为阴刻平雕。该云纹属于适合纹样，其构图为：由2条横C形云纹叠置而成，二者呈逆对称关系；每一条横C形云纹的线条均为一端分叉，另一端不分叉；中间的身躯被拉伸得较长，并饰有形态不同的歧枝；篆带上下边框上各有1个歧枝。正鼓部饰一对工字形云纹（图3·1·4之7、8），两个单元的工字形云纹呈镜面对称关系。侧鼓部饰一凤鸟纹或小鸟纹，均为翘尾。钟体没有铭文。钟腔内壁均有调音槽。2件杨家村丙组编钟各自不同之处分述如下：

　　杨家村丙组Ⅰ号钟（图3·1·4之4、5）：半环形幹，较细。背面右侧鼓部饰一小鸟纹（图3·1·4之7），体形很小，翘尾，线条极其简洁而传神。于口无内唇。该钟调音情况为：钟腔内壁共有调音槽4条，分别位于正面的正鼓部、背面的2个侧鼓部和右铣角。调音槽均延及于口，在于口留下数个弧形缺口。其中，正面仅正鼓部有细长而浅的调音槽，距舞底1～2厘米；2个侧鼓部均无调音槽。背面的2个侧鼓部均有细长而浅的调音槽，距舞底3～4厘米，调音槽呈梭形，即两头浅，中间深；正鼓部没有调音槽。右铣角有调音槽，细长而浅，距离舞底约1厘米；左铣角没有调音

[1] 刘怀君：《眉县出土一批西周窖藏青铜乐器》，《文博》1987年第2期，第23页。
[2] a.李学勤：《庄白兴器的再考察》，《华学》（第八辑），紫禁城出版社，2006年，第25页。b.李学勤：《庄白兴器的再考察》，《文物中的古文明》，商务印书馆，2008年，第263页。

槽。该钟通高44.3厘米，重25.5千克[1]。

杨家村丙组Ⅱ号钟（图3·1·4之9）：半环形斡，较细。背面右侧鼓部饰一小鸟纹（图3·1·4之8），与丙组Ⅰ号钟所饰的小鸟纹形态几乎相同。于口无内唇。该钟调音情况为（图3·1·4之10）：钟腔内壁共有调音槽3条，分别位于背面的正鼓部和左侧鼓部、右铣角。背面的正鼓部及左侧鼓部的调音槽较窄、较浅，长度仅为钟腔的三分之一；右铣角的调音槽窄而浅，不明显。该钟通高44.0厘米，重23.0千克[2]。

这里需要指出两处谬误，详见如下：

第一，关于眉县杨家村丙组Ⅰ号钟的调音槽情况，《中国音乐文物大系·陕西卷》指出："内壁有隧4条，前壁正鼓1、后壁正、侧鼓2、右铣1"[3]。该书所言的"隧"是指调音槽。笔者曾亲自考察过该钟，实际上其钟腔内壁的4条调音槽分别位于正面的正鼓部、背面的2个侧鼓部和右铣角，故《中国音乐文物大系·陕西卷》所描述的部分调音槽的位置有误。

第二，关于眉县杨家村丙组Ⅱ号钟的调音槽数量和位置，《中国音乐文物大系·陕西卷》指出："内壁有隧2条，后壁正鼓及右侧鼓各1"[4]。该书所言的"隧"是指调音槽。笔者曾亲自考察过该钟，实际上其钟腔内壁共有调音槽3条，分别位于背面的正鼓部、左侧鼓部和右铣角。故此，《中国音乐文物大系·陕西卷》所描述的该钟调音槽数量和位置均有误。

例3：陕西扶风五郡西村编钟（2件，2006FWXJ1:5、6号）

2006年，出土于陕西扶风五郡西村西周青铜器窖藏，其中最著名的青铜器为2件五年琱生尊。该窖藏出土编甬钟共计5件，其中篆带饰BbⅡ横C形云纹的为五郡西村2006FWXJ1:5、6号钟。

关于该窖藏的主人，《陕西扶风五郡西村西周青铜器窖藏发掘简报》指出：

---

[1] 方建军：《中国音乐文物大系·陕西卷》，大象出版社，1996年，第180页，表18。
[2] 同[1]。
[3] 同[1]，第65页。
[4] 同[1]，第65页。

"出土的器物中5件有铭文，1件编钟上有族徽。我们认为这些青铜器应是同一家族之物，根据铭文推测，可能这个窖藏的主人就是琱生。"[1] "琱生应是召氏宗族的一员。"[2] 如此而言，该窖藏青铜器应属于姬姓召氏宗族。但从五郡西村2006FWXJ1:5号钟的纹样特征以及6号钟的铭文来看，这2件编钟并非由召氏宗族铸造，而是来自不同的地方。其中，5号钟出自南方楚地，6号钟为胡国之器，做器者为"胡仲衍"。

关于五郡西村编钟（2件，2006FWXJ1:5、6号）的时代，目前学界有不同认识，主要有如下3种观点：

第一，"西周晚期"说。《陕西扶风五郡西村西周青铜器窖藏发掘简报》一文认为这2件编钟的时代为西周晚期[3]。

第二，"西周中期"说。《简论扶风五郡西周窖藏出土的青铜器》一文认为这2件编钟的时代为西周中期[4]。

第三，"共懿之际"说。《扶风五郡西村西周青铜器窖藏编钟及相关问题》一文认为这2件编钟的时代"大致在共懿之际为妥"[5]。

对于以上3种观点，笔者赞同第一种观点，即"西周晚期"说，但此说尚有些宽泛。与编钟的器型和纹饰相比，调音技术更具有鲜明的时代特征，是西周中晚期编钟断代的重要元素。14件有铭兴钟堪称"孝夷以至厉王前半"[6]这一时期甬钟断代的标准器。与之相比对，五郡西村编钟（2件，2006FWXJ1:5、6号）的断代还可更为具体。《陕西扶风五郡西村西周青铜器窖藏发掘简报》指出，五郡西村2006FWXJ1:5、6号两钟的钟腔内壁均有"调音槽6条"[7]。但从该发掘简报公布

[1] 宝鸡市考古研究所、扶风县博物馆：《陕西扶风五郡西村西周青铜器窖藏发掘简报》，《文物》2007年第8期，第26页。

[2] 同[1]，第27页。

[3] 同[1]，第17页。

[4] 高西省：《简论扶风五郡西周窖藏出土的青铜器》，《中国历史文物》2008年第6期，第7页。

[5] 陈亮：《扶风五郡西村西周青铜器窖藏编钟及相关问题》，《文物》2007年第8期，第82页。

[6] a.李学勤：《庄白兴器的再考察》，《华学》（第八辑），紫禁城出版社，2006年，第25页。b.李学勤：《庄白兴器的再考察》，《文物中的古文明》，商务印书馆，2008年，第263页。

[7] 同[1]，第17页。

的五郡西村2006FWXJ1:5号钟的于口线图（图3·1·4之15）来看，该钟的2个正鼓部、4个侧鼓部和2个铣角均有调音槽，共计8条，而不是"6条"。到底孰对孰错，只能留待将来有机会再去亲自验证。但五郡西村2006FWXJ1:5、6号两钟的钟腔内壁至少均有调音槽6条的认知，是肯定没有问题的。调音槽均延及于口，其形态较为规范，与西周晚期厉王前段的4件兴钟（76FZH1:62、65、28、57号）雷同。故此，笔者认为应将五郡西村2006FWXJ1:5、6号两钟断为西周晚期厉王前段较为妥当。

五郡西村编钟（2件，2006FWXJ1:5、6号）均保存完好（图3·1·4之12、17）。旋幹俱全。其钲、篆、枚区各部以粗阴线弦纹为界。篆带饰横C形云纹（图3·1·4之16、21），工艺手法为阴线单勾。该云纹属于适合纹样，其构图为：由2条横C形云纹叠置而成，二者呈逆对称关系；每一条横C形云纹的线条均为一端分叉，另一端不分叉；中间的身躯被拉伸得较长，并饰有歧枝；篆带上下边框各饰有1个歧枝。正鼓部饰1对工字形云纹（图3·1·4之14、19），两个单元的工字形云纹呈镜面对称关系。侧鼓部均有侧鼓音的标记纹饰，形态各不相同。2件编钟各自不同之处分述如下：

五郡西村2006FWXJ1:5号钟（图3·1·4之12、13），半环形幹。钟体背面右侧鼓部的标记纹饰有些特殊，并不是常见的凤鸟纹，而是1个阴线单勾的燕尾云纹（图3·1·4之14），纹样形态很像湖北随州叶家山M111:7号钟背面右侧鼓部所饰燕尾云纹（图2·1·5之4）的简化版。《陕西扶风五郡西村西周青铜器窖藏发掘简报》指出，该钟钟腔内壁有"调音槽6条"[1]。但从该发掘简报公布的五郡西村2006FWXJ1:5号钟的于口线图（图3·1·4之15）来看，该钟的2个正鼓部、4个侧鼓部和2个铣角均有调音槽，共计8条，而不是"6条"。到底孰对孰错，现在尚无法判定，因为线图有可能画错，文字也可能描述错误，故只能留待将来亲自验证后才能知晓其调音的真相。钟体无铭文。《陕西扶风五郡西村西周青铜器窖藏发掘简报》没有公布该钟的通高数据，可能是漏掉了。但从该发掘简报公布的4号钟和5号钟的线图[2]比例来

［1］宝鸡市考古研究所、扶风县博物馆：《陕西扶风五郡西村西周青铜器窖藏发掘简报》，《文物》2007年第8期，第17页。

［2］同［1］，第16页，图二六、二七。

看，5号钟的通高为50多厘米。从该钟背面右侧鼓部的纹饰形态推测，其应该出自南方楚地。

五郡西村2006FWXJ1:6号钟（图3·1·4之17、18），近方形斡。钟体背面右侧鼓部饰一凤鸟纹（图3·1·4之19），尖喙，大眼，头顶有小草形冠，翘尾很长，四趾，身体上饰有云纹，工艺考究，其工艺手法为阴刻平雕加阴线刻。该钟钟腔内壁有"调音槽6条"[1]（图3·1·4之20），分别位于2个正鼓部和4个侧鼓部，而2个铣角均没有调音槽。甬部有铭文17字，内容为"胡仲衍作宝钟胡仲其万年子子孙孙永宝"[2]，可见做器者为"胡仲衍"，为胡国之器。从该钟背面右侧鼓部的凤鸟纹形态特征来看，该钟来自南方，故这个胡国"应该是文献中归姓的胡国，在今安徽阜阳"[3]。该钟通高49.0厘米[4]。

例4：二式晋侯苏钟（6件，73631～73634、73636、73640号）

1992年，被盗掘出土于山西曲沃县曲村镇北赵村西南天马——曲村遗址8号墓。墓葬编号为92QI11M8，为晋侯苏墓，墓葬的时代应为西周晚期。编甬钟共计16件，其中2件为考古发掘出土，14件被盗掘。被盗的14件编钟被走私到香港，1992年12月22日由上海博物馆购回入藏。与2件编钟同时出土的还有10件编磬。侯马工作站于1995年收藏6件编磬，曲沃县公安局藏2件编磬，据考证均为M8之物。也就是说，M8共计随葬16件编甬钟和18件编磬。笔者根据钲、篆、枚区的界隔方式，将16件晋侯苏编钟分为两式：一式晋侯苏钟，其钲、篆、枚区各部以细双阳线弦纹夹连珠纹界隔，共计4件，包括73627～73630号钟；二式晋侯苏钟，其钲、篆、枚区各部以阴线界隔，共计12件，包括73631～73640号钟，M8:32、33号钟。

关于16件晋侯苏编钟的时代，学界争议很大，主要有5种观点：第一，"厉王"或"宣王"说；第二，"西周初年至厉王"说；第三，"西周初期至共王"说；第四，"西周早中期"说；第五，"西周中晚期"说。

---

[1] 宝鸡市考古研究所、扶风县博物馆：《陕西扶风五郡西村西周青铜器窖藏发掘简报》，《文物》2007年第8期，第17页。

[2] 同[1]，第7页。

[3] 李学勤：《从新出青铜器看长江下游文化的发展》，《文物》1980年第8期，第37页。

[4] 同[1]，第7页。

对于以上5种观点，笔者赞同第五种，即"西周中晚期"说。但此说有些宽泛，笔者认为还可将其断代更为具体化。与"孝夷以至厉王前半"[1]这一时期甬钟断代的标准器——14件有铭兴钟相比对可知，一式晋侯苏钟（73627~73630号）应属于西周中期夷王之器，二式晋侯苏钟（73631~73640号，M8:32、33号）应为西周晚期厉王后段之器。对于晋侯苏编钟不同的断代分析，笔者在第二章第一节AbⅠ燕尾云纹的"例5：一式晋侯苏钟（4件：73627~73630号）"这一范例中已作详细辨证，读者可以参阅该部分，这里不再重复赘述。

在16件晋侯苏编钟当中，篆带饰BbⅡ横C形云纹的为二式晋侯苏钟（6件，73631~73634、73636、73640号）（图3·1·4之22~25、35、36）。这6件钟均旋斡俱全，半环形斡。钲、篆、枚区以粗阴线弦纹界隔。篆带饰横C形云纹（图3·1·4之26~29、34、38），其中73631、73634号两钟的工艺手法为阴线单勾，其余4件钟为阴刻平雕。该横C形云纹属于适合纹样，其构图为：由2条身体被拉长的横C形云纹叠置而成，二者呈逆对称关系；每1条横C形云纹的线条均为一端分叉，另一端不分叉；中间的身躯被拉伸得较长，并饰有歧枝；篆带的上下边框各饰有1个歧枝。正鼓部饰1对工字形云纹（图3·1·4之30~33、37、39）。侧鼓部饰1只凤鸟纹或小鸟纹（图3·1·4之30~33、37、39），作为侧鼓音的演奏标记。钲部等位置有刻铭。各钟不同之处如下：

二式晋侯苏钟73631号（图3·1·4之35），缺损1枚，断1枚，余部保存完整。其侧鼓部饰凤鸟纹（图3·1·4之37），因锈蚀而致局部线条不辨。该钟的调音情况为：钟腔内有6条调音槽，分别位于两正鼓、两铣角、正面的右侧鼓部和背面的左侧鼓部，调音槽较浅，长约25.0厘米[2]。该钟通高50.4厘米，重22.7千克[3]。

二式晋侯苏钟73632号（图3·1·4之22），保存完好。其侧鼓部饰小鸟纹（图3·1·4之30），线条非常简略。钟腔内壁调音情况为：调音槽共计8条，呈半个

[1] a. 李学勤：《庄白兴器的再考察》，《华学》（第八辑），紫禁城出版社，2006年，第25页。b. 李学勤：《庄白兴器的再考察》，《文物中的古文明》，商务印书馆，2008年，第263页。
[2] 马承源：《中国音乐文物大系·上海卷》，大象出版社，1996年，第31页。
[3] 王子初：《晋侯苏钟的音乐学研究》，《文物》1998年第5期，第24页，表一。

图3·1·4之1～5　篆带饰BbⅡ横C形云纹的西周甬钟

1. 湖北宜昌万福垴2012YWTN03E20:1号钟篆带（王清雷摄）　2. 湖北宜昌万福垴2012YWTN03E20:1号钟（王清雷摄）　3. 湖北宜昌万福垴2012YWTN03E20:1号钟正鼓部纹饰（王清雷摄）　4. 陕西眉县杨家村丙组Ⅰ号钟（王清雷摄）　5. 陕西眉县杨家村丙组Ⅰ号钟拓片[1]

[1] 方建军：《中国音乐文物大系·陕西卷》，大象出版社，1996年，第66页，图1·5·21b。

图3·1·4之6~11　篆带饰BbⅡ横C形云纹的西周甬钟

6.陕西眉县杨家村丙组Ⅰ号钟篆带纹饰拓片[1]　7.陕西眉县杨家村丙组Ⅰ号钟鼓部纹饰拓片[2]　8.陕西眉县杨家村丙组Ⅱ号钟鼓部纹饰（王清雷摄）　9.陕西眉县杨家村丙组Ⅱ号钟（王清雷摄）　10.陕西眉县杨家村丙组Ⅱ号钟于口拓片[3]　11.陕西眉县杨家村丙组Ⅱ号钟篆带纹饰（王清雷摄）

[1] 方建军：《中国音乐文物大系·陕西卷》，大象出版社，1996年，第66页，图1·5·21b，"6.陕西眉县杨家村丙组Ⅰ号钟篆带纹饰拓片"由王清雷剪裁自"图1·5·21b"。

[2] 同[1]，"7.陕西眉县杨家村丙组Ⅰ号钟鼓部纹饰拓片"由王清雷剪裁自"图1·5·21b"。

[3] 同[1]。

12

13

14

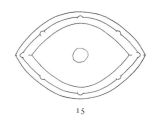

15

图3·1·4之12～16　篆带饰Bb Ⅱ横C形云纹的西周甬钟

12. 陕西扶风五郡西村2006FWXJ1:5号钟（宝鸡青铜器博物院陈亮供图）　13. 陕西扶风五郡西村2006FWXJ1:5号钟拓片[1]　14. 陕西扶风五郡西村2006FWXJ1:5号钟鼓部纹饰拓片[2]　15. 陕西扶风五郡西村2006FWXJ1:5号钟于口线图[3]　16. 陕西扶风五郡西村2006FWXJ1:5号钟篆带纹饰[4]

16

［1］宝鸡市考古研究所、扶风县博物馆：《陕西扶风五郡西村西周青铜器窖藏发掘简报》，《文物》2007年第8期，第22页，图三六。

［2］同［1］，"14. 陕西扶风五郡西村2006FWXJ1：5号钟鼓部纹饰拓片"由王清雷裁剪自"图三六"。

［3］同［1］，第16页，图二七。"15. 陕西扶风五郡西村2006FWXJ1：5号钟于口线图"由王清雷裁剪自"图二七"。

［4］王清雷裁剪自图"12. 陕西扶风五郡西村2006FWXJ1：5号钟（宝鸡青铜器博物院陈亮供图）"。

17

18

19

20

图3·1·4之17～21　篆带饰BbⅡ横C形云纹的
西周甬钟

17. 陕西扶风五郡西村2006FWXJ1:6号钟（宝鸡青
铜器博物院陈亮供图）　18. 陕西扶风五郡西村
2006FWXJ1:6号钟拓片[1]　19. 陕西扶风五郡西村
2006FWXJ1:6号钟鼓部纹饰拓片[2]　20. 陕西扶
风五郡西村2006FWXJ1:6号钟于口线图[3]　21. 陕
西扶风五郡西村2006FWXJ1:6号钟篆带纹饰[4]

21

［1］宝鸡市考古研究所、扶风县博物馆：《陕西扶风五郡西村西周青铜器窖藏发掘简报》，《文物》
　　2007年第8期，第23页，图三九。

［2］同［1］，"19.陕西扶风五郡西村2006FWXJ1：6号钟鼓部纹饰拓片"由王清雷裁剪自"图
　　三九"。

［3］同［1］，第17页，图二八。"20.陕西扶风五郡西村2006FWXJ1：6号钟于口线图"由王清雷
　　裁剪自"图二八"。

［4］王清雷裁剪自图"17.陕西扶风五郡西村2006FWXJ1：6号钟（宝鸡青铜器博物院陈亮供图）"。

22

图3·1·4之22、23　篆带饰BbⅡ横C形云纹
的西周甬钟

22.二式晋侯苏钟73632号[1]　23.二式晋侯苏钟
73633号[2]

[1]马承源:《中国音乐文物大系·上海卷》,
　　大象出版社,1996年,第35页,图1·2·4i。
[2]同[1],第36页,图1·2·4j。

23

24

25

图3·1·4之24、25　篆带饰Bb Ⅱ 横C形云纹
的西周甬钟

24. 二式晋侯苏钟73636号[1]　25. 二式晋侯苏钟
73640号[2]

[1] 马承源：《中国音乐文物大系·上海卷》，
　　大象出版社，1996年，第37页，图1·2·4o。
[2] 同[1]，第38页，图1·2·4s。

26

27

28

图3·1·4之26～28　篆带饰BbⅡ横C形云纹的西周甬钟

26. 二式晋侯苏钟73632号篆带纹饰[1]　　27. 二式晋侯苏钟73633号篆带纹饰[2]　　28. 二式晋侯苏钟73636号篆带纹饰[3]

[1] 马承源：《中国音乐文物大系·上海卷》，大象出版社，1996年，第35页，图1·2·4i。"26. 二式晋侯苏钟73632号篆带纹饰"由王清雷裁剪自"图1·2·4i"。

[2] 同[1]，第36页，图1·2·4j。"27. 二式晋侯苏钟73633号篆带纹饰"由王清雷裁剪自"图1·2·4j"。

[3] 同[1]，第37页，图1·2·4o。"28. 二式晋侯苏钟73636号篆带纹饰"由王清雷裁剪自"图1·2·4o"。

29

30

31

图3·1·4之29~31　篆带饰BbⅡ横C形云纹的西周甬钟

29. 二式晋侯苏钟73640号篆带纹饰[1]　　30. 二式晋侯苏钟73632号鼓部纹饰[2]　　31. 二式晋侯苏钟73633号鼓部纹饰[3]

[1] 马承源:《中国音乐文物大系·上海卷》，大象出版社，1996年，第38页，图1·2·4s。"29.
　　二式晋侯苏钟73640号篆带纹饰"由王清雷裁剪自"图1·2·4s"。

[2] 同[1]，"30.二式晋侯苏钟73632号鼓部纹饰"由王清雷裁剪自"图1·2·4i"。

[3] 同[1]，第36页，图1·2·4j。"31.二式晋侯苏钟73633号鼓部纹饰"由王清雷裁剪自"图1·2·4j"。

32

33

34

35

图3·1·4之32～35　篆带饰BbⅡ横C形云纹的西周甬钟

32. 二式晋侯苏钟73636号鼓部纹饰[1]　　33. 二式晋侯苏钟73640号鼓部纹饰[2]　　34. 二式晋侯苏钟73631号篆带纹饰[3]　　35.二式晋侯苏钟73631号[4]

[1] 马承源：《中国音乐文物大系·上海卷》，大象出版社，1996年，第37页，图1·2·4o。"32. 二式晋侯苏钟73636号鼓部纹饰"由王清雷裁剪自"图1·2·4o"。
[2] 同[1]，第38页，图1·2·4s。"33. 二式晋侯苏钟73640号鼓部纹饰"由王清雷裁剪自"图1·2·4s"。
[3] 同[1]，第34页，图1·2·4h。"34. 二式晋侯苏钟73631号篆带纹饰"由王清雷裁剪自"图1·2·4h"。
[4] 同[1]，第34页，图1·2·4h。

图3·1·4之36～39　篆带饰BbⅡ横C形云纹的西周甬钟

36. 二式晋侯苏钟73634号[1]　37. 二式晋侯苏钟73631号鼓部纹饰[2]　38. 二式晋侯苏钟73634号篆带纹
饰[3]　39. 二式晋侯苏钟73634号鼓部纹饰[4]

［1］马承源：《中国音乐文物大系·上海卷》，大象出版社，1996年，第36页，图1·2·4l。
［2］同［1］，第34页，图1·2·4h。"37. 二式晋侯苏钟73631号鼓部纹饰"由王清雷裁剪自"图1·2·4h"。
［3］同［1］，"38. 二式晋侯苏钟73634号篆带纹饰"由王清雷裁剪自"图1·2·4l"。
［4］同［1］，"39. 二式晋侯苏钟73634号鼓部纹饰"由王清雷裁剪自"图1·2·4l"。

梭形，分别位于2个正鼓部、4个侧鼓部和2个铣角，调音槽长8.0～9.0、宽0.9厘米[1]。该钟通高49.8厘米，重22.1千克[2]。

　　二式晋侯苏钟73633号（图3·1·4之23），该钟背面右侧鼓部锈蚀严重，隐约可见饰有小鸟纹（图3·1·4之31），线条非常简略。钟腔内壁调音情况为：调音槽共计9条，呈半个梭形。其中，2个正鼓部、背面右侧鼓部各有1条；正面2个侧鼓部、背面左侧鼓部各有2条；2个铣角均没有调音锉磨的痕迹[3]。该钟通高47.2厘米，重21.6千克[4]。

　　二式晋侯苏钟73634号（图3·1·4之36），数枚枚端有磨损。其侧鼓部所饰小鸟纹（图3·1·4之39）看起来非常写意，线条简略。钟腔内壁仅有1条调音槽，位于正面的左侧鼓部，余部均没有调音痕迹[5]。该钟通高45.1厘米，重17.5千克[6]。

　　二式晋侯苏钟73636号（图3·1·4之24），个别枚缺损，于口有1处锉痕。其侧鼓部饰凤鸟纹（图3·1·4之32），线条简洁而生动。钟腔内壁调音情况为：调音槽共计8条，呈半个梭形，分别位于2个正鼓部、4个侧鼓部和2个铣角。其中，2个铣角的调音槽最为明显，长约15.0厘米[7]。该钟通高34.7厘米，重9.1千克[8]。

　　二式晋侯苏钟73640号（图3·1·4之25），个别枚端磨损。器表锈蚀较重，致局部纹饰漫漶不辨。其侧鼓部隐约可见饰有小鸟纹（图3·1·4之33），线条非常简略。钟腔内壁调音情况为：调音槽共计8条，呈半个梭形，分别位于2个正鼓部、4个侧鼓部和2个铣角，调音槽长8.0～9.0、宽0.9厘米[9]。该钟通高22.4厘米，重3.4千克[10]。

---

[1] 马承源：《中国音乐文物大系·上海卷》，大象出版社，1996年，第31页。
[2] 王子初：《晋侯苏钟的音乐学研究》，《文物》1998年第5期，第24页，表一。
[3] 同[1]。
[4] 同[2]。
[5] 同[1]。
[6] 同[2]。
[7] 同[1]。
[8] 同[2]。
[9] 同[1]。
[10] 同[2]。

（三） Bc 亚型（横 S 形云纹）

根据纹饰的工艺手法，笔者将Bc亚型（横S形云纹）分为两式：BcⅠ（阴线单勾纹饰）、BcⅡ（阴刻平雕纹饰）。

BcⅠ

BcⅠ横S形云纹的工艺手法为阴线单勾。篆带饰有此式云纹的西周甬钟主要有如下两例：

例1：二式晋侯苏钟（3件，M8:32、73635、73637号）

1992年，被盗掘出土于山西曲沃县曲村镇北赵村西南天马 —— 曲村遗址8号墓，墓葬编号为92QI11M8，为晋侯苏墓，墓葬的时代应为西周晚期。编甬钟共计16件，其中2件为考古发掘出土，14件被盗掘。

关于16件晋侯苏编钟的时代，学界争议很大，主要有5种观点：第一，"厉王"或"宣王"说；第二，"西周初年至厉王"说；第三，"西周初期至共王"说；第四，"西周早中期"说；第五，"西周中晚期"说。

对于以上5种观点，笔者赞同第五种，即"西周中晚期"说。但此说有些宽泛，笔者认为还可将16件晋侯苏编钟的断代进一步具体化。与"孝夷以至厉王前半"[1]这一时期甬钟的断代标准器——14件有铭兴钟相比对可知，一式晋侯苏钟（73627～73630号）应属于西周中期夷王之器，二式晋侯苏钟（73631～73640号，M8:32、33号）应为西周晚期厉王后段之器。对于晋侯苏编钟不同的断代分析，笔者在第二章第一节AbⅠ燕尾云纹的"例5：一式晋侯苏钟（4件：73627～73630号）"这一范例中已作详细辨证，读者可参阅该部分，这里不再重复赘述。

在16件晋侯苏编钟当中，篆带饰BcⅠ横S形云纹的为二式晋侯苏钟（3件，M8:32、73635、73637号）。分述如下：

二式晋侯苏钟M8:32号（图3·1·5之1、2），保存完整。旋斡俱备，斡为半环形。其钲、篆、枚区各部以阴线弦纹界隔。篆带饰横S形云纹（图3·1·5之3），工艺手法

---

[1] a. 李学勤：《庄白兴器的再考察》，《华学》（第八辑），紫禁城出版社，2006年，第25页。b. 李学勤：《庄白兴器的再考察》，《文物中的古文明》，商务印书馆，2008年，第263页。

为阴线单勾。该云纹属于适合纹样，其构图为：由2条身体被拉长的横S形云纹叠置而成，二者呈逆对称关系；每1条横S形云纹的线条均为一端内卷，另一端外卷，两端的卷曲程度不同；中间的身躯被拉伸得很长，并饰有歧枝；篆带的上、下边框上各有1个歧枝，横S形云纹的一端外卷，与该歧枝相呼应，构思巧妙。正鼓部饰1对工字形云纹（图3·1·5之4），2个单元的工字形云纹呈镜面对称关系。侧鼓部饰1只精致的凤鸟纹，作为侧鼓音的演奏标记。该钟的调音情况为（图3·1·5之5）：钟腔内壁有3条调音槽，其中背面有2条，位于正鼓部和右侧鼓部；正面有1条，位于正鼓部；调音槽最长的8.4厘米，最短的7厘米，距离舞底还有5.0～7.0厘米。钲部刻有铭文4字，内容为"永宝兹钟"。该钟的铭文为刻铭，而非铸铭，故其刻铭的时间肯定要晚于编钟的铸造时间，这可以作为该钟断代下限的一个参考值。至于该钟确切的铸造时间，只能通过其器形、纹饰和调音等多种元素去做综合判断。该钟通高22.5厘米[1]。

　　二式晋侯苏钟73635号（图3·1·5之6），保存完整。其钲、篆、枚区各部以阴线弦纹界隔。篆带饰横S形云纹（图3·1·5之8），正鼓部饰1对工字形云纹（图3·1·5之9），侧鼓部饰1只精致的凤鸟纹。这些纹样的形态与M8:32号钟雷同，只不过工艺更为考究。该钟的调音情况为：钟腔内壁有8条调音槽，分别位于2个正鼓部、4个侧鼓部和2个铣角，调音槽长8.0～9.0、宽约0.9厘米。其中，2个铣角的调音槽最长、最宽，长约15.0厘米[2]。钲部刻有铭文。该钟通高34.7厘米，重7.5千克[3]。

　　二式晋侯苏钟73637号（图3·1·5之7），保存完整。其钲、篆、枚区各部以阴线弦纹界隔。篆带饰横S形云纹（图3·1·5之10），其形态与M8:32号、73635号两钟略有不同，每1条横S形云纹外卷的一端先外卷再内卷，形成1个螺旋形；在拉长的躯体近外卷的一端有1个折角，使整个构图更为灵动、活泼。正鼓部饰1对工字形云纹（图3·1·5之11），侧鼓部饰1只精致的凤鸟纹，其纹样的形态与M8:32号钟雷同。该钟的调

———————

［1］项阳、陶正刚：《中国音乐文物大系·山西卷》，大象出版社，2000年，第46页。

［2］马承源：《中国音乐文物大系·上海卷》，大象出版社，1996年，第31页。

［3］王子初：《晋侯苏钟的音乐学研究》，《文物》1998年第5期，第24页，表一。

音情况与73635号钟雷同：钟腔内壁有8条调音槽，分别位于2个正鼓部、4个侧鼓部和2个铣角，调音槽长8.0~9.0、宽约0.9厘米。其中，2个铣角的调音槽最长、最宽，长约15.0厘米[1]。钲部刻有铭文。该钟通高30.6厘米，重6.2千克[2]。

例2：四式兴钟（2件，76FZHl:28、57号）

1976年12月，出土于陕西扶风庄白一号窖藏，系白家生产队在平整土地时发现。窖藏出土青铜器属于殷遗民子姓微氏家族[3]。窖藏内器物放置有序，没被盗掘。出土编甬钟共计21件：有铭兴钟14件，无铭兴钟7件[4]。其中，篆带饰Bc I横S形云纹的为四式兴钟（2件，76FZH1:28、57号），属于有铭兴钟。

关于四式兴钟（2件，76FZH1:28、57号）的时代，目前学界主要有4种观点：

第一，"西周中期"说。《中国音乐文物大系·陕西卷》认为四式兴钟（2件，76FZH1:28、57号）的时代为西周中期[5]。

第二，"厉王时期"说。《西周青铜器年代综合研究》认为兴钟为西周晚期厉王时遗[6]。《应侯钟的音列结构及有关问题》一文认为"陕西扶风庄白一号青铜器窖藏出土兴钟14件，时代属西周厉王时期"[7]。

第三，"孝夷"说。《微氏家族铜器断代》认为："兴钟的时代为孝夷之间。"[8]《中国青铜器综论》一书亦认为14件有铭兴钟的时代为孝夷时期[9]。

第四，"孝夷以至厉王前半"说。李学勤先生在《庄白兴器的再考察》一文通过对微氏家族第七世兴的青铜器的系统研究，认为"兴的年代是在孝夷以至

[1] 马承源：《中国音乐文物大系·上海卷》，大象出版社，1996年，第31页。

[2] 王子初：《晋侯苏钟的音乐学研究》，《文物》1998年第5期，第24页，表一。

[3] 李学勤：《西周中期青铜的重要标尺——周原庄白、强家两处青铜器窖藏的综合研究》，《中国历史博物馆馆刊》1979年第1期，第30页。

[4] a.陕西周原考古队：《陕西扶风庄白一号西周青铜器窖藏发掘简报》，《文物》1978年第3期，第1、6、7页。b.方建军：《中国音乐文物大系·陕西卷》，大象出版社，1996年，第37~50页。

[5] 同[4]b，第45页。

[6] 彭裕商：《西周青铜器年代综合研究》，巴蜀书社，2003年，第406页。

[7] 方建军：《应侯钟的音列结构及有关问题》，《音乐研究》2011年第6期，第46页。

[8] 刘士莪、尹盛平：《微氏家族铜器断代》，《西周微氏家族青铜器群研究》，文物出版社，1992年，第93页。

[9] 朱凤瀚：《中国青铜器综论》，上海古籍出版社，2009年，第355页。

图3·1·5之1～5　篆带饰Bc I 横S形云纹的西周甬钟

1. 二式晋侯苏钟M8:32号[1]　　2. 二式晋侯苏钟M8:32号舞部纹饰（王子初摄）　3. 二式晋侯苏钟M8:32号篆带纹饰[2]　　4. 二式晋侯苏钟M8:32号鼓部纹饰[3]　5. 二式晋侯苏钟32号于口（王子初摄）

［1］项阳、陶正刚：《中国音乐文物大系·山西卷》，大象出版社，2000年，第46页，图1·3·2中的右钟。

［2］同［1］，"3.二式晋侯苏钟M8:32号篆带纹饰"由王清雷裁剪自"图1·3·2"的右钟。

［3］同［1］，"4.二式晋侯苏钟M8:32号鼓部纹饰"由王清雷裁剪自"图1·3·2"的右钟。

6

7

图3·1·5之6～10　篆带饰BcⅠ横S形云纹的西周甬钟

6. 二式晋侯苏钟73635号[1]　　7. 二式晋侯苏钟73637
号[2]　8. 二式晋侯苏钟73635号篆带纹饰[3]　9. 二式
晋侯苏钟73635号鼓部纹饰[4]　　10. 二式晋侯苏钟73637
号篆带纹饰[5]

8

9

[1] 马承源：《中国音乐文物大系·上海卷》，大象
　　出版社，1996年，第37页，图1·2·4m。
[2] 同[1]，第38页，图1·2·4p。
[3] 同[1]，"8.二式晋侯苏钟73635号篆带纹饰"
　　由王清雷裁剪自"图1·2·4m"。
[4] 同[1]，"9.二式晋侯苏钟73635号鼓部纹饰"
　　由王清雷裁剪自"图1·2·4m"。
[5] 马承源：《中国音乐文物大系·上海卷》，大象
　　出版社，1996年，第38页，图1·2·4p。"10.
　　晋侯苏钟73637号篆带纹饰"由王清雷裁剪自"图
　　1·2·4p"。

10

11

12

13

14

图3·1·5之11～14　篆带饰BcⅠ横S形云纹的西周甬钟

11. 二式晋侯苏钟73637号鼓部纹饰[1]　12. 四式兴钟76FZH1:57号篆带纹饰（王清雷摄）　13. 四式兴钟76FZH1:57号（王清雷摄）　14. 四式兴钟76FZH1:57号钲部铭文（王清雷摄）

---

[1] 马承源：《中国音乐文物大系·上海卷》，大象出版社，1996年，第38页，图1·2·4p。"11. 二式晋侯苏钟73637号鼓部纹饰"由王清雷裁剪自"图1·2·4p"。

15

16

17

图3·1·5之15～18　篆带饰BcⅠ横S形云纹的
西周甬钟

15. 四式兴钟76FZH1:57号正鼓部纹饰（王清雷
摄）　16. 四式兴钟76FZH1:57号侧鼓部纹饰（王
清雷摄）　17. 四式兴钟76FZH1:57号舞部纹饰
（王清雷摄）　18. 四式兴钟76FZH1:57号于口
（王清雷摄）

18

19

图3·1·5之19　篆带饰Bc I 横S形云纹的西周甬钟

19. 四式兴钟76FZH1:28号[1]

---

[1]方建军:《中国音乐文物大系·陕西卷》,大象出版社,1996年,第45页,图1·5·11a。

20

图3·1·5之20　篆带饰BcⅠ横S形云纹的西周甬钟

20. 四式兴钟76FZH1:28号篆带纹饰[1]

厉王前半，他的器铭与一些肯定属这个时期的器物联系，在分期研究上是特别有
意义的。"[2]对于以上诸家的断代，笔者认为值得商榷。与编钟的铭文相比，
其调音更具有鲜明的时代特征。从这套编钟的调音情况来看，四式兴钟（2件，
76FZH1:28、57号）的调音与二式晋侯苏钟（73631～73640号，M8:32、33号）类
似；从具体调音情况来看，其略早于二式晋侯苏钟（73631～73640号，M8:32、33
号）。而二式晋侯苏钟属于西周晚期厉王后段之器。由此判断，四式兴钟（2件，
76FZH1:28、57号）应已进入西周晚期厉王之世，处于李学勤先生所言"孝夷以至
厉王前半"的下限，即西周晚期厉王前段。

　　四式兴钟76FZH1:57号（图3·1·5之13、17），保存完好。旋斡俱全，半环形斡。
其枚、篆、钲区以粗阳线弦纹界隔。篆带饰横S形云纹（图3·1·5之12），工艺手法为

［1］方建军：《中国音乐文物大系·陕西卷》，大象出版社，1996年，第45页，图1·5·11a。"20.
　　四式兴钟76FZH1：28号篆带纹饰"由王清雷裁剪自"图1·5·11a"。

［2］a. 李学勤：《庄白兴器的再考察》，《华学》（第八辑），紫禁城出版社，2006年，第25页。b. 李
　　学勤：《庄白兴器的再考察》，《文物中的古文明》，商务印书馆，2008年，第263页。

阴线单勾。该云纹属于适合纹样，其构图为：由2条身体被拉长的横S形云纹叠置而成，二者呈逆对称关系；每1条横S形云纹线条的两端均分叉，其中一端内卷，另一端外卷，外卷的一端大幅度外伸，跨度很大；中间的身躯被拉伸得很长，并饰有歧枝；篆带的上、下边框上各有1个歧枝，歧枝一端分叉，横S形云纹大跨度外卷的一端就是与该歧枝相呼应，构思巧妙。正鼓部饰1对鸟体龙纹（图3·1·5之15），2个单元的鸟体龙纹呈镜面对称关系，阴线单勾与双勾相结合。侧鼓部饰1只精致的凤鸟纹（图3·1·5之16），作为侧鼓音的演奏标记。通体纹饰繁缛华丽，富于装饰性。该钟的调音情况为（图3·1·5之18）：于口有内唇，有因调音锉磨留下的弧形缺口。钟腔内壁有6条调音槽。其中，背面仅左侧鼓部有1条调音槽；正鼓部近于口处有轻微的调音锉磨痕迹，没有调音槽；右侧鼓部没有调音。正面的正鼓部和2个侧鼓部均有调音槽，较浅、较短；两铣角均有调音锉磨，其中一铣角近于口处稍有调音，没有调音槽，另一铣角有2条调音槽，1条较深，1条较浅。钲部铸有铭文8字（图3·1·5之14）。该钟通高27.9厘米，重5.6千克[1]。

四式兴钟76FZH1:28号（图3·1·5之19），保存完好。其枚、篆、钲区的界隔方式、篆带纹饰（图3·1·5之20）、正鼓部纹饰以及侧鼓部纹饰均与76FZH1:57号钟的类型相同。笔者当初在宝鸡青铜器博物馆考察时，该钟不在博物馆，故此其调音情况不明。按《中国音乐文物大系·陕西卷》所载，该钟"内壁有隧4条，两铣、前、后壁左侧鼓各1"[2]。该钟通高41.0厘米，重13.8千克[3]。

这里需要指出一处谬误。对于76FZH1:57号钟的调音情况，《中国音乐文物大系·陕西卷》载："内壁有隧9条，两铣各1，前壁正、侧鼓3，后壁正鼓、左侧鼓各1，右侧鼓2。"[4]该书这里所言的"隧"，是指调音槽。经笔者亲自考察该钟的调音情况，发现该钟钟腔内壁仅有6条调音槽。其中，背面有1条调音槽，位于左侧鼓部；正鼓部近于口处有轻微的调音锉磨痕迹，没有调音槽；另1个侧鼓部没

---

［1］方建军：《中国音乐文物大系·陕西卷》，大象出版社，1996年，第178页，表10。

［2］同［1］，第45页。

［3］同［1］，第178页，表10。

［4］同［1］。

有调音。正面共有3条调音槽，其中正鼓部、2个侧鼓部各有1条调音槽。1铣角近于口处稍有调音，没有调音槽；另一铣角有2条调音槽，1条较深，1条较浅。故此，《中国音乐文物大系·陕西卷》认为76FZH1:57号钟钟腔内壁有调音槽"9条"，是不对的，请学界注意这一问题。

Bc Ⅱ

Bc Ⅱ横S形云纹的工艺手法为阴刻平雕。篆带饰有此式云纹的西周甬钟主要有如下1例：

例：二式晋侯苏钟（3件，M8:33、73638、73639号）

1992年，被盗掘出土于山西曲沃县曲村镇北赵村西南天马——曲村遗址8号墓，墓葬编号为92QI11M8，为晋侯苏墓，墓葬的时代应为西周晚期。编甬钟共计16件，其中2件为考古发掘出土，14件被盗掘。

关于16件晋侯苏编钟的时代，学界争议很大，主要有5种观点：第一，"厉王"或"宣王"说；第二，"西周初年至厉王"说；第三，"西周初期至共王"说；第四，"西周早中期"说；第五，"西周中晚期"说。

对于以上5种观点，笔者赞同第五种，即"西周中晚期"说。但此说有些宽泛，笔者认为还可将16件晋侯苏编钟的断代进一步具体化。与"孝夷以至厉王前半"[1]这一时期甬钟断代的标准器——14件有铭兴钟相比对可知，一式晋侯苏钟（73627～73630号）应属于西周中期夷王之器，二式晋侯苏钟（73631～73640号，M8:32、33号）应为西周晚期厉王后段之器。对于晋侯苏编钟不同的断代分析，笔者在第二章第一节Ab Ⅰ燕尾云纹的"例5：一式晋侯苏钟（4件：73627～73630号）"这一范例中已作详细辨证，读者可以参阅该部分，这里不再重复赘述。

在16件晋侯苏编钟当中，篆带饰Bc Ⅱ横S形云纹的为二式晋侯苏钟（3件，M8:33、73638、73639号）。分述如下：

晋侯苏钟M8:33号（图3·1·6之2、3），保存完整。旋斡俱备，斡为半环形。其钲、篆、枚区各部以阴线弦纹界隔。篆带饰横S形云纹（图3·1·6之1），工艺手法为

---

[1] a.李学勤：《庄白兴器的再考察》，《华学》（第八辑），紫禁城出版社，2006年，第25页。b.李学勤：《庄白兴器的再考察》，《文物中的古文明》，商务印书馆，2008年，第263页。

图3·1·6之1～5　篆带饰Bc Ⅱ 横S形云纹的西周甬钟

1. 二式晋侯苏钟M8:33号篆带纹饰[1]　 2. 二式晋侯苏钟M8:33号[2]　 3. 二式晋侯苏钟M8:33号舞部
（王子初摄）　 4. 二式晋侯苏钟M8:33号鼓部纹饰[3]　 5. 二式晋侯苏钟M8:33号于口（王子初摄）

［1］项阳、陶正刚：《中国音乐文物大系·山西卷》，大象出版社，2000年，第46页，图1·3·2
　　中的左钟。"1.二式晋侯苏钟 M8:33 号篆带纹饰"由王清雷裁剪自"图1·3·2"的左钟。
［2］同［1］。
［3］同［1］，"4.二式晋侯苏钟 M8:33 号鼓部纹饰"由王清雷裁剪自"图1·3·2"的左钟。

6   7

8   9

图3·1·6之6～9　篆带饰BcⅡ横S形云纹的西周甬钟

6. 二式晋侯苏钟73638号[1]　7. 二式晋侯苏钟73639号[2]　8. 二式晋侯苏钟73638号篆带纹饰[3]　9. 二式晋侯苏钟73638号鼓部纹饰[4]

［1］马承源：《中国音乐文物大系·上海卷》，大象出版社，1996年，第38页，图1·2·4q。
［2］同［1］，图1·2·4r。
［3］同［1］，"8.二式晋侯苏钟73638号篆带纹饰"由王清雷裁剪自"图1·2·4q"。
［4］同［1］，"9.二式晋侯苏钟73638号鼓部纹饰"由王清雷裁剪自"图1·2·4q"。

10　　　　　　　　　　　　　　　　　11

图3·1·6之10、11　篆带饰BcⅡ横S形云纹的西周甬钟

10. 二式晋侯苏钟73639号篆带纹饰[1]　　11. 二式晋侯苏钟73639号鼓部纹饰[2]

阴刻平雕。该云纹属于适合纹样，其构图为：由2条身体被拉长的横S形云纹叠置而成，二者呈逆对称关系；每1条横S形云纹的线条均为一端内卷，另一端外卷，两端的卷曲程度不同；中间的身躯被拉伸得很长，并饰有歧枝。正鼓部饰1对工字形云纹（图3·1·6之4），2个单元的工字形云纹呈镜面对称关系。侧鼓部饰1只精致的凤鸟纹，作为侧鼓音的演奏标记。该钟的调音情况为（图3·1·6之5）：钟腔内壁有8条调音槽，分别位于2个正鼓部、4个侧鼓部和2个铣角。调音槽最长的8.4厘米，最短的7厘米，距离舞底5.0～7.0厘米。钲部刻有铭文。该钟通高26.0厘米[3]。

　　晋侯苏钟73638号（图3·1·6之6），个别枚残缺，余部保存完整。其钲、篆、枚区各部以阴线弦纹界隔。篆带饰横S形云纹（图3·1·6之8），正鼓部饰1对工字形云纹（图3·1·6之9），其纹样的形态与M8:33号钟雷同。侧鼓部饰1只精致的凤鸟纹，但其形态与M8:33号钟侧鼓部所饰凤鸟纹不同。该钟的调音情况为：钟腔内壁有5条调音槽，分别位于2个正鼓部、2个铣角和一面的右侧鼓部，调音槽长8.0～14.0厘

[1]　马承源：《中国音乐文物大系·上海卷》，大象出版社，1996年，第38页，图1·2·4r。"10. 二式晋侯苏钟73639号篆带纹饰"由王清雷裁剪自"图1·2·4r"。

[2]　同［1］，"11. 二式晋侯苏钟73639号鼓部纹饰"由王清雷裁剪自"图1·2·4r"。

[3]　项阳、陶正刚：《中国音乐文物大系·山西卷》，大象出版社，2000年，第46页。

米不等[1]。钲部刻有铭文。该钟通高30.2厘米，重6.5千克[2]。

晋侯苏钟73639号（图3·1·6之7），个别枚残，数枚的枚端有磨损，背面的左铣角微残，余部保存完整。篆带饰横S形云纹（图3·1·6之10），正鼓部饰1对工字形云纹（图3·1·6之11），其纹样的形态与M8:33号钟雷同，只是线条有些生硬。侧鼓部饰1只精致的凤鸟纹，其形态与73638号钟侧鼓部所饰凤鸟纹雷同。该钟的调音情况为：钟腔内壁有6条调音槽，分别位于2个正鼓部、2个铣角和一面的2个侧鼓部[3]。钲部刻有铭文。该钟通高26.2厘米，重4.8千克[4]。

[1] 马承源：《中国音乐文物大系·上海卷》，大象出版社，1996年，第31页。
[2] 王子初：《晋侯苏钟的音乐学研究》，《文物》1998年第5期，第24页，表一。
[3] 同[1]。
[4] 同[2]。

第二节

西周甬钟篆带适合云纹的
类型学分析

　　按照纹饰组织结构的不同，笔者将西周甬钟篆带所饰云纹分为两型：A型（连续云纹）和B型（适合云纹）。笔者将西周甬钟篆带所饰B型云纹（适合云纹）分为3个亚型6式，列举代表性实物共19例，其中Ba亚型（斜角云纹）分为两式，共计5例；Bb亚型（横C形云纹）分为两式，共计11例；Bc亚型（横S形云纹）分为两式，共计3例。详细统计资料参见表5。

（一）　型式分析

　　按照纹饰主体形态的不同，笔者将西周甬钟篆带所饰B型（适合云纹）分为3个亚型：Ba亚型（斜角云纹）、Bb亚型（横C形云纹）、Bc亚型（横S形云纹）。下面，笔者对这3个亚型的演变试做探讨。

　　Ba亚型（斜角云纹）

　　Ba亚型（斜角云纹）是西周中期甬钟上出现的一种新的篆带纹样。根据纹饰的工艺手法，笔者将Ba亚型（斜角云纹）分为两式：BaⅠ（细阳线单勾纹饰）、BaⅡ（阴线单勾纹饰）。BaⅠ（细阳线单勾纹饰）斜角云纹最早见于西周中期懿王之世

表5 西周甬钟篆带B型云纹（适合云纹）的型式与范例一览表

型式		甬钟名称	时代	出土地及墓主	国别、族属
Ba	Ba Ⅰ	五式兴钟 76FZH1:63 号	懿王	陕西扶风庄白一号窖藏，器主为微伯兴。	殷遗民微氏家族，子姓。
	Ba Ⅱ	1.虘钟（3件）	2件孝王 1件厉王	2件藏日本京都泉屋博古馆，1件藏北京故宫博物院。	纪国，姜姓。
		2.陕西扶风东渠钟（七八·909号）	夷王	陕西省扶风县东渠村窖藏	殷遗民
		3.纪侯钟	夷厉之世	山东寿光县纪侯台	纪国，姜姓。
		4.三式兴钟（2件，76FZH1:62、65号）	厉王前段	陕西扶风庄白一号窖藏，器主为微伯兴。	殷遗民微氏家族，子姓。
Bb	Bb Ⅰ	1.湖北宜昌万福垴2012YWTN03E20:4号钟	懿王	湖北宜昌万福垴楚文化西周遗址，属楚国公室青铜器。	熊氏楚国，芈姓。
		2.六式兴钟（2件，76FZHl:58、60号）	懿王	陕西扶风庄白一号窖藏，器主为微伯兴。	殷遗民微氏家族，子姓。
		3.陕西扶风五郡西村2006FWXJ1:4号钟	懿王	陕西扶风五郡西村西周青铜器窖藏2006FWXJ1，窖藏的主人为召氏小宗的琱生。	殷遗民贵族
		4.四式兴钟 76FZH1:31号	孝王	陕西扶风庄白一号窖藏，器主为微伯兴。	殷遗民微氏家族，子姓。
		5.二式兴钟（4件，76FZHl:29、10、9、32号）	夷王	陕西扶风庄白一号窖藏，器主为微伯兴。	殷遗民微氏家族，子姓。
		6.陕西眉县杨家村丙组编钟（2件，丙组Ⅲ、Ⅳ号）	厉王后段	陕西眉县杨家村西周青铜器窖藏，属于单氏家族。	单氏宗族，姬姓。
	Bb Ⅱ	1.湖北宜昌万福垴2012YWTN03E20:1号钟	孝王	湖北宜昌万福垴楚文化西周遗址，属楚国公室青铜器。	熊氏楚国，芈姓。
		2.陕西眉县杨家村丙组编钟（2件，丙组Ⅰ、Ⅱ号）	夷王	陕西眉县杨家村西周青铜器窖藏，属于单氏家族。	单氏宗族，姬姓。
		3.陕西扶风五郡西村2006FWXJ1:5号钟	厉王前段	陕西扶风五郡西村西周青铜器窖藏2006FWXJ1，窖藏的主人为召氏小宗的琱生。	南方楚地
		4.陕西扶风五郡西村2006FWXJ1:6号钟	厉王前段	陕西扶风五郡西村西周青铜器窖藏2006FWXJ1，窖藏的主人为召氏小宗的琱生。	胡国，归姓。

续表

型式		甬钟名称	时代	出土地及墓主	国别、族属
		5. 二式晋侯苏钟（6件，73631～73634、73636、73640号）	厉王后段	山西曲沃县天马——曲村遗址M8，墓主为晋侯苏。	晋国，姬姓。
Bc	Bc Ⅰ	1. 四式兴钟（2件，76FZH1:28、57号）	厉王前段	陕西扶风庄白一号窖藏，器主为微伯兴。	殷遗民微氏家族，子姓。
		2. 二式晋侯苏钟（3件，M8:32、73635、73637号）	厉王后段	山西曲沃县天马——曲村遗址M8，墓主为晋侯苏。	晋国，姬姓。
	Bc Ⅱ	二式晋侯苏钟（3件，M8:33、73638、73639号）	厉王后段	山西曲沃县天马——曲村遗址M8，墓主为晋侯苏。	晋国，姬姓。

的五式兴钟76FZH1:63号篆带之上。"铜器上的花纹全由阳线表现，这是在范上所刻画的阴线的反面，这一做法代表着铸铜技术的一个早期及原始的阶段。"[1]故此，这种原始的工艺手法很快被时代所淘汰。至西周中期孝王之世，由细阳线单勾而成的BaⅠ斜角云纹被阴线单勾而成的斜角云纹所取代，这就是BaⅡ斜角云纹，BaⅠ斜角云纹自此退出历史舞台。

Bb亚型（横C形云纹）

Bb亚型（横C形云纹）也是西周中期甬钟上出现的一种新的篆带纹样。从"西周甬钟篆带B型云纹（适合云纹）的型式与范例一览表"（表5）的统计数据来看，Bb亚型（横C形云纹）的代表性实物有11例，而Ba亚型（斜角云纹）有5例，Bc亚型（横S形云纹）仅有3例，由此可见Bb亚型（横C形云纹）是西周甬钟篆带B型云纹（适合云纹）中的主流纹样。

根据纹饰的形态特征，笔者将Bb亚型（横C形云纹）分为两式：BbⅠ（篆带边框不饰歧枝）、BbⅡ（篆带边框饰有歧枝）。BbⅠ（篆带边框不饰歧枝）横C形云纹最早出现于西周中期懿王时期，这一时期的BbⅠ横C形云纹的身体上没有装饰的歧枝。到西周中期孝王时期，BbⅠ横C形云纹的身体中部开始出现装饰的歧枝，并一直沿用至西周晚期厉王后段；同一时期，BbⅠ横C形云纹的装饰向外扩展，在篆

---

[1] 张光直：《李济文集》（卷四），上海人民出版社，2006年，第17页。

带的上下边框上各饰有1个歧枝，这就是BbⅡ（篆带边框饰有歧枝）横C形云纹，有的BbⅡ横C形云纹的身体上也饰有歧枝，一直沿用至西周晚期厉王后段。

Bc亚型（横S形云纹）

Bc亚型（横S形云纹）是西周晚期甬钟上出现的一种新的篆带纹样，也是唯一一种诞生于西周晚期的云纹纹样。从其纹样形态来看，其应该由横C形云纹演变而来。如果不仔细观察，很容易将其与横C形云纹混为一谈。因为这种横S形云纹与横C形云纹的一端几乎相同，另一端是不同的，整体形态为拉长的横S形。就像马与骡子一样，二者从体态上非常容易混淆，但二者毕竟是两种不同的家畜，故此各有命名。

根据纹饰的工艺手法，笔者将Bc亚型（横S形云纹）分为两式：BcⅠ（阴线单勾纹饰）、BcⅡ（阴刻平雕纹饰）。BcⅠ（阴线单勾纹饰）横S形云纹最早出现于西周晚期厉王前段，其工艺手法为阴线单勾；随着时代的发展，其工艺手法很快为阴刻平雕所取代，BcⅡ（阴刻平雕纹饰）横S形云纹由此诞生。

（二） 时代分析

从"西周甬钟篆带B型云纹（适合云纹）型式分期表"（表6）来看，笔者初步得出如下几点认识：

1.BaⅠ斜角云纹仅见于西周中期懿王之世，BaⅡ斜角云纹最早出现于西周中期孝王之世，一直沿用至西周晚期厉王前段。BcⅠ、BcⅡ横S形云纹均仅见于西周晚期厉王之世。BbⅠ横C形云纹最早出现于西周中期懿王之世，一直沿用至西周晚期厉王后段；BbⅡ最早出现于西周中期孝王之世，也是一直沿用至西周晚期厉王后段。从沿用的时代来看，Bb亚型（横C形云纹）是西周甬钟篆带所饰B型云纹（适合云纹）中的主流纹样。从"西周甬钟篆带B型云纹（适合云纹）标本统计图"（图3·2·1）的统计数据来看，亦是如此。Ba亚型（斜角云纹）实物标本共计5例，占总数的26%；Bb亚型（横C形云纹）实物标本共计11例，占总数的58%；Bc亚型（横S形云纹）实物标本共计3例，占总数的16%。

2.BaⅠ斜角云纹仅见于西周中期懿王之世，BcⅠ、BcⅡ横S形云纹均仅见于

表6　西周甬钟篆带B型云纹（适合云纹）型式分期表

型式		西周早期				西周中期					西周晚期			
	时期	武王	成王	康王	昭王	穆王	共王	懿王	孝王	夷王	厉王	共和	宣王	幽王
Ba	Ba Ⅰ							—						
	Ba Ⅱ								—	—	—			
Bb	Bb Ⅰ							—	—	—	—			
	Bb Ⅱ								—	—	—			
Bc	Bc Ⅰ										—			
	Bc Ⅱ										—			

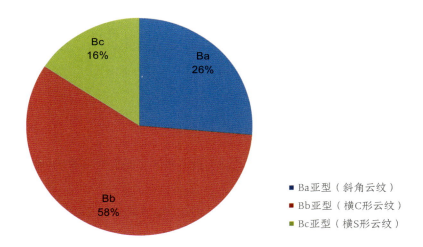

图3·2·1　西周甬钟篆带B型云纹（适合云纹）标本统计图（张玲玲制图）

西周晚期厉王之世。此3式为西周甬钟的断代提供了一个可供参考的准确时代标尺。

　　3.BaⅡ斜角云纹和BbⅡ横C形云纹均见于西周中期孝王、夷王和西周晚期厉王3世，BbⅠ横C形云纹见于西周中期懿王至西周晚期厉王之世。此3式为西周甬钟的断代提供了一个可供参考的宏观时代标尺。在此基础上，还需结合甬钟不同部位的纹饰、铭文、调音、器型等综合元素，尤其要关注以上几个元素的细节，这样才能给予甬钟以准确的断代。

4.西周甬钟篆带所饰B型云纹（适合云纹）均集中出现于西周中期后段，至西周晚期厉王之后均戛然而止。由此可知，西周晚期厉王之世是西周礼乐重器——甬钟的大变革时期，自此甬钟进入了一个全新的历史发展阶段。这是否与当时周厉王被国人放逐，"王奔于彘""共伯和者摄行天子事"[1]的重大政治历史背景有关呢？值得深入探讨。

（三） 地域与族属分析

从"西周甬钟篆带B型云纹（适合云纹）的型式与范例一览表"（表5）来看，笔者初步得出如下几点认识：

1.Ba亚型（斜角云纹）最早见于西周中期懿王之世的五式兴钟76FZH1:63号篆带之上，属于殷遗民微氏家族；最早的Bb亚型（横C形云纹）云纹有3例，均为西周中期夷王之器，分别见于湖北宜昌万福垴编钟2012YWTN03E20:4号、六式兴钟（2件，76FZHl:58、60号）、陕西扶风五郡西村2006FWXJ1:4号钟的篆带之上，这3例的国别或族属分别为熊氏楚国、殷遗民微氏家族、殷遗民贵族。由此我们会发现，西周中期甬钟篆带所饰B型云纹（适合云纹）竟然没有一例是出自姬姓贵族或者姬姓诸侯国，均为非姬周文化的产物。这与西周中期后段西周王室衰微，诸侯崛起的政治背景息息相关。"此时西周王室已经衰弱，实力强大的诸侯开始干预王位，因而先是兄终及弟，继而又传之兄子。《礼记·郊特牲》说：'觐礼，天子不下堂而见诸侯。下堂而见诸侯，天子之失礼也，由夷王以下。'郑玄注：'时微弱，不敢自尊于诸侯也。'因为周夷王等乃诸侯所拥立，当然不敢自尊于诸侯。"[2]诸侯的崛起与强大，必然伴随着文化上的诉求，西周中期甬钟篆带所饰B型云纹（适合云纹）的诞生正是这种时代的反映与写照。器不仅"藏礼"，也"藏"着不同历史阶段的政治与文化。

[1] 杨宽：《西周史》，上海人民出版社，2003年，第841页。
[2] 同[1]，第839、840页。

2.无论从沿用的时间来看，还是从代表性实物来看，Bb亚型（横C形云纹）都是西周甬钟篆带所饰B型云纹（适合云纹）中的主流纹样。那么，何以如此呢？我们从Bb亚型（横C形云纹）的国别与族属可以揭示其奥秘所在。Bb Ⅰ横C形云纹最早见于西周中期懿王之世湖北宜昌万福垴编钟2012YWTN03E20:4号的篆带之上，Bb Ⅱ横C形云纹最早见于西周中期孝王之世的湖北宜昌万福垴钟2012YWTN03E20:1号篆带之上，二者均为熊氏楚国之器。由此可见，Bb亚型（横C形云纹）云纹应为楚文化的产物。楚国势力强大，是西周时期第一个自封王的诸侯国。《史记·楚世家》载："熊渠生子三人。当周夷王之时，王室微，诸侯或不朝，相伐。熊渠甚得江汉间民和，乃兴兵伐庸、杨粤，至于鄂。熊渠曰：'我蛮夷也，不与中国之号谥。'乃立其长子康为句亶王，中子红为鄂王，少子执疵为越章王，皆在江上楚蛮之地。"[1] 在这样的历史背景下，Bb亚型（横C形云纹）作为强势楚文化的产物，成为非姬周文化产物的西周甬钟篆带所饰B型云纹（适合云纹）中的主流纹样，就不难理解了。

---

[1]［汉］司马迁：《史记卷四十·楚世家第十》，中华书局（点校本二十四史修订版），2013年，第2031页。

结　语

本书结语共分为3个部分：一是陈述各章的主要内容及结论，二是阐述本书的创新之处，三是陈述本书选题尚存在的问题以及解决途径。详述如下：

一　本书各章的主要内容及结论

本书共分为3章：第一章为"西周甬钟篆带云纹的分类与定名"，第二章为"西周甬钟篆带连续云纹的类型学研究"，第三章为"西周甬钟篆带适合云纹的类型学研究"。

（一）第一章的主要内容及结论

在第一章中，笔者按照云纹形态的不同，将西周甬钟篆带所饰云纹分为6组：甲组、乙组、丙组、丁组、戊组和己组。

通过梳理大量的文献，笔者发现在不同的文献中，对于以上6组西周甬钟篆带所饰云纹有着多种不同的称谓。据笔者初步统计，至少有34种之多，如斜角云纹、阴线斜角云纹、斜角卷云纹、斜格云纹、阳线云纹、细阳线云纹、细线云纹、细阳线连续云纹、横向S形云纹、横"S"形云纹、"⌣"形云纹、S形云纹、阴线双勾"⌣"形云纹、细阴线云纹、阴线云纹、阴云纹、卷云纹、阴刻勾连式卷云纹、长体合卷云纹、阴刻勾连式卷云纹、勾连云纹、卷草样云纹、卷草形云纹、卷草状云纹、变形云纹、斜角雷纹、三角雷纹、斜角云雷纹、云雷纹、细阳线云雷纹、卷曲纹、窃曲纹、断裂S形无目窃曲纹、变形兽纹等。纵观这34种不同的云纹名称，有些属于名同而实异，有些属于名异而实同。对于青铜器纹饰定名的不统一、不规范的研究现状，李学勤先生早在十多年前就指出了这一问题的严重性。李先生说："这一学科分支有大量专有名词，包括纹饰，但诸家分歧很多，容易造成混淆紊乱。在翻译成外文的时候，问题更是复杂，莫衷一是。在学科业已相当成熟的当前情况下，这种现象亟须加以改变，应该加强有关方面的研究整理，逐步推进，最后在适当的时机，召开专门名词的制订会议。相信做到这一点，会使青铜器研究更迅速顺利地前进。"[1]李先生所言可谓振聋发聩。如果这些基础理论问题都难以科学化、统一化和体系化，又如何构建有中国特色、中国风格、中国气派的中国考古学话语体系。尤其是在全球学科视野下的当今，其必将成为制约学科大数据建设难以突破的一个瓶颈。基于此，笔者在本章将对这些纷繁复杂的云纹名称进行考辨，希冀能给予每一组西周甬钟篆带所饰云纹一个合理的定名。

第一章第一节，笔者对甲组西周甬钟篆带所饰云纹（图1·1·1）的定名做了考辨。甲组西周甬钟篆带所饰云纹均属于适合纹样，具体纹样特点为：由2个单元云纹构成；每个单元云纹的线条回折，形成1个为锐角的斜角；在一条篆带内，两个单元云纹呈对角关系；两个单元云纹相邻的两条线基本呈平行关系。在不同的文献中，对于甲组西周甬钟篆带所饰云纹多有不同的称谓。据笔者初步统计，至少有10种，分别为：斜角云纹、阴线斜角云纹、斜角卷云纹、斜格云纹、阳线云纹、细阳线云纹、斜角雷纹、三角雷纹、斜角云雷纹和夔龙纹。通过对这10种不同称谓的逐一考辨，笔者认为第一种称谓，即"斜角云纹"，是最为合理的。

第一章第二节，笔者对乙组西周甬钟篆带所饰云纹（图1·2·1）的定名做了考

---

[1] 李学勤：《〈商周青铜器幻想动物纹研究〉·序》，上海古籍出版社，2003年，第2、3页。

辨。据笔者初步统计，在不同的文献中，关于乙组西周甬钟篆带所饰云纹的不同称谓至少有11种，分别为：云纹、横向S形云纹、横"S"形云纹、阳线云纹、细阳线云纹、细阳线连续云纹、细阴线云纹、云雷纹、细阳线云雷纹、卷曲纹、窃曲纹。通过对这11种不同称谓的逐一考辨，笔者发现它们均存在或大或小的问题。那么，究竟该如何称呼乙组西周甬钟篆带所饰的云纹呢？笔者在撰写窃曲纹的研究论文时，发现《西周青铜器年代综合研究》一书将一种窃曲纹称为"横G字形"[1]窃曲纹。在《青铜器窃曲纹的来源及分型》一文中，作者认为其中的一型窃曲纹是"由横G形构成的窃曲纹"[2]。受此启发，笔者发现乙组西周甬钟篆带所饰纹样（图1·2·1）均属于二方连续纹样，由2或3个单元纹样构成，每一个单元纹样均由2个一上一下的横G形勾连而成。故此，笔者将乙组西周甬钟篆带所饰云纹命名为"横G形云纹"。

　　第一章第三节，笔者对丙组西周甬钟篆带所饰云纹（图1·3·1）的定名做了考辨。在不同的文献中，对丙组西周甬钟篆带所饰云纹多有不同的称谓。据笔者初步统计，至少有7种，分别为：云纹、"⌒"形云纹、S形云纹、横"S"形云纹、细阳线云纹、细阳线连续云纹、窃曲纹。通过对这7种不同称谓的逐一考辨，笔者发现它们均存在不妥之处。笔者在仔细观察丙组西周甬钟篆带所饰纹样（图1·3·1）后发现，其组织结构均属于二方连续纹样，由2或3个单元纹样构成，每一个单元纹样均为螺旋形云纹。这种螺旋形云纹的具体构图为：如果线条走向先是顺时针旋转，由外而内，那么到达中心点时再逆时针旋转，由内而外，在完成第一个单元纹样后，再连接到第二个单元纹样；如果线条走向先是逆时针旋转，由外而内，那么到达中心点时再顺时针旋转，由内而外，在完成第一个单元纹样后，再连接到第二个单元纹样，如此重复。由于这几个单元纹样均由同一根细阳线单勾而成，故此这种螺旋形云纹的线条走向必须是顺时针与逆时针旋转相结合才能构成这种二方连续纹样，可谓构思巧妙，匠心独具。故此，笔者将丙组西周甬钟篆带所饰云纹命名为"螺旋形云纹"。

［1］彭裕商：《西周青铜器年代综合研究》，巴蜀书社，2003年，第568页。
［2］张德良：《青铜器窃曲纹的来源及分型》，《文物》2009年第4期，第90页。

第一章第四节，笔者对丁组西周甬钟篆带所饰云纹（图1·4·1）的定名做了考辨。在不同的文献中，对丁组西周甬钟篆带所饰云纹多有不同的称谓。据笔者初步统计，至少有6种，分别为：横向S形云纹、细线云纹、细阳线云纹、卷云纹、云雷纹、变形兽纹。通过对这6种不同称谓的逐一考辨，笔者发现它们均存在不合理之处。通过仔细观察丁组西周甬钟篆带所饰纹样（图1·4·1），可以清楚地看到该组甬钟篆带纹饰的组织结构均为二方连续云纹。由于这种云纹的工艺手法为细阳线双勾，故在这种纹样上可见多个类似燕子剪刀尾的分叉（图1·4·1之17，图2·2·2之2~4），这是其典型的形态特征。所以，笔者将丁组西周甬钟篆带所饰云纹命名为"燕尾云纹"。

第一章第五节，笔者对戊组西周甬钟篆带所饰云纹（图1·5·2）的定名做了考辨。在不同的文献中，对戊组西周甬钟篆带所饰云纹多有不同的称谓。据笔者初步统计，至少有9种，分别为：云纹、卷云纹、勾连云纹、阴刻勾连式卷云纹、长体合卷云纹、阴线双勾"〰"形云纹、云雷纹、断裂S形无目窃曲纹、窃曲纹。通过对这9种不同称谓的逐一考辨，笔者发现它们均存在不妥之处。从戊组西周甬钟篆带所饰云纹（图1·5·2）的整体形态来看，均为横S形。《西周青铜器分期断代研究》一书将陕西蓝田红星村所出应侯视工钟[1]和一式兴钟（76FZH1:64号）[2]的篆带纹饰均称为"横向S形云纹"，笔者赞同此说。不过，笔者认为应将戊组西周甬钟篆带所饰云纹称为"横S形云纹"，更为简练而妥当。

第一章第六节，笔者对己组西周甬钟篆带所饰云纹（图1·6·2）的定名做了考辨。在不同的文献中，对己组西周甬钟篆带所饰云纹多有不同的称谓。据笔者初步统计，至少有13种，分别为：云纹、阴线云纹、阴云纹、卷云纹、阴刻勾连式卷云纹、勾连云纹、斜角云纹、卷草样纹、卷草形云纹、卷草状云纹、变形云纹、云雷纹、窃曲纹。通过对这13种不同称谓的逐一考辨，笔者发现它们均存在不合理之处。从己组西周甬钟篆带所饰云纹（图1·6·2）的整体形态来看，它们的主体都是

［1］王世民、陈公柔、张长寿：《西周青铜器分期断代研究》，文物出版社，1999年，第166页。
　　　在该书中，该钟被称为"应侯见工钟"。
［2］同［1］，第164页。

横C形云纹，只不过这种横C形云纹的身体较长或很长，并在一端加上歧枝作为装饰，有些横C形云纹会在C形中间和一端均加上歧枝作为装饰。故此，笔者将已组西周甬钟篆带所饰云纹命名为"横C形云纹"。

（二）第二章的主要内容及结论

在第二章中，笔者按照纹饰组织结构的不同，将西周甬钟篆带所饰云纹分为两型（图2·1·1）：A型（连续云纹）、B型（适合云纹）。按照纹饰整体形态的不同，笔者将A型（连续云纹）分为5个亚型：Aa亚型（燕尾云纹）、Ab亚型（横G形云纹）、Ac亚型（螺旋形云纹）、Ad亚型（横C形云纹）、Ae亚型（横S形云纹）；将B型（适合云纹）分为3个亚型：Ba亚型（斜角云纹）、Bb亚型（横C形云纹）、Bc亚型（横S形云纹）。

根据燕尾云纹的不同形态特征，笔者将Aa亚型（燕尾云纹）分为3式：Aa I（三尾燕尾云纹）、Aa II（螺旋燕尾云纹）、Aa III（斜角燕尾云纹）；根据构成横G形云纹的G形数量，笔者将Ab亚型（横G形云纹）分为2式：Ab I（由6个G形勾连而成）、Ab II（由4个G形勾连而成）；Ac亚型（螺旋形云纹）不分式；根据纹饰的工艺手法，笔者将Ad亚型（横C形云纹）分为2式：Ad I（阴线单勾纹饰）、Ad II（阴刻平雕纹饰）；将Ae亚型（横S形云纹）分为2式：Ae I（细阳线双勾纹饰）、Ae II（阴线单勾纹饰）。

根据纹饰的工艺手法，笔者将Ba亚型（斜角云纹）分为2式：Ba I（细阳线单勾纹饰）、Ba II（阴线单勾纹饰）；根据纹饰的不同形态特征，笔者将Bb亚型（横C形云纹）分为2式：Bb I（篆带边框不饰歧枝）、Bb II（篆带边框饰有歧枝）；根据纹饰的工艺手法，笔者将Bc亚型（横S形云纹）分为2式：Bc I（阴线单勾纹饰）、Bc II（阴刻平雕纹饰）。

为了使读者可以宏观了解西周甬钟篆带所饰云纹整体的型式划分，笔者特绘制了西周甬钟篆带云纹型式图（图2·1·1）。

考虑到A型（连续云纹）和B型（适合云纹）资料丰富，故分为两章分别做类型学研究。本章仅对西周甬钟篆带A型云纹（连续云纹）做类型学研究，第三章对西周甬钟篆带B型云纹（适合云纹）做类型学研究。

在第二章中，笔者将西周甬钟篆带A型云纹（连续云纹）分为5个亚型，列举代表性实物共26例。其中，Aa亚型（燕尾云纹）分为三式，共计10例；Ab亚型（横G形云纹）分为两式，共计9例；Ac亚型（螺旋形云纹）不分式，共计3例；Ad亚型（横C形云纹）分为两式，共计2例；Ae亚型（横S形云纹）分为两式，共计2例。

笔者通过对西周甬钟篆带所饰A型云纹（连续云纹）的分型分式研究，对其型式演变、时代、地域与族属等方面提出了几点初步的认识，现将主要结论陈述如下：

1.型式分析

（1）Aa亚型（燕尾云纹）

AaⅠ燕尾云纹是目前所见西周甬钟篆带纹饰的最早纹样形态，见于西周早期成王之世，至西周中期晚段的夷王之世还在使用。其纹样特点为每个单元的燕尾云纹均有3个燕尾，故此笔者将该式云纹称为三尾燕尾云纹（图1·4·1之1、2）。其隐含的鸟纹特征较为明显，纹样局部像鸟的简笔画。至西周早期康王之世，AaⅠ燕尾云纹的3尾缩减到2尾或1尾，减少的2尾或1尾变形为仅有半个燕尾的螺旋形，隐含的鸟纹被弱化，开始向几何形图案转变。故此，笔者将该式云纹称为螺旋燕尾云纹，即AaⅡ燕尾云纹（图1·4·1之14~16）。此式燕尾云纹昙花一现，西周早期之后就退出了历史舞台。至西周中期穆王之世，AaⅡ燕尾云纹进一步几何形图案化：每个单元的燕尾云纹均有2条边变形，从而在该燕尾云纹的一侧构成1个为锐角的斜角；2个单元的燕尾云纹为正反颠倒排列，由此2个单元燕尾云纹的斜角边构成平行关系。故此，笔者将该式云纹称为斜角燕尾云纹，即AaⅢ燕尾云纹（图1·4·1之5、7）。从AaⅢ燕尾云纹的形态来看，已几乎找不到鸟纹的影子，其与后来篆带所饰斜角云纹应具有一定的渊源关系。

（2）Ab亚型（横G形云纹）

AbⅠ横G形云纹见于西周早期的康王和昭王之世（图1·2·1之1、9、11），西周早期之后就不见其踪影。至西周中期早段的穆王之世，AbⅠ横G形云纹的6个G形简化为4个G形，由此演变成AbⅡ横G形云纹（图1·2·1之2、12），体现出简单朴素的时代特点与审美追求。正如张懋镕先生所言："进入西周中期，周系统的简朴风格日益明显的凸显出来。……朴素简洁，是西周中期新的装饰风尚的特征。"[1]

（3）Ad亚型（横C形云纹）

从西周甬钟篆带纹饰发展史的视角而言，AdⅠ（阴线单勾纹饰）横C形云纹是西周中期诞生的一种新的篆带纹样，为阴线单勾而成，纹样形态朴实无华（图1·6·2之15、图2·1·8之3）。随着时代的发展，新的工艺手法——阴刻平雕被用于篆带纹饰的制作，AdⅡ横C形云纹由此诞生。AdⅡ横C形云纹富有装饰性，C形的两端呈螺旋形内卷，身躯上还饰有不同形态的歧枝，彰显出完全不同于AdⅠ横C形云纹朴实无华的时代特征。显然，AdⅡ横C形云纹已经跨入了一个新的历史阶段，那就是西周晚期。

（4）Ae亚型（横S形云纹）

从西周甬钟篆带纹饰发展史的视角而言，AeⅠ（细阳线双勾纹饰）横S形云纹也是西周中期诞生的一种新的篆带纹样，为细阳线双勾而成，这是一种传统的工艺手法，见于西周中期孝王之世。用阴线单勾代替细阳线双勾，由此构成的横S形云纹更为简单朴素，这就是AeⅡ横S形云纹，见于西周晚期厉王之世。AeⅡ横S形云纹昙花一现，后被甬钟篆带所饰的横S形窃曲纹（阳刻平雕）所取代。

2.时代分析

从"西周甬钟篆带A型云纹（连续云纹）型式分期表"（表4）来看，笔者有如下几点认识：

（1）AaⅠ燕尾云纹初见于西周早期成王之世，至西周中期末段的夷王之世仍在使用，是西周甬钟篆带A型云纹（连续云纹）中，出现最早，沿用时间最长的云纹纹样。由此，也给篆带饰有此式云纹的西周甬钟断代带来了一些纷争。张懋镕先生指出："西周青铜器断代是个系统工程，情况非常复杂。由于器物种类的不同、族属的不同，影响到形制、纹饰、铭文演进速度的不同。"[2]"我们如果仅仅注意到那些古老的因素，就有可能将此器的年代提前，如果注意到新的元素的出现，就有可能比较准确地把握它的年代，因为按照考古学的常识，判定某器物的年代是

[1] 张懋镕：《西周青铜器断代两系说刍议》，《考古学报》2005年第1期，第21页。
[2] 张懋镕：《试论西周青铜器演变的非均衡性问题》，《考古学报》2008年第3期，第342页。

着眼于那些显示最晚年代特征的因素。"[1]有的文献误将西周中期夷王之世的一式晋侯苏钟（4件，73627～73630号）断为西周早期之器，[2]正是"仅仅注意到那些古老的因素"，没有"注意到新的元素的出现"而造成的。

（2）AaⅡ燕尾云纹、AbⅠ横G形云纹均仅见于西周早期；AaⅢ燕尾云纹、AbⅡ横G形云纹、Ac亚型云纹（螺旋形云纹）均仅见于西周中期；Ad亚型云纹（横C形云纹）和Ae亚型云纹（横S形云纹）均出现于西周中期后段，沿用至西周晚期厉王之世。这些均为西周甬钟的断代提供了一个可供参考的宏观时代标尺。在此基础上，还需结合甬钟不同部位的纹饰、铭文、调音、器型等综合元素，尤其要关注以上几个元素的细节，这样才能给予所研甬钟以准确的断代。

3.地域与族属分析

（1）AaⅠ燕尾云纹初见于西周早期成王之世，至西周中期末段的夷王之世仍在使用，是西周甬钟篆带A型云纹（连续云纹）中，出现最早，沿用时间最长的云纹纹样。作为一个亚型中的一式纹样，前后沿用约200年，实属罕见。那么为什么会出现这种特殊的现象呢？我们从其国别与族属入手，或许能找到答案。从"西周甬钟篆带A型云纹（连续云纹）的型式与范例一览表"（表3）可知，在AaⅠ燕尾云纹的6例代表性实物中，姬姓诸侯国和姬姓宗族占了4例，可见此式纹样应为姬周文化的产物，隐藏着深刻的政治内涵。马承源先生指出："鸟纹在周初突然大量涌现是一个值得注意的现象。它和'周之兴也，鸑鷟鸣于岐山'的传说当有一定关系，这是为了宣扬天命，即文王受命于天的吉祥的先兆。"隐含着鸟纹的AaⅠ燕尾云纹所蕴含的政治寓意显而易见。在AaⅠ燕尾云纹的6例代表性实物中，除了姬姓诸侯国和姬姓宗族所占4例外，还有2例为山西翼城大河口M1017:84号钟、五式兴钟76FZH1:66号，分别属于媿姓狄人的霸国和殷遗民子姓微氏家族。由此可见，此式纹样不仅得到了姬周贵族的推崇，还被媿姓狄人和殷遗民子姓微氏家族所接受，这与AaⅠ燕尾云纹中隐藏的燕子形态（图2·2·2之1–3）息息相关。《诗经·商

[1] 张懋镕：《西周青铜器断代两系说刍议》，《考古学报》2005年第1期，第5页。
[2] 马承源：《中国音乐文物大系·上海卷》，大象出版社，1996年，第32页。

颂·玄鸟》载："天命玄鸟，降而生商，宅殷土芒芒。"[1] "这是宋君祭祀并歌颂祖先的乐歌。"[2] "玄鸟，燕子。色黑，故名玄鸟。"[3] 由此不难想象，燕子在殷商贵族的心目中所占的崇高地位。试想一下，当这些篆带饰有AaⅠ燕尾云纹的甬钟出现在殷遗民子姓贵族和那些曾经臣服于殷商统治下的异姓贵族面前时，他们应该会从中找到一种文化认同与归属感。成王初年，周公摄政，先平定叛乱而后"制礼作乐"[4]，其中一项重要的政治任务就是研发姬周的礼乐重器——甬钟。"国之大事，在祀与戎。"[5] 对于礼乐重器甬钟的纹饰设计，其文化内涵和政治寓意是必然要考虑的重大问题，现在我们看到的最早的西周甬钟篆带所饰的AaⅠ燕尾云纹以及界隔方式（连珠纹），无疑是一项汇集了以周公为首的姬周贵族政治智慧的文化科研成果。从西周甬钟篆带所饰AaⅠ燕尾云纹的族属、国别和沿用时间来看，成王初年以周公为首的姬周贵族对于甬钟的纹样设计无疑是成功的。

（2）从"西周甬钟篆带A型云纹（连续云纹）型式分期表"（表4）来看，Ab亚型云纹（横G形云纹）最早出现于西周早期康王之世，是继Aa亚型云纹（燕尾云纹）之后，第二种诞生于西周早期的西周甬钟篆带纹样。从目前出土的西周甬钟资料来看，Ab亚型云纹（横G形云纹）和Aa亚型云纹（燕尾云纹）是唯一两种初见于西周早期的甬钟篆带纹饰。与AaⅠ燕尾云纹沿用近200年不同的是，AbⅠ横G形云纹仅沿用了西周早期康、昭两世就退出了历史舞台。作为同样诞生于西周早期的甬钟篆带纹饰，为何会有差距如此之大的发展历程呢？我们还是来看AbⅠ横G形云纹的国别与族属问题。从"西周甬钟篆带A型云纹（连续云纹）的型式与范例一览表"（表3）可知，AbⅠ横G形云纹不属于姬周文化，也不属于商文化，而应源自扬越文化，故其很难成为西周甬钟篆带上的主流纹样。事实也确实如此。AbⅠ横G形云纹仅沿用西周早期康、昭两世，进入西周中期就不见其踪影；AbⅡ横G形云纹出现于西周中期穆王之世，终于西周中期夷王之世，仅被殷商旧族、媿姓狄人所

［1］程俊英、蒋见元：《诗经注析》（下册），中华书局，2017年，第1099页。
［2］同［1］，第1098、1099页。
［3］同［1］。
［4］《礼记·明堂位》，《礼记正义》卷三十一，《十三经注疏》（下），中华书局，1980年，第1488页。
［5］《左传·成公十三年》，《春秋左传正义》，《十三经注疏》（下），中华书局，1980年，第1911页。

用，而不见于姬姓贵族墓葬或窖藏。

（三）第三章的主要内容及结论

在第三章中，笔者将西周甬钟篆带B型云纹（适合云纹）分为3个亚型6式，列举代表性实物共19例。其中，Ba亚型（斜角云纹）分为两式，共计5例；Bb亚型（横C形云纹）分为两式，共计11例；Bc亚型（横S形云纹）分为两式，共计3例。

笔者通过对西周甬钟篆带B型云纹（适合云纹）的分型分式研究，对其型式演变、时代、地域与族属等方面提出了几点初步的认识，现将主要结论陈述如下：

1.型式分析

（1）Ba亚型（斜角云纹）

Ba亚型（斜角云纹）是西周中期甬钟上出现的一种新的篆带纹样。BaⅠ（细阳线单勾纹饰）斜角云纹最早见于西周中期懿王之世。至西周中期孝王之世，由细阳线单勾而成的BaⅠ斜角云纹被阴线单勾而成的斜角云纹所取代，这就是BaⅡ斜角云纹，BaⅠ斜角云纹自此退出历史舞台。

（2）Bb亚型（横C形云纹）

Bb亚型（横C形云纹）也是西周中期甬钟上出现的一种新的篆带纹样。BbⅠ（篆带边框不饰歧枝）横C形云纹最早出现于西周中期懿王时期，这一时期的BbⅠ横C形云纹的身体上没有装饰的歧枝。至西周中期孝王时期，BbⅠ横C形云纹的身体中部开始出现装饰的歧枝，并一直沿用至西周晚期厉王后段；同一时期，BbⅠ横C形云纹的的装饰性向外扩展，在篆带的上下边框上各饰有一个歧枝，这就是BbⅡ（篆带边框饰有歧枝）横C形云纹，有的BbⅡ横C形云纹的身体上也饰有歧枝，一直沿用至西周晚期厉王后段。

（3）Bc亚型（横S形云纹）

Bc亚型（横S形云纹）是西周晚期甬钟上出现的一种新的篆带纹样，也是唯一一种诞生于西周晚期的云纹纹样。从其纹样形态来看，其应该由横C形云纹演变而来。BcⅠ（阴线单勾纹饰）横S形云纹最早出现于西周晚期厉王前段，其工艺手法为阴线单勾。随着时代的发展，其工艺手法很快为阴刻平雕所取代，BcⅡ（阴刻平雕纹饰）横S形云纹由此诞生。

2.时代分析

从"西周甬钟篆带B型云纹（适合云纹）型式分期表"（表6）来看，笔者有如下几点认识：

（1）BbⅠ横C形云纹最早出现于西周中期懿王之世，一直沿用至西周晚期厉王后段；BbⅡ横C形云纹最早出现于西周中期孝王之世，也是一直沿用至西周晚期厉王后段。从沿用的时代来看，Bb亚型云纹（横C形云纹）是西周甬钟篆带所饰B型云纹（适合云纹）中的主流纹样。从"西周甬钟篆带B型云纹（适合云纹）的型式与范例一览表"（表5）的统计数据来看，亦是如此。

（2）BaⅠ斜角云纹仅见于西周中期懿王之世；BcⅠ、BcⅡ横S形云纹均仅见于西周晚期厉王之世。此3式云纹为西周甬钟的断代提供了一个可供参考的准确时代标尺。

（3）BaⅡ斜角云纹和BbⅡ横C形云纹均见于西周中期孝王、夷王和西周晚期厉王3世；BbⅠ横C形云纹见于西周中期懿王至西周晚期厉王之世。此3式云纹为西周甬钟的断代提供了一个可供参考的宏观时代标尺。在此基础上，还需结合甬钟不同部位的纹饰、铭文、调音、器型等综合元素，尤其要关注以上几个元素的细节，这样才能给予所研甬钟以准确的断代。

3.地域与族属分析

（1）从"西周甬钟篆带B型云纹（适合云纹）的型式与范例一览表"（表5）来看，西周中期甬钟篆带所饰B型云纹（适合云纹）没有一例是出自姬姓贵族或者姬姓诸侯国，均为非姬周文化的产物，这与西周中期后段西周王室衰微，诸侯崛起的政治背景息息相关。"此时西周王室已经衰弱，实力强大的诸侯开始干预王位，因而先是兄终及弟，继而又传之兄子。《礼记·郊特牲》说：'觐礼，天子不下堂而见诸侯。下堂而见诸侯，天子之失礼也，由夷王以下。'郑玄注：'时微弱，不敢自尊于诸侯也。'因为周夷王等乃诸侯所拥立，当然不敢自尊于诸侯。"[1]诸

---

[1] 杨宽：《西周史》，上海人民出版社，2003年，第839、840页。

侯的崛起与强大，必然伴随着文化上的诉求，西周中期甬钟篆带所饰B型云纹（适合云纹）的诞生正是这种时代的反映与写照。器不仅"藏礼"，也藏着不同历史阶段的政治与文化。

（2）无论从沿用的时间来看，还是从代表性实物来看，Bb亚型云纹（横C形云纹）都是西周甬钟篆带所饰B型云纹（适合云纹）中的主流纹样。从其国别与族属可知，Bb亚型云纹（横C形云纹）应为楚文化的产物。楚国势力强大，是西周时期第一个自封王的诸侯国。《史记·楚世家》载："熊渠生子三人。当周夷王之时，王室微，诸侯或不朝，相伐。熊渠甚得江汉间民和，乃兴兵伐庸、杨粤，至于鄂。熊渠曰：'我蛮夷也，不与中国之号谥。'乃立其长子康为句亶王，中子红为鄂王，少子执疵为越章王，皆在江上楚蛮之地。"[1] 在这样的历史背景下，Bb亚型云纹（横C形云纹）作为强势楚文化的产物，成为非姬周文化产物的西周甬钟篆带所饰B型云纹（适合云纹）中的主流纹样，就不难理解了。

二　本书的创新之处

本书的创新之处主要体现在3个方面，分别为：资料的创新、方法的创新和观点的创新。简述如下：

（一）资料的创新

所谓资料的创新，是指本书使用了一些音乐考古新发现的材料、学术研究的新成果以及笔者搜集的一些西周编钟的新资料，分述如下：

1.音乐考古新发现的材料

本书使用的音乐考古新发现的材料主要有4例，分别为：陕西扶风五郡西村编钟（5件）、山西翼城大河口M1017编钟（3件）、湖北宜昌万福垴编钟（12件）和湖北随州叶家山M111编甬钟（4件）。特别是，山西翼城大河口M1017编

---

[1][汉]司马迁：《史记卷四十·楚世家第十》，中华书局（点校本二十四史修订版），2013年，第2031页。

钟（3件）和湖北随州叶家山M111编甬钟（4件）均出自墓葬，可以作为西周甬钟断代的标准器，每一位从事考古学研究的学者都会明白其所具有的重要学术价值。

（1）陕西扶风五郡西村编钟（5件）

2006年，出土于陕西扶风五郡西村西周青铜器窖藏，编甬钟共计5件。2007年，《陕西扶风五郡西村西周青铜器窖藏发掘简报》[1]发表，为本书的研究提供了翔实的考古资料、编钟的高清图片资料等。2006年发掘，次年就能发表发掘简报，而且文字资料翔实，辅以全景和细部的文物高清大图，这种高效率、高质量的发掘简报实属罕见。

（2）山西翼城大河口M1017编钟（3件）

2009年，出土于山西翼城大河口M1017，编钟共计3件。这是1套西周甬钟断代的标准器，对于本书的研究非常重要，但发掘简报迟迟没有发表，笔者只能翘首以盼。2018年，《山西翼城大河口西周墓地1017号墓发掘》[2]发表，有关这套编钟翔实的考古资料、高清图片资料等终于公布于世，等了10年的珍贵资料终于到手，那份欣喜可想而知。特别幸运的是，2019年3月，笔者携助手在山西临汾博物馆采录山西陶寺北墓地出土乐器资料时，竟发现翼城大河口M1017编钟在此展览。于是，笔者兴奋地安排张玲玲在临汾博物馆展厅隔着玻璃拍摄了这套编钟各个角度的图片，后由张玲玲修图换底，并将这些拥有版权的珍贵的第一手图片资料用于本书。

（3）湖北宜昌万福垴编钟（12件）

2012年，出土于湖北宜昌市白洋工业园沙湾路万福垴楚文化西周遗址，编钟共计12件。这套编钟虽然不是出自墓葬，但也属于考古发掘品，且出自楚地，故也是1例珍贵的西周编钟新资料，笔者默默地祈盼其发掘简报能早日发表。2016

[1]　宝鸡市考古研究所、扶风县博物馆：《陕西扶风五郡西村西周青铜器窖藏发掘简报》，《文物》2007年第8期，第17页。

[2]　山西省考古研究所、临汾市文物局、翼城县文物旅游局联合考古队，山西大学北方考古研究中心：《山西翼城大河口西周墓地1017号墓发掘》，《考古学报》2018年第1期，第138页。

年，《湖北宜昌万福垴遗址发掘简报》[1] 发表，有关这套编钟翔实的考古资料公布。遗憾的是，发掘简报中关于宜昌万福垴编钟（12件）的图片资料很少且质量有限，对于本书的选题研究而言，很多图片资料无法使用，笔者只能忍痛放弃。但幸运的是，笔者于2013年12月在湖北省博物馆参加"湖北商周青铜器特展暨叶家山西周墓地国际学术研讨会"时，恰逢湖北宜昌万福垴编钟（12件）在湖北省博物馆展陈，笔者隔着玻璃拍摄了全部的编钟图片。有了这些第一手的珍贵图片资料，再加上发掘简报公布的考古资料，湖北宜昌万福垴编钟（12件）才得以在本书中占有重要的一席之地。

（4）湖北随州叶家山M111编甬钟（4件）

2013年3~7月，出土于湖北省随州市叶家山M111，编甬钟共计4件，另有镈1件（M111:5号）。这是1套西周早期编钟的断代标准器，重要的学术价值自不待言。2020年，《湖北随州叶家山M111发掘简报》[2] 发表，有关这套编钟的考古资料和部分图片资料公布于世。但非常遗憾的是，笔者在发掘简报中找不到这套编钟的篆带纹饰图片和文字资料，虽然有编钟的全景图片[3]，但是由于图片清晰度有限，篆带纹饰看不清楚。很幸运的是，笔者于2013年12月在湖北省博物馆参加"湖北商周青铜器特展暨叶家山西周墓地国际学术研讨会"时，主办方安排与会代表在随州市博物馆库房实地考察了这套编钟，笔者拍摄了一些编钟的细部图片。正是这些珍贵的图片资料，才使笔者辨识出这套编钟篆带纹样的具体形态。需说明的是，2021年4月2日，笔者在江苏苏州的吴中博物馆举办讲座，恰逢随州叶家山M111编钟在此借展。于是，笔者在展厅隔着玻璃再次拍摄了这套编钟的图片，并由张玲玲修图换底，将这些珍贵的第一手图片资料用于本书。由此，这套具有重要学术价值的西周早期编钟的断代标准器，得以在本书中散发出其独有的学术光芒与风采。

［1］湖北省文物考古研究所、武汉大学历史学院考古系、宜昌博物馆：《湖北宜昌万福垴遗址发掘简报》，《江汉考古》2016年第4期，第30、33页。

［2］湖北省文物考古研究所、随州市博物馆：《湖北随州叶家山M111发掘简报》，《江汉考古》2020年第2期。

［3］同［1］，第57、58页。

2.学术研究的新成果

本书使用的学术研究新成果较多，这里仅谈1例与本书选题直接相关且具有重要学术意义的新成果，那就是应侯视工钟的断代研究。

应侯视工钟，学界旧称其为应侯钟、应侯见工钟等。旧称"应侯见工钟"中的"见"字，裘锡圭先生考释其应为"视"[1]。按照这一研究成果，本书改称其为"应侯视工钟"。关于应侯视工钟的断代，1975年韧松、樊维岳先生将其断为西周中期共王之器[2]。之后学界引用此器，几乎均视为西周中期共王时期的产物，并将其视为共王之世编钟的断代标准器，在考古界的影响广泛而深远。2001年，王世民先生指出其时代应为西周中期孝、夷之世[3]。王龙正等先生[4]、娄金山等先生[5]均赞同王世民先生的意见。对此，李学勤先生持不同意见，他认为应侯视工钟应为西周晚期厉王之器[6]。彭裕商[7]、方建军[8]等诸位先生亦持此说。从应侯视工钟的调音情况来看，笔者赞同"厉王之器"说。应侯视工钟自1975年起被视为西周中期共王之世编钟的断代标准器，距2001年王世民先生提出孝、夷之器说，时间长达26年；距2003年彭裕商先生最早提出的厉王之器说，时间长达28年；距2005年李学勤先生再次提出的厉王之器说，时间长达30年。每一位从事考古学研究的学者都会明白，一件曾经数十年被视为断代标准器其断代的改变意味着什么。应侯视工钟的断代研究，无疑会造成西周甬钟研究谱系的局部塌方。自1975年以来，那些将应侯视工钟作为西周中期共王之世断代标准器的诸多学术研究，也必然会导致一系列研究成果的坍

[1] 裘锡圭：《甲骨文中的见与视》，《甲骨文发现一百周年学术研讨会论文集》，（台北）文史哲出版社，1998年，第4页。

[2] 韧松、樊维岳：《记陕西蓝田县新出土的应侯钟》，《文物》1975年第10期，第69页。

[3] 王世民：《应侯见工钟的组合与年代》，《保利藏金（续）》，岭南美术出版社，2001年，第256、257页。

[4] 王龙正、刘晓红、曹国朋：《新见应侯见工簋铭文考释》，《中原文物》2009年第5期，第57页。

[5] 娄金山、马新民、祝容：《应侯见工诸器年代略考》，《中原文物》2012年第5期，第18页。

[6] 李学勤：《论应侯视工诸器的时代》，《文物中的古文明》，商务印书馆，2008年，第254～257页。

[7] 彭裕商：《西周青铜器年代综合研究》，巴蜀书社，2003年，第415页。

[8] 方建军：《应侯钟的音列结构及有关问题》，《音乐研究》2011年第6期，第47页。

塌，就像一副多米诺骨牌，其影响是深远的。故此，对于每一位学者而言，关注新的研究成果至关重要。

3.笔者搜集的西周编钟新资料

对于西周中期后段以及西周晚期的编钟断代，调音是铭文、纹饰和器型等诸多元素中非常重要的一条，其时代特征更为鲜明。但由于学科所限，绝大部分发掘简报中对于编钟的调音情况几乎没有任何描述。《中国音乐文物大系》各卷本虽然对所收录编钟的调音情况有所描述，但绝大部分仅限于是否有调音，有调音的话有几条调音槽这个层面，详细的调音情况普遍缺失。由于当时版面所限，普遍缺少编钟于口调音的图片，故此对于诸多西周编钟的具体调音情况，笔者知之甚少，这给西周中期后段以及西周晚期的编钟断代带来了无法逾越的障碍。2010年，笔者亲赴陕西省，对一些具有代表性的西周甬钟重新普查，如宝鸡竹园沟M7编钟（3件）、兴钟（21件）、眉县杨家村编钟（10件）、柞钟（8件）、中义钟（8件）等，全面采录了第一手的编钟调音资料（文字和图片），这为笔者的编钟断代研究提供了不可或缺、至关重要的资料支持。

此外，笔者请张玲玲绘制了大量西周早中期编钟的篆带纹饰线图，这些图片资料都是以往文献中所没有的。因为西周早中期编钟的篆带纹饰多为细阳线单勾或者双勾，故纹饰线条极易漫漶，以致篆带纹饰的整体样貌难以辨识，这给西周甬钟篆带纹饰的定名、纹样的形态与组织结构分析、分型分式等带来极大的难度。笔者经过反复观察编钟的篆带图片以及多次的比对同一件编钟不同篆带的纹样，前后花费数月，最终厘清了这些西周编钟篆带纹样的全貌与组织结构，对于下一步的分型分式以及类型学分析已不存在任何问题。但是笔者不可能把在厘定篆带纹样过程中所使用的大量编钟篆带图片都放到本书里面，只能选择一少部分。这样的后果就是，将来的读者根据本书所附的少量篆带纹饰图片会对笔者的研究结论产生质疑或误读，这令笔者不得不认真思考这一问题。当然，解决的途径也很简单，就是请张玲玲将我厘清的诸多西周甬钟篆带纹饰绘制成线图。如此一来，诸多的编钟篆带纹样形态一目了然，这为本书的撰写带来了极大的方便，对于将来的读者而言亦是清清楚楚、明明白白，而不是云山雾罩，迷迷糊糊。同时，这些编钟篆带纹饰的线图也为一些学者做相关研究提供了珍贵的图像资料。

（二）方法的创新

断代是编钟研究的重要前提，若其时代断错，产生的严重后果可想而知。它就像多米诺骨牌的第一张骨牌，一旦倒下，那么以其构建的编钟谱系及相关研究成果均会陆续坍塌。正因于此，西周编钟的断代一直是考古界关注的重要问题，是西周青铜器研究中不可或缺的重要组成部分。例如《西周青铜器分期断代研究》一书，是"夏商周断代工程"的重要研究成果，其中涉及29例西周编钟的类型学及其断代研究，在学界获得广泛认同。纵观全书，著者为西周编钟断代主要依据其铭文、纹饰和器型，对于钟腔内壁的调音情况则没有任何关注。王子初先生指出："调音锉磨是中国青铜时代各个历史时期造钟工匠最核心的秘密，……在对编钟进行调音时留下的锉磨遗痕，是追溯当时铸钟工匠调音手法的最好依据，也是对这种乐器进行断代分析的重要物证。事实上，那些位于乐钟于口内面留存至今的锉磨痕迹，看似沟沟洼洼，零零星星，却隐藏着极为深刻的声学含义，不存在哪怕是一点点的随意性。它们随着中国青铜乐钟的发展而发展，随着人们对调音技术认识的深化，时时留下了时代的印记。"[1] 故此，对于西周中晚期已经有调音的编钟断代，笔者将调音置于众多断代元素中的首位，即：调音、纹饰、铭文（如果有的话）和器型，事实证明行之有效。限于篇幅，这里仅举应侯视工钟的断代予以说明。

关于应侯视工钟的时代，韧松、樊维岳先生于1975年将其断为西周中期共王之器[2]，之后，一直被学界视为西周中期共王之世编钟的断代标准器，就连1999年出版的《西周青铜器分期断代研究》（夏商周断代工程报告集）一书，同样认为其"应为西周中期恭王前后器"[3]。2001年，王世民先生首先对其断代提出异议，指出其时代应为西周中期孝、夷之世[4]。王龙正等先生[5]、娄金山等先生[6]均

[1] 王子初：《中国青铜乐钟的音乐学断代——钟磬的音乐考古学断代之二》，《中国音乐学》2007年第1期，第18页。
[2] 韧松、樊维岳：《记陕西蓝田县新出土的应侯钟》，《文物》1975年第10期，第69页。
[3] 王世民、陈公柔、张长寿：《西周青铜器分期断代研究》，文物出版社，1999年，第173页。
[4] 王世民：《应侯见工钟的组合与年代》，《保利藏金（续）》，岭南美术出版社，2001年，第256、257页。
[5] 王龙正、刘晓红、曹国朋：《新见应侯见工簋铭文考释》，《中原文物》2009年第5期，第57页。
[6] 娄金山、马新民、祝容：《应侯见工诸器年代略考》，《中原文物》2012年第5期，第18页。

赞同王世民先生的意见。对此，李学勤先生持不同意见，他认为应侯视工钟应为西周晚期厉王之器[1]。彭裕商[2]、方建军[3]等诸位先生亦持此说。笔者曾随子初师亲自考察过藏于保利艺术博物馆的2件应侯视工钟，其钟腔内壁有调音槽2或3条，调音槽的形态比较规范，说明其刚刚步入"铸调双音"的成熟阶段。故此，笔者将其断为西周晚期厉王早期之器，这与李学勤先生所言的"厉王的早年"[4]的断代高度吻合，可见调音断代法行之有效。为了保证断代的准确性，在用调音断代法对所研编钟断代之后，再仔细观察该钟的纹饰、铭文（如果有的话）和器型这几个断代元素，审校其与同一时代的编钟以及前后时代的编钟是否有矛盾之处。如果经综合元素断代之后没有发现龃龉之处，那么该断代结论应该是立得住的。这种以调音为核心元素的综合断代方法充分发挥了音乐考古学交叉学科的优势，笔者称之为"多重断代法"，这对于那些时代有争议的西周中晚期编钟断代具有重要的实践意义和现实意义。

（三）观点的创新

本书的新观点主要分为3个方面，择要简述如下：

1.按照云纹形态的不同，本书将西周甬钟篆带所饰云纹分为6组：甲组、乙组、丙组、丁组、戊组和己组。其中，本书将乙组、丙组和丁组的西周甬钟篆带所饰云纹分别命名为："横G形云纹""螺旋形云纹"和"燕尾云纹"，这3种篆带云纹命名为本书首次提出。

2.通过对西周甬钟篆带云纹的型式分析与分期断代研究（表7），为西周甬钟的断代提供了几个可供参考的时代标尺，具体如下：

（1）AaⅡ燕尾云纹、AbⅠ横G形云纹均仅见于西周早期；AaⅢ燕尾云纹、AbⅡ横G形云纹、Ac亚型云纹（螺旋形云纹）均仅见于西周中期；Ad亚型云纹

[1] 李学勤:《论应侯视工诸器的时代》,《文物中的古文明》,商务印书馆,2008年,第254～257页。

[2] 彭裕商:《西周青铜器年代综合研究》,巴蜀书社,2003年,第415页。

[3] 方建军:《应侯钟的音列结构及有关问题》,《音乐研究》2011年第6期,第47页。

[4] 同[1],第255页。

（横C形云纹）和Ae亚型云纹（横S形云纹）均见于西周中期后段至西周晚期厉王之世。这些为西周甬钟的断代提供了一个可供参考的宏观时代标尺。

（2）BaⅠ斜角云纹仅见于西周中期懿王之世；BcⅠ、BcⅡ横S形云纹均仅见于西周晚期厉王之世，此3式云纹为西周甬钟的断代提供了一个可供参考的准确时代标尺。

（3）BaⅡ斜角云纹和BbⅡ横C形云纹均见于西周中期孝王至西周晚期厉王之世；BbⅠ横C形云纹见于西周中期懿王至西周晚期厉王之世，此3式云纹为西周甬钟的断代提供了一个可供参考的宏观时代标尺。

（4）《西周青铜器分期断代研究》认为"细乳钉界隔钟"是西周甬钟最早的类型[1]。从表3和表7的资料来看，"细双阳线夹连珠纹界隔钟"应为西周甬钟最早的类型，而非"细乳钉界隔钟"。

3.笔者使用"多重断代法"，即将编钟的调音、纹饰、铭文（如果有的话）和器型这几个断代元素有机结合，对一些西周编钟重新断代。这里仅陈述笔者的结论，详细论证见本书的相关章节，此不赘述。择要试举如下6例：

（1）湖北随州叶家山M111编钟的断代：笔者根据钲、篆和枚区界隔方式的不同，将随州叶家山M111所出4件编甬钟（M111:7、8、11、13号）分为2式。笔者将一式钟（M111:8、13号）断为西周早期成王晚期之器，将二式钟（M111:7、11号）断为西周早期昭王之器。其中，一式钟（M111:8、13号）是目前所见时代最早的2件甬钟。

（2）山西翼城大河口M1017编钟的断代：山西翼城大河口M1017出土编甬钟共计3件。笔者将大河口M1017:84号钟断为西周早期康王之器，将大河口M1017:15号和86号两钟断为西周中期穆王之器。

（3）陕西扶风五郡西村编钟的断代：陕西扶风五郡西村西周青铜器窖藏出土编甬钟共计5件。其中，五郡西村2006FWXT1:1号钟为铙式甬钟，有旋无斡，笔者将其断为西周早期成王早段之器；五郡西村2006FWXJ1:3号钟断为西周早期康王之

[1] 王世民、陈公柔、张长寿：《西周青铜器分期断代研究》，文物出版社，1999年，第162页。

表7　西周甬钟篆带云纹型式分期表

型式			西周早期				西周中期					西周晚期			
		时期	武王	成王	康王	昭王	穆王	共王	懿王	孝王	夷王	厉王	共和	宣王	幽王
A	Aa	Aa I			—		—				—				
		Aa II			—										
		Aa III					—								
	Ab	Ab I				—									
		Ab II					—				—				
		Ac					—		—						
	Ad	Ad I							—						
		Ad II										—			
	Ae	Ae I							—						
		Ae II													
B	Ba	Ba I							—						
		Ba II							—	—		—			
	Bb	Bb I							—	—	—				
		Bb II							—	—					
	Bc	Bc I										—			
		Bc II										—			

器；五郡西村2006FWXJ1:4号钟断为西周中期懿王之器；五郡西村2006FWXJ1:5号和6号钟断为西周晚期厉王前段之器。

（4）晋侯苏编钟的断代：笔者根据钲、篆、枚区的界隔方式，将16件晋侯苏编钟分为2式：一式共计4件，包括73627～73630号钟；二式共计12件，包括73631～73640号钟，M8:32、33号钟。笔者将一式晋侯苏钟断为西周中期夷王之器，将二式晋侯苏钟断为西周晚期厉王后段之器。

（5）湖北宜昌万福垴编钟的断代：笔者将万福垴编钟（3件，2012YWTN03

E20:5、6、8号）断为西周早期康王之器；万福垴编钟2012YWTN03E20:10号断为
西周早期昭王之器；万福垴2012YWTN03E20:9号钟断为西周中期穆王之器；万福
垴编钟（3件，2012YWTN03E20:2、3、4号）断为西周中期懿王之器；万福垴钟
2012YWTN03E20:1号断为西周中期孝王之器。

（6）陕西眉县杨家村编钟的断代：笔者将陕西眉县杨家村甲组编钟（2件，甲
组Ⅰ、Ⅱ号）断为西周中期夷王之器；杨家村丙组编钟（2件，丙组Ⅰ、Ⅱ号）断
为西周中期夷王之器；杨家村丙组编钟（2件，丙组Ⅲ、Ⅳ号）断为西周晚期厉王
后段之器。

三　本书选题尚存在的问题以及解决途径

本书选择了45例纹饰明确、来源可靠、资料完整的西周甬钟，对其篆带所饰云
纹做了类型学研究，对其分期断代做了初步的探索。之所以说是"初步的探索"，
因为据2007年出版的《西周乐悬制度的音乐考古学研究》一书统计，西周甬钟数量
达143例346件[1]，加上近10多年来新出土的西周甬钟，总量还要多一些。为了撰
写本书，笔者将这些编钟资料都逐一反复做了筛选，有些编钟图片不够清晰，以致
篆带纹饰不可辨，只能放弃；有些编钟图片倒是很清晰，但可能文保工作尚没有
做，篆带上覆盖有一层泥锈，以致篆带纹饰不可辨，只能放弃；有些编钟篆带纹饰
清晰，但其来源多为征集品，原断代多为西周早期、西周中期、西周中晚期，甚至
是西周，囿于资料，很难对其做具体断代，这显然无法做类型学分析，只能放弃；
还有些西周中晚期的编钟篆带纹饰清晰，考古界也多有明确的断代，但全面搜集资
料后会发现其断代意见不一，争议较大，出于对学术的负责，笔者不能主观地选择
其中的一种断代观点来做研究，本想重新予以断代又因缺乏这些编钟的调音等断代
资料，所以也只能放弃。如此一层层筛选下来，可供做研究的西周编钟资料就所剩
不多了，在此基础上对西周甬钟篆带所饰云纹所做的分型分式及分期断代研究肯定
谈不上系统和全面。为了能使本选题的研究更为全面与深入，笔者计划在未来的几

[1] 王清雷：《西周乐悬制度的音乐考古学研究》，文物出版社，2007年，第226页附表7。

年中，有针对性地搜集、补充现有西周编钟的缺失资料。例如：对那些来源可靠、断代明确，仅是由于图片不够清晰而导致的篆带纹饰不辨的西周甬钟，需要去实地补拍编钟图片；对那些纹饰明确、来源可靠，但是断代颇多争议的西周中晚期的编钟，笔者需要去实地采录这些编钟的详细调音资料，以便对其重新断代。如果能将这两部分西周编钟所缺资料补充完整，相信本选题的研究肯定能进一步完善与深化，甚至还会有新的认识和发现。

在中国这片广袤且有着9000年古老音乐文明的土地上，考古发掘工作每天都在进行着。本书仅是笔者根据现有材料做的一点学术探索，一些所谓的"新观点"也只是阶段性的认识而已，疏漏之处在所难免。随着新的西周编钟实物的不断出土，新的研究成果的不断涌现，研究理念的不断拓展，将来本选题的研究也需要进一步完善与修订，恳请学界师友不吝批评与斧正。

附　录

一　插图目录

图 1·1·1　甲组西周甬钟篆带云纹 / 038

1. 三式兴钟（76FZH1:62号）篆带

2. 三式兴钟（76FZH1:65号）篆带

3. 五式兴钟（76FZH1:63号）篆带

4. 陕西扶风东渠甬钟篆带

5. 日本泉屋博古馆藏虘钟（大钟）篆带

6. 北京故宫博物院藏虘钟篆带

7. 鲜钟篆带

8. 山东黄县和平村甬钟篆带

9. 纪侯钟篆带

10. 山西洪洞永凝堡M11甬钟篆带

11. 陕西长安马王村17号钟篆带

12. 甘肃省博物馆藏云雷纹钟篆带

图1·1·2　斜格表格示例 / 040

图1·2·1　乙组西周甬钟篆带云纹 / 050
1.陕西宝鸡竹园沟BZM7:12号钟背面右侧上方篆带线图
2.长甶墓4号钟篆带线图
3.七式兴钟（76FZH1:59号）背面右侧上方篆带
4.七式兴钟（76FZH1:67号）背面左侧下方篆带线图
5.陕西扶风官务吊庄钟（总0122，扶官吊02号）背面右侧上方篆带线图
6.陕西岐山梁田钟篆带线图
7.江西吉水甬钟（297号）背面左侧上方篆带线图
8.湖南宁乡回龙铺钟（总0792）背面右侧下方篆带线图
9.湖北宜昌万福垴2012YWTN03E20:10号钟背面右侧上方篆带
10.湖北随州叶家山M111:7号钟背面篆带线图
11.湖北随州叶家山M111:11号钟背面篆带线图
12.山西翼城大河口M1017:15号钟篆带
13.山西翼城大河口M1017:15号钟篆带线图

图1·2·2　横G形云纹构成示意图 / 052

图1·3·1　丙组西周甬钟篆带云纹 / 058
1.一式兴钟（76FZH1:64号）背面左侧下方篆带线图
2.陕西扶风任家村钟（总0069，七三·634号）篆带线图
3.湖北宜昌万福垴2012YWTN03E20:9号钟篆带线图
4.山西翼城大河口M1017:86号钟篆带线图
5.山西翼城大河口M1017:86号钟篆带

图1·3·2　马家窑文化彩陶纹饰中的螺旋形纹 / 059

图1·4·1　丁组西周甬钟篆带云纹 / 066
1.湖北随州叶家山M111:8号钟正面篆带纹饰线图
2.湖北随州叶家山M111:13号钟背面篆带纹饰线图

3. 一式晋侯苏钟（73627号）背面右侧上方篆带线图

4. 一式晋侯苏钟（73630号）背面左侧上方篆带线图

5. 五式兴钟（76FZH1:61号）背面右侧下方篆带线图

6. 五式兴钟（76FZH1:66号）背面右侧下方篆带线图

7. 陕西长安马王村21号钟背面右侧下方篆带纹饰

8. 陕西眉县杨家村甲组Ⅰ号钟背面右侧上方篆带

9. 陕西眉县杨家村甲组Ⅱ号钟正面右侧下方篆带线图

10. 山西翼城大河口M1017:84号钟篆带

11. 山西翼城大河口M1017:84号钟篆带线图

12. 陕西扶风五郡西村2006FWXJ1:1号钟篆带线图

13. 陕西扶风五郡西村2006FWXJ1:3号钟篆带拓片

14. 陕西扶风五郡西村2006FWXJ1:3号钟篆带线图

15. 湖北宜昌万福垴2012YWTN03E20:5号钟篆带线图

16. 湖北宜昌万福垴2012YWTN03E20:6号钟篆带线图

17. 燕尾云纹定名示意图

图1·4·2　陕西眉县杨家村乙组编钟篆带横S形窃曲纹 ／ 069

1. 陕西眉县杨家村乙组1号钟篆带纹饰

2. 陕西眉县杨家村乙组4号钟篆带纹饰

图1·5·1　《中国青铜器综论》所载勾连云纹例图 ／ 072

1. 长治分水岭M26出土错金铆

2. 上海博物馆藏勾连云纹敦

图1·5·2　戊组西周甬钟篆带云纹 ／ 077

1. 二式晋侯苏钟（M8:33号）背面篆带纹饰

2. 二式晋侯苏钟（73635号）篆带纹饰

3. 应侯视工钟（陕西蓝田出土）背面右侧篆带纹饰

4. 应侯视工钟（陕西蓝田出土）背面右侧篆带线图

5. 应侯视工钟（保利艺术博物馆所藏之大钟）背面右侧篆带线图

6. 一式兴钟（76FZH1:64号）背面右侧下方篆带线图

图1·5·3　一式兴钟（76FZH1:64号）背面篆带纹饰 / 078

图1·5·4　《西周青铜器年代综合研究》所载BbⅢ式窃曲纹·莫伯盨口下纹饰拓片 / 079

图1·6·1　《中国纹样史》所载卷草纹例图 / 087
1.《中国纹样史》所载卷草纹图8-16
2.《中国纹样史》所载卷草纹图8-17

图1·6·2　己组西周甬钟篆带云纹 / 090
1.二式晋侯苏钟（73632号）篆带纹饰
2.二式晋侯苏钟（73633号）篆带纹饰
3.二式晋侯苏钟（73634号）篆带纹饰
4.二式兴钟（76FZH1:9号）篆带纹饰
5.二式兴钟（76FZH1:10号）篆带纹饰
6.四式兴钟（76FZH1:31号）篆带纹饰
7.四式兴钟（76FZH1:57号）篆带纹饰
8.六式兴钟（76FZH1:60号）篆带纹饰
9.陕西长安马王村18号钟篆带纹饰
10.陕西长安马王村19号钟篆带纹饰
11.陕西眉县杨家村丙组Ⅰ号钟篆带纹饰拓片
12.陕西眉县杨家村丙组Ⅳ号钟篆带纹饰拓片
13.湖南湘潭洪家峭甬钟篆带纹饰拓片
14.湖北宜昌万福垴2012YWTN03E20:1号钟篆带纹饰拓片
15.湖北宜昌万福垴2012YWTN03E20:2号钟篆带线图
16.楚公豪钟（1号）篆带纹饰拓片
17.楚公豪钟（3号）篆带纹饰拓片
18.陕西扶风五郡西村2006FWXJ1:4号钟背面篆带纹饰拓片
19.陕西扶风五郡西村2006FWXJ1:5号钟背面篆带纹饰拓片
20.陕西扶风五郡西村2006FWXJ1:6号钟背面篆带纹饰拓片

图1·6·3　横C形云纹构成示意图 / 094

1.适合横C形云纹构成示意图（二式兴钟76FZH1:10号钟篆带）

2.二方连续横C形云纹构成示意图（万福垴2012YWTN03E20:2号钟篆带）

图2·1·1　西周甬钟篆带云纹型式图 / 099

图2·1·2　篆带饰AaⅠ燕尾云纹的西周甬钟 / 120

1.湖北随州叶家山M111一式钟（M111:8号）

2.湖北随州叶家山M111一式钟（M111:13号）

3.湖北随州叶家山M111一式钟（M111:13号）正面篆带纹饰局部

4.山西翼城大河口M1017:84号钟

5.陕西扶风五郡西村2006FWXJ1:1号钟

6.陕西扶风五郡西村2006FWXJ1:1号钟篆带局部

7.五式兴钟76FZH1:66号

8.一式晋侯苏钟73627号

9.一式晋侯苏钟73627号篆带局部

10.一式晋侯苏钟73628号

11.一式晋侯苏钟73629号

12.一式晋侯苏钟73630号

13.一式晋侯苏钟73630号篆带局部

14.陕西眉县杨家村甲组编钟Ⅰ号

15.陕西眉县杨家村甲组编钟Ⅰ号钟体拓片

16.陕西眉县杨家村甲组编钟Ⅰ号于口

17.陕西眉县杨家村甲组编钟Ⅱ号于口

18.陕西眉县杨家村甲组编钟Ⅱ号

19.陕西眉县杨家村甲组编钟Ⅱ号正鼓部纹饰

图2·1·3　篆带饰AaⅡ燕尾云纹的西周甬钟 / 134

1.陕西扶风五郡西村2006FWXJ1:3号钟

2.陕西扶风五郡西村2006FWXJ1:3号钟正鼓部纹饰

3.五郡西村2006FWXJ1:3号钟舞部纹饰（上）与随州叶家山M111:8号钟舞部纹饰（下）对比图

4. 陕西扶风五郡西村2006FWXJ1:3号钟篆带拓片

5. 湖北宜昌万福垴2012YWTN03E20:5号钟

6. 湖北宜昌万福垴2012YWTN03E20:6号钟

7. 湖北宜昌万福垴2012YWTN03E20:5号钟篆带局部

8. 湖北宜昌万福垴2012YWTN03E20:6号钟篆带局部

9. 湖北宜昌万福垴2012YWTN03E20:8号钟

10. 湖北宜昌万福垴2012YWTN03E20:8号钟篆带局部

11. 湖北宜昌万福垴2012YWTN03E20:8号钟甬部纹饰

图2·1·4　篆带饰Aa Ⅲ燕尾云纹的西周甬钟 / 140

1. 长安马王村21号钟舞部纹饰（上）与随州叶家山M111:8号钟舞部纹饰（下）对比图

2. 陕西长安马王村21号钟

3. 陕西长安马王村21号钟于口

4. 陕西长安马王村21号钟篆带局部

5.《中国音乐文物大系·陕西卷》所载长安马王村20、21号钟线图

6. 长安马王村21号钟（左）、20号钟（右）舞部纹饰与《中国音乐文物大系·陕西卷》所载长安马王村20、21号钟舞部纹饰线图（中）对比图

7. 五式兴钟76FZH1:61号

8. 五式兴钟76FZH1:61号于口

9. 五式兴钟76FZH1:61号篆带局部

图2·1·5　篆带饰Ab Ⅰ横G形云纹的西周甬钟 / 151

1. 湖北随州叶家山M111编钟（5件）出土情况

2. 湖北随州叶家山M111二式钟M111:7号

3. 湖北随州叶家山M111二式钟M111:11号

4. 湖北随州叶家山M111二式钟M111:7号侧鼓部纹饰

5. 湖北随州叶家山M111二式钟M111:7号侧鼓部纹饰来源示意图

6. 湖北随州叶家山M111二式钟M111:7号篆带局部

7. 陕西宝鸡竹园沟BZM7:12号钟

8.《宝鸡强国墓地》所附宝鸡竹园沟BZM7:12号钟线图

9. 陕西宝鸡竹园沟BZM7:12号钟背面右侧下方篆带

10. 湖北宜昌万福垴编钟（12件）

11. 湖北宜昌万福垴2012YWTN03E20:10号钟

12. 湖南宁乡回龙铺钟（总0792）

13. 江西吉水甬钟（297号）

14. 湖南宁乡回龙铺钟（总0792）正面篆带

图2·1·6　篆带饰AbⅡ横G形云纹的西周甬钟 / 165

1. 长甶墓编钟（3件）

2. 长甶墓4号钟

3. 山西翼城大河口M1017:15号钟

4. 七式兴钟76FZH1:59号

5. 七式兴钟76FZH1:67号

6. 七式兴钟76FZH1:59号于口

7. 七式兴钟76FZH1:67号于口

8. 七式兴钟76FZH1:67号篆带纹饰

9. 陕西扶风官务吊庄钟（总0122，扶官吊02号）

10.《中国音乐文物大系·陕西卷》所载官务吊庄02号钟线图

11.《中国音乐文物大系·陕西卷》所载官务吊庄02号钟侧鼓部纹饰拓片

12. 陕西扶风官务吊庄钟（总0122，扶官吊02号）侧鼓部纹饰

图2·1·7　篆带饰Ac螺旋形云纹的西周甬钟 / 177

1. 山西翼城大河口M1017:86号钟

2. 山西翼城大河口M1017:86号钟舞部拓片

3. 山西翼城大河口M1017:86号钟背面篆带拓片

4. 山西翼城大河口M1017:86号钟于口

5. 湖北宜昌万福垴2012YWTN03E20:9号钟

6. 湖北宜昌万福垴2012YWTN03E20:9号钟舞部

7. 湖北宜昌万福垴2012YWTN03E20:9号钟篆带局部

8. 一式兴钟76FZH1:64号背面左侧下方篆带局部

9. 一式兴钟76FZH1:64号于口

10. 一式兴钟76FZH1:64号

11. 一式兴钟76FZH1:64号舞部

图 2·1·8　篆带饰 Ad I 横 C 形云纹的西周甬钟 ／ 184

1. 湖北宜昌万福垴2012YWTN03E20:2号钟

2. 湖北宜昌万福垴2012YWTN03E20:2号钟舞部

3. 湖北宜昌万福垴2012YWTN03E20:2号钟篆带

4. 湖北宜昌万福垴2012YWTN03E20:2号钟侧鼓部纹饰

5. 湖北宜昌万福垴2012YWTN03E20:2号钟侧鼓部纹饰拓片（已顺时针旋转90度）

6. 湖北宜昌万福垴2012YWTN03E20:3号钟侧鼓部纹饰

7. 湖北宜昌万福垴2012YWTN03E20:3号钟篆带线图

8. 湖北宜昌万福垴2012YWTN03E20:3号钟

图 2·1·9　篆带饰 Ad II 横 C 形云纹的西周甬钟 ／ 188

1. 楚公豪钟（1号）

2. 楚公豪钟（1号）拓片

3. 楚公豪钟（1号）篆带纹饰构图

4. 楚公豪钟（1号）鼓部纹饰拓片

5. 楚公豪钟（3号）

6. 楚公豪钟（3号）拓片

7. 楚公豪钟（3号）篆带纹饰构图

8. 楚公豪钟（3号）鼓部纹饰拓片

图 2·1·10　篆带饰 Ae I 横 S 形云纹的西周甬钟 ／ 194

1. 一式兴钟76FZH1:64号背面左侧篆带纹饰

2. 一式兴钟76FZH1:64号背面右侧篆带纹饰

图 2·1·11　篆带饰 Ae II 横 S 形云纹的西周甬钟 ／ 198

1. 应侯视工钟（陕西蓝田出土）

2. 应侯视工钟（陕西蓝田出土）于口线图

3. 应侯视工钟（陕西蓝田出土）鼓部纹饰

4. 应侯视工钟（保利艺术博物馆所藏之大钟）

5. 应侯视工钟（保利艺术博物馆所藏之大钟）拓片

6. 应侯视工钟（保利艺术博物馆所藏之大钟）舞部线图

7.应侯视工钟（东京书道博物馆藏）

8.应侯视工钟（保利艺术博物馆所藏之大钟）鼓部纹饰拓片

图2·2·1　西周甬钟篆带A型云纹（连续云纹）标本统计图 / 207

图2·2·2　西周甬钟篆带AaⅠ燕尾云纹的纹样形态 / 211

1.湖北随州叶家山M111编甬钟（M111:13号）篆带纹饰隐含燕纹示意图

2.燕子飞翔侧仰图

3.燕子简笔画

4.燕子飞翔俯视图

5.山西翼城大河口M1017:84号篆带界隔之连珠纹

图3·1·1　篆带饰BaⅠ斜角云纹的西周甬钟 / 220

1.五式兴钟76FZH1:63号

2.五式兴钟76FZH1:63号舞部

3.五式兴钟76FZH1:63号背面篆带

4.五式兴钟76FZH1:63号正面正鼓部纹饰

5.五式兴钟76FZH1:63号于口

6.五式兴钟之76FZH1:63号（左）、61号（右）舞部纹饰对比图

图3·1·2　篆带饰BaⅡ斜角云纹的西周甬钟 / 234

1.虘钟一

2.虘钟一拓片

3.虘钟一篆带纹饰拓片

4.虘钟一正鼓部纹饰拓片

5.虘钟一侧鼓部纹饰拓片

6.虘钟一铭文拓片

7.虘钟二

8.虘钟二拓片

9.虘钟二侧鼓部纹饰拓片

10.虘钟二篆带纹饰拓片

11. 虘钟二铭文拓片

12. 虘钟三

13. 虘钟三篆带纹饰

14. 虘钟三铭文拓片

15. 虘钟二鼓部纹饰（上）与眉县杨家村丙组Ⅳ号钟鼓部纹饰（下）对比图

16. 纪侯钟背面

17. 纪侯钟背面拓片

18. 纪侯钟正面

19. 纪侯钟正面拓片

20. 纪侯钟背面篆带纹饰拓片

21. 纪侯钟旋斡拓片

22. 纪侯钟背面正鼓部纹饰拓片

23. 纪侯钟背面侧鼓部纹饰拓片

24. 纪侯钟正面左侧鼓部铭文拓片

25. 陕西扶风东渠钟

26. 扶风东渠钟钲部族徽（左）与七式兴钟钲部族徽（右）对比图

27. 陕西扶风东渠钟背面篆带纹饰

28. 陕西扶风东渠钟于口线图

29. 三式兴钟76FZH1:62号

30. 三式兴钟76FZH1:62号钲部铭文

31. 三式兴钟76FZH1:62号篆带纹饰

32. 三式兴钟76FZH1:62号舞部

33. 三式兴钟76FZH1:62号侧鼓部纹饰

34. 三式兴钟76FZH1:62号正鼓部纹饰

35. 三式兴钟76FZH1:62号于口

36. 三式兴钟76FZH1:65号

37. 三式兴钟76FZH1:65号钲部铭文

38. 三式兴钟76FZH1:65号篆带纹饰

39. 三式兴钟76FZH1:65号正鼓部纹饰

40. 三式兴钟76FZH1:65号舞部纹饰

41. 三式兴钟76FZH1:65号于口

42. 三式兴钟76FZH1:16号篆带纹饰

图3·1·3　篆带饰BbⅠ横C形云纹的西周甬钟 / 257

1. 湖北宜昌万福垴2012YWTN03E20:4号钟正面

2. 湖北宜昌万福垴2012YWTN03E20:4号钟篆带纹饰

3. 湖北宜昌万福垴2012YWTN03E20:4号钟鼓部纹饰拓片

4. 一式兴钟（76FZH1:64号）（左）与万福垴2012YWTN03E20:4号钟（右）舞部纹饰对比图

5. 六式兴钟76FZH1:58号

6. 六式兴钟76FZH1:58号篆带纹饰

7. 六式兴钟76FZH1:58号正鼓部纹饰

8. 六式兴钟76FZH1:58号侧鼓部纹饰

9. 六式兴钟76FZH1:58号舞部纹饰

10. 六式兴钟76FZH1:58号于口

11. 六式兴钟76FZH1:60号

12. 六式兴钟76FZH1:60号篆带纹饰

13. 六式兴钟76FZH1:60号正鼓部纹饰

14. 六式兴钟76FZH1:60号侧鼓部纹饰

15. 六式兴钟76FZH1:60号舞部纹饰

16. 六式兴钟76FZH1:60号于口

17. 陕西扶风五郡西村2006FWXJ1:4号钟

18. 陕西扶风五郡西村2006FWXJ1:4号钟拓片

19. 陕西扶风五郡西村2006FWXJ1:4号钟篆带线图

20. 陕西扶风五郡西村2006FWXJ1:4号钟鼓部纹饰线图

21. 陕西扶风五郡西村2006FWXJ1:4号钟于口线图

22. 四式兴钟76FZH1:31号

23. 四式兴钟76FZH1:31号于口

24. 四式兴钟76FZH1:31号篆带纹饰

25. 四式兴钟76FZH1:31号正鼓部纹饰

26. 四式兴钟76FZH1:31号侧鼓部纹饰

27. 二式兴钟76FZH1:29号

28. 二式兴钟76FZH1:29号正鼓部纹饰

29. 二式兴钟76FZH1:29号篆带纹饰

30. 二式兴钟76FZH1:29号于口

31. 二式兴钟76FZH1:10号于口

32. 二式兴钟76FZH1:10号

33. 二式兴钟76FZH1:10号正鼓部纹饰

34. 二式兴钟76FZH1:10号篆带纹饰

35. 二式兴钟76FZH1:9号

36. 二式兴钟76FZH1:9号侧鼓部纹饰

37. 二式兴钟76FZH1:9号篆带纹饰

38. 二式兴钟76FZH1:9号正鼓部纹饰

39. 二式兴钟76FZH1:9号于口

40. 二式兴钟76FZH1:32号

41. 二式兴钟76FZH1:32号侧鼓部纹饰

42. 二式兴钟76FZH1:32号篆带纹饰

43. 二式兴钟76FZH1:32号正鼓部纹饰

44. 二式兴钟76FZH1:32号于口

45. 陕西眉县杨家村丙组Ⅲ号钟篆带纹饰拓片

46. 陕西眉县杨家村丙组Ⅲ号钟

47. 陕西眉县杨家村丙组Ⅲ号钟拓片

48. 陕西眉县杨家村丙组Ⅲ号钟鼓部纹饰拓片

49. 陕西眉县杨家村丙组Ⅲ号钟于口

50. 陕西眉县杨家村丙组Ⅳ号钟

51. 陕西眉县杨家村丙组Ⅳ号钟拓片

52. 陕西眉县杨家村丙组Ⅳ号钟篆带纹饰拓片

53. 陕西眉县杨家村丙组Ⅳ号钟鼓部纹饰拓片

54. 陕西眉县杨家村丙组Ⅳ号钟于口

图 3·1·4　篆带饰 Bb Ⅱ 横 C 形云纹的西周甬钟 / 280

1. 湖北宜昌万福垴2012YWTN03E20:1号钟篆带

2. 湖北宜昌万福垴2012YWTN03E20:1号钟

3. 湖北宜昌万福垴2012YWTN03E20:1号钟正鼓部纹饰

4. 陕西眉县杨家村丙组Ⅰ号钟

5.陕西眉县杨家村丙组Ⅰ号钟拓片

6.陕西眉县杨家村丙组Ⅰ号钟篆带纹饰拓片

7.陕西眉县杨家村丙组Ⅰ号钟鼓部纹饰拓片

8.陕西眉县杨家村丙组Ⅱ号钟鼓部纹饰

9.陕西眉县杨家村丙组Ⅱ号钟

10.陕西眉县杨家村丙组Ⅱ号钟于口拓片

11.陕西眉县杨家村丙组Ⅱ号钟篆带纹饰

12.陕西扶风五郡西村2006FWXJ1:5号钟

13.陕西扶风五郡西村2006FWXJ1:5号钟拓片

14.陕西扶风五郡西村2006FWXJ1:5号钟鼓部纹饰拓片

15.陕西扶风五郡西村2006FWXJ1:5号钟于口线图

16.陕西扶风五郡西村2006FWXJ1:5号钟篆带纹饰

17.陕西扶风五郡西村2006FWXJ1:6号钟

18.陕西扶风五郡西村2006FWXJ1:6号钟拓片

19.陕西扶风五郡西村2006FWXJ1:6号钟鼓部纹饰拓片

20.陕西扶风五郡西村2006FWXJ1:6号钟于口线图

21.陕西扶风五郡西村2006FWXJ1:6号钟篆带纹饰

22. 二式晋侯苏钟73632号

23. 二式晋侯苏钟73633号

24. 二式晋侯苏钟73636号

25. 二式晋侯苏钟73640号

26. 二式晋侯苏钟73632号篆带纹饰

27. 二式晋侯苏钟73633号篆带纹饰

28. 二式晋侯苏钟73636号篆带纹饰

29. 二式晋侯苏钟73640号篆带纹饰

30. 二式晋侯苏钟73632号鼓部纹饰

31. 二式晋侯苏钟73633号鼓部纹饰

32. 二式晋侯苏钟73636号鼓部纹饰

33. 二式晋侯苏钟73640号鼓部纹饰

34. 二式晋侯苏钟73631号篆带纹饰

35. 二式晋侯苏钟73631号

36. 二式晋侯苏钟73634号

37. 二式晋侯苏钟73631号鼓部纹饰

38. 二式晋侯苏钟73634号篆带纹饰

39. 二式晋侯苏钟73634号鼓部纹饰

图３·１·５　篆带饰BcⅠ横Ｓ形云纹的西周甬钟 / 294

1. 二式晋侯苏钟M8:32号

2. 二式晋侯苏钟M8:32号舞部纹饰

3. 二式晋侯苏钟M8:32号篆带纹饰

4. 二式晋侯苏钟M8:32号鼓部纹饰

5. 二式晋侯苏钟M8:32号于口

6. 二式晋侯苏钟73635号

7. 二式晋侯苏钟73637号

8. 二式晋侯苏钟73635号篆带纹饰

9. 二式晋侯苏钟73635号鼓部纹饰

10. 二式晋侯苏钟73637号篆带纹饰

11. 二式晋侯苏钟73637号鼓部纹饰

12. 四式兴钟76FZH1:57号篆带纹饰

13. 四式兴钟76FZH1:57号

14. 四式兴钟76FZH1:57号钲部铭文

15. 四式兴钟76FZH1:57号正鼓部纹饰

16. 四式兴钟76FZH1:57号侧鼓部纹饰

17. 四式兴钟76FZH1:57号舞部纹饰

18. 四式兴钟76FZH1:57号于口

19. 四式兴钟76FZH1:28号

20. 四式兴钟76FZH1:28号篆带纹饰

图３·１·６　篆带饰BcⅡ横Ｓ形云纹的西周甬钟 / 302

1. 二式晋侯苏钟M8:33号篆带纹饰

2. 二式晋侯苏钟M8:33号

3. 二式晋侯苏钟M8:33号舞部

4. 二式晋侯苏钟M8:33号鼓部纹饰

5. 二式晋侯苏钟M8:33号于口

6. 二式晋侯苏钟73638号

7. 二式晋侯苏钟73639号

8. 二式晋侯苏钟73638号篆带纹饰

9. 二式晋侯苏钟73638号鼓部纹饰

10. 二式晋侯苏钟73639号篆带纹饰

11. 二式晋侯苏钟73639号鼓部纹饰

图 3·2·1　西周甬钟篆带 B 型云纹（适合云纹）标本统计图 / 310

二　表格目录

表 1　湖北随州叶家山 M111 编钟测音数据表 / 104

表 2　湖北随州叶家山 M111 编钟音列分析表 / 104

表 3　西周甬钟篆带 A 型云纹（连续云纹）的型式与范例一览表 / 202

表 4　西周甬钟篆带 A 型云纹（连续云纹）型式分期表 / 208

表 5　西周甬钟篆带 B 型云纹（适合云纹）的型式与范例一览表 / 307

表 6　西周甬钟篆带 B 型云纹（适合云纹）型式分期表 / 310

表 7　西周甬钟篆带云纹型式分期表 / 332

参考文献

[B]

宝鸡市考古队、扶风县博物馆：《陕西扶风县新发现一批西周青铜器》，《考古与文物》2007年第4期。

宝鸡市考古研究所、扶风县博物馆：《陕西扶风五郡西村西周青铜器窖藏发掘简报》，《文物》2007年第8期。

北京大学考古学系、山西省考古研究所：《天马——曲村遗址北赵晋侯墓地第二次发掘》，《文物》1994年第1期。

[C]

陈公柔、张长寿：《殷周青铜容器上鸟纹的断代研究》，《考古学报》1984年第3期。

陈公柔、张长寿：《殷周青铜容器上兽面纹的断代研究》，《考古学报》1990年第2期。

陈　洁：《河南所见周代编钟正鼓部纹饰研究》，中国艺术研究院硕士学位论文，2017年。

陈　亮：《扶风五郡西村西周青铜器窖藏编钟及相关问题》，《文物》2007年第8期。

陈梦家：《西周铜器断代》，中华书局，2004年。

陈佩芬：《夏商周青铜器研究西周篇（下册）》，上海古籍出版社，2004年。

陈荃有：《中国青铜乐钟研究》，上海音乐学院出版社，2005年。

陈小三：《韩城梁带村M27出土卣、尊年代辨析——附论扇形钺与特殊的凤鸟纹饰》，

《文博》2011年第1期。

陈振裕：《中国古代青铜器造型纹饰》，湖北美术出版社，2001年。

程俊英、蒋见元：《诗经注析》（下册），中华书局，2017年。

［D］

杜廼松：《中国青铜器发展史》，紫禁城出版社，1995年。

段　勇：《商周青铜器幻想动物纹研究》，上海古籍出版社，2003年。

［F］

方建军：《中国音乐文物大系·陕西卷》，大象出版社，1996年。

方建军：《应侯钟的音列结构及有关问题》，《音乐研究》2011年第6期。

方建军：《论叶家山曾国编钟及有关问题》，《中国音乐学》2015年第1期。

方　勤：《叶家山M111号墓编钟初步研究》，《黄钟》2014年第1期。

冯光生：《周代编钟的双音技术及应用》，《中国音乐学》2002年第1期。

［G］

高西省：《北方西周早期甬钟的特点及甬钟起源探索》，《西周青铜器研究》，陕西人民出版社，2005年。

高西省：《简论扶风五郡西周窖藏出土的青铜器》，《中国历史文物》2008年第6期。

高西省：《晋侯苏编钟的形制特征及来源问题》，《文物》2010年第8期。

高西省：《楚公编钟及有关问题》，《文物》2015年第1期。

高西省、侯若斌：《扶风发现一铜器窖藏》，《文博》1985年第1期。

高至喜：《关于晋侯苏编钟的来源问题》，《商周青铜器与楚文化》，岳麓书社，1999年。

高至喜：《晋侯墓出土楚公逆编钟的几个问题》，《晋侯墓地出土青铜器国际学术研讨会论文集》，上海书画出版社，2002年。

高至喜、熊传薪：《中国音乐文物大系II·湖南卷》，大象出版社，2006年。

关晓武：《探源溯流——青铜编钟谱写的历史》，大象出版社，2013年。

郭宝钧：《商周铜器群综合研究》，文物出版社，1981年。

国家图书馆金石拓片组：《国家图书馆藏陈介祺藏古拓本选编》（青铜器），浙江古籍出版社，2008年。

郭沫若：《金文丛考"毛公鼎"之年代》，《沫若文集》第14卷，人民文学出版社，1957年。

［H］

河南省文物考古研究所：《河南商周青铜器纹饰与艺术》，河南美术出版社，1995年。

湖北省博物馆、湖北省文物考古研究所、随州市博物馆：《随州叶家山——西周早期曾国墓地》，文物出版社，2013年。

湖北省文物考古研究所、随州市博物馆：《湖北随州叶家山M111发掘简报》，《江汉考古》2020年第2期。

湖北省文物考古研究所、武汉大学历史学院考古系、宜昌博物馆：《湖北宜昌万福垴遗址发掘简报》，《江汉考古》2016年第4期。

湖南省博物馆：《湖南省博物馆新发现的几件铜器》，《文物》1966年第4期。

黄淳浩：《郭沫若书信集》（上），中国社会科学出版社，1992年。

黄凤春：《湖北随州叶家山新出西周青铜编钟略说》，《东亚音乐考古研究论文集》，中州古籍出版社，2014年。

黄凤春：《叶家山西周编钟的年代及所反映的若干问题》，《黄钟》2018年第3期。

黄凤春、黄建勋：《论叶家山西周曾国墓地》，《随州叶家山——西周早期曾国墓地》，文物出版社，2013年。

黄文新、赵芳超：《湖北宜昌万福垴遗址出土甬钟年代及相关问题研究》，《江汉考古》2016年第4期。

［J］

《经义述闻》（卷九），嘉庆二十二年刻本。

［K］

孔义龙：《两周编钟音列研究》，中国艺术研究院博士学位论文，2005年。

［L］

李伯谦：《西周早期考古的重大发现》，《随州叶家山——西周早期曾国墓地》，文物出版社，2013年。

李纯一：《中国上古出土乐器综论》，文物出版社，1996年。

李纯一：《周代甬钟正鼓云纹断代》，《音乐研究》1996年第3期。

李纯一：《周代钟镈正鼓对称顾龙纹断代》，《中国音乐学》1998年第3期。

李纯一：《东周钟镈正鼓蟠龙纹和兽面纹的断代》，《"宁慢爬，勿稍歇"——李纯一先生九五华诞学术研讨会文集》，中国文联出版社，2019年。

李纯一：《关于一些中原地区东周钟鼓部纹饰的思索》，《"宁慢爬，勿稍歇"——李纯一先生九五华诞学术研讨会文集》，中国文联出版社，2019年。

李纯一：《周代钟镈正鼓对夔纹和蟠虺纹断代》，《"宁慢爬，勿稍歇"——李纯一先生九五华诞学术研讨会文集》，中国文联出版社，2019年。

李学勤：《西周中期青铜器的重要标尺——周原庄白、强家两处青铜器窖藏的综合研究》，《中国历史博物馆馆刊》1979年第1期。

李学勤：《从新出青铜器看长江下游文化的发展》，《文物》1980年第8期。

李学勤：《〈商周青铜器幻想动物纹研究〉·序》，上海古籍出版社，2003年。

李学勤：《庄白兴器的再考察》，《华学》（第八辑），紫禁城出版社，2006年。

李学勤：《论应侯视工诸器的 时代》，《文物中的古文明》，商务印书馆，2008年。

李学勤：《翼城大河口尚盂铭文试释》，《文物》2011年第9期。

李学勤等：《湖北随州叶家山西周墓地笔谈》，《文物》2011年第11期。

[日]林巳奈夫：《殷周青铜器综览（第二卷）殷周时代青铜器纹饰之研究》，上海古籍出版社，2019年。

刘彬徽：《楚季编钟及其他新见楚铭铜器研究》，《湖南省博物馆馆刊》（第九辑），岳麓书社，2013年。

刘怀君：《眉县出土一批西周窖藏青铜乐器》，《文博》1987年第2期。

娄金山、马新民、祝容：《应侯见工诸器年代略考》，《中原文物》2012年第5期。

卢连成、胡智生：《宝鸡强国墓地》，文物出版社，1988年。

罗西章：《扶风出土的商周青铜器》，《考古与文物》1980年第4期。

罗西章：《陕西周原新出土的青铜器》，《考古》1999年第4期。

《礼记·明堂位》，《礼记正义》卷三十一，《十三经注疏》（下），中华书局，1980年。

[M]

马承源：《商周青铜器铭文选》（三），文物出版社，1988年。

马承源：《中国音乐文物大系·上海卷》，大象出版社，1996年。

马承源：《中国青铜器》（修订版），上海古籍出版社，2003年。

马今洪：《首阳斋藏逨钟及其相关问题》，《中国古代青铜器国际研讨会论文集》，上海博物馆、香港中文大学文物馆，2010年。

毛　悦：《西周早期编钟的音乐考古学研究》，天津音乐学院硕士学位论文，2016年。

［P］

彭适凡、王子初：《中国音乐文物大系II·江西卷》，大象出版社，2009年。

彭适凡：《赣江流域出土商周铜铙和甬钟研究》，《中国南方青铜器研究》，上海辞书出版社，2011年。

彭裕商：《西周青铜器窃曲纹研究》，《考古学报》2002年第4期。

彭裕商：《晋侯蘇钟年代浅议》，《晋侯墓地出土青铜器国际学术研讨会论文集》，上海书画出版社，2002年。

彭裕商：《西周青铜器年代综合研究》，巴蜀书社，2003年。

［Q］

裘锡圭：《甲骨文中的见与视》，《甲骨文发现一百周年学术研讨会论文集》，（台北）文史哲出版社，1998年。

［R］

任　宏：《叶家山M111出土编钟的音乐考古学研究》，《音乐艺术》2020年第1期。

韧　松、樊维岳：《记陕西蓝田县新出土的应侯钟》，《文物》1975年第10期。

韧　松：《〈记陕西蓝田县新出土的应侯钟〉一文补正》，《文物》1977年第8期。

容　庚：《商周彝器通考》（重印版），上海人民出版社，2008年。

容　庚：《颂斋吉金图录·颂斋吉金续录·海外吉金图录》，中华书局，2012年。

容　庚、张维持：《殷周青铜器通论》，文物出版社，1984年。

［S］

山西省考古研究所大河口墓地联合考古队：《山西翼城县大河口西周墓地》，《考古》2011年第7期。

山西省考古研究所、临汾市文物局、翼城县文物旅游局联合考古队，山西大学北方考古研究中心：《山西翼城大河口西周墓地1017号墓发掘》，《考古学报》2018年第1期。

陕西省文物管理委员会：《长安普渡村西周墓的发掘》，《考古学报》1957年第1期。

陕西周原考古队：《陕西扶风庄白一号西周青铜器窖藏发掘简报》，《文物》1978年第3期。

陕西周原考古队　尹盛平：《西周微氏家族青铜器群研究》，文物出版社，1992年。

上海博物馆青铜研究组：《商周青铜器纹饰》，文物出版社，1984年。

邵晓洁：《楚钟研究》，人民音乐出版社，2010年。

施劲松：《长江流域青铜器研究》，文物出版社，2003年。

石兴邦：《有关马家窑文化的一些问题》，《考古》1962年第6期。

[汉]司马迁：《史记》，中华书局（点校本二十四史修订版），2013年。

[T]

唐　兰：《西周青铜器铭文分代史徵》，中华书局，1986年。

田自秉、吴淑生、田青：《中国纹样史》，高等教育出版社，2003年。

[W]

王龙正、刘晓红、曹国朋：《新见应侯见工簋铭文考释》，《中原文物》2009年第5期。

王清雷：《从山东音乐考古发现看周代乐悬制度的演变》，中国艺术研究院硕士学位论文，2002年。

王清雷：《西周乐悬制度的音乐考古学研究》，文物出版社，2007年。

王清雷、陈伟岸、曹蕤薇：《当代编钟铸造的实地考察与思考》，《人民音乐》2020年第8期。

王清雷：《“旋”“幹”名实考》，《音乐探索》2021年第3期。

王世民：《应侯见工钟的组合与年代》，《保利藏金（续）》，岭南美术出版社，2001年。

王世民、陈公柔、张长寿：《西周青铜器分期断代研究》，文物出版社，1999年。

王世民、李学勤、陈久金、张闻玉、张培瑜、高至喜、裘锡圭：《晋侯苏钟笔谈》，《文物》1997年第3期。

王友华：《先秦大型组合编钟研究》，中国艺术研究院博士学位论文，2009年。

王引之：《钟悬谓之旋　旋虫谓之幹》（附周纪侯钟图），《经义述闻》（上），上海书店出版社，2012年。

王子初：《中国音乐文物大系·湖北卷》，大象出版社，1996年。

王子初：《晋侯苏钟的音乐学研究》，《文物》1998年第5期。

王子初：《中国音乐考古学》，福建教育出版社，2003年。

王子初：《中国青铜乐钟的音乐学断代——钟磬的音乐考古学断代之二》，《中国音乐学》2007年第1期。

[X]

西安市文物管理处：《陕西长安新旺村、马王村出土的西周铜器》，《考古》1974年第1期。

项阳、陶正刚：《中国音乐文物大系·山西卷》，大象出版社，2000年。

谢尧亭：《发现霸国：讲述大河口墓地考古发掘的故事》，山西人民出版社，2012年。

[Y]

杨　宽：《西周史》，上海人民出版社，2003年。

袁荃猷：《中国音乐文物大系·北京卷》，大象出版社，1996年。

[Z]

张昌平：《叶家山墓地相关问题研究》，《随州叶家山——西周早期曾国墓地》，文物出版社，2013年。

张德良：《青铜器窃曲纹的来源及分型》，《文物》2009年第4期。

张光直：《李济文集》（卷四），上海人民出版社，2006年。

张玲玲：《山东所见周代编钟鼓部纹饰的音乐考古学研究》，中国艺术研究院硕士学位论文，2019年。

张懋镕：《西周青铜器断代两系说刍议》，《考古学报》2005年第1期。

张懋镕：《试论西周青铜器演变的非均衡性问题》，《考古学报》2008年第3期。

张天恩：《从逨盘铭文谈西周单氏家族的谱系及相关铜器》，《文物》2003年第7期。

赵世纲：《中国音乐文物大系·河南卷》，大象出版社，1996年。

［日］朝日新闻社　大田信男：《东洋美术》（第五卷·铜器），昭和四十三年（1968年）。

郑汝中、董玉祥：《中国音乐文物大系·甘肃卷》，大象出版社，1998年。

中国社会科学院语言研究所词典编辑室：《现代汉语词典》（第7版），商务印书馆，2016年。

周昌富、温增源：《中国音乐文物大系·山东卷》，大象出版社，2001年。

朱凤瀚：《应侯见工钟（两件）》，《保利藏金（续）》，岭南美术出版社，2001年。

朱凤瀚：《中国青铜器综论》，上海古籍出版社，2009年。

朱文玮、吕琪昌：《先秦乐钟之研究》，台湾南天书局，1994年。

邹　衡：《夏商周考古学论文集（续集）》，科学出版社，1998年。

《左传·成公十三年》，《春秋左传正义》，《十三经注疏》（下），中华书局，1980年。

后 记

不知不觉，今年的春天就快过去了。一直埋头于书稿的撰写，窗外季节的变化虽然看在眼中，却没有装进心里，恍然间有种穿越的感觉：似乎昨天还是雪花飞舞、千里冰封，今日就已花红柳绿、春色满园。

书稿完成，照例要在后记中说些什么。原本感想颇多，但真的坐在电脑前，大脑似乎就短路了，不知从何谈起。思来想去，还是先谈点自己的学术心得吧。

本书从前期资料的搜集，到后期书稿的撰写，直至今日成书出版，历时10余年。自2006年7月博士毕业开始，我就计划写一本编钟纹饰的著作。因为我越来越意识到，对于编钟研究，纹饰是一道绕不过去的槛儿。大约从2008年开始，我开始搜集有关编钟纹饰的资料，研读有关青铜器纹饰的著作和论文。

从事学术研究，应该坚持"竭泽而渔"的材料搜集原则。我在本书的前期资料搜集阶段一直贯彻这一原则，希望把材料搜集齐全之后再动笔撰写书稿。

首先，我把《中国音乐文物大系》中所有西周编钟的资料搜集整理完毕。对于一些代表性的实物标本资料不全的问题，我亲赴陕西历史博物馆、西安博物院、宝鸡青铜器博物院等文博馆所补拍了一些西周编钟的图片资料，采录了详细的编钟调音资料等，如宝鸡竹园沟M7编钟（3件）、兴钟（21件）、眉县杨家村编钟（10

件）、柞钟（8件）、中义钟（8件）等。

其次，我查阅考古界的期刊和报纸，搜集关于西周编钟的音乐考古新材料，如2006年出土的陕西扶风五郡西村编钟（5件）、2009年出土的山西翼城大河口M1017编钟（3件）、2012年出土的湖北宜昌万福垴编钟（12件）、2013年出土的湖北随州叶家山M111编甬钟（4件）。特别是，山西翼城大河口M1017编钟（3件）和湖北随州叶家山M111编甬钟（4件）均出自墓葬，可以作为西周甬钟断代的标准器，具有非常重要的学术价值。如果本书使用了这几例新材料，在学术研究方面肯定会有新的发现和突破，否则必然会在研究方面留有遗憾。故实在不忍割舍，日夜祈盼发掘简报的发表。2007年，《陕西扶风五郡西村西周青铜器窖藏发掘简报》[1]发表；2013年，《随州叶家山——西周早期曾国墓地》[2]出版，这为本书的研究提供了翔实的考古资料、编钟的图片资料等。特别是，拿到这些新材料后，确实在某些方面有了新的发现。在这一刻，笔者觉得自己的等待还是值得的！但是，山西翼城大河口M1017和湖北宜昌万福垴遗址的发掘简报尚没有发表。为了能有更多新的学术发现，我决定继续耐心等待。

可是在某一天，我突然意识到自己陷入了一个驴拉磨式的怪圈，那就是在"竭泽而渔"这个搜集材料的原则问题上犯了机械主义的错误。只要中国的考古发掘工作继续一天，就会不断有音乐考古新材料的问世。年复一年，如此往复。如果想穷尽所有的音乐考古新材料再开始书稿的撰写，那就永远等不到书稿撰写的那一天。所谓"竭泽而渔"，仅是阶段性的考古材料与研究成果的穷尽而已。我生性愚钝，竟然没有意识到这个似乎很简单的哲学问题。于是，我淡然地接受不能取得全部音乐考古新材料的遗憾。在现有材料的基础上，我开始了书稿的撰写，这才有了今日这本书。

非常幸运的是，在撰写书稿的过程中，我关注的几例西周编钟的音乐考古新

---

［1］宝鸡市考古研究所、扶风县博物馆：《陕西扶风五郡西村西周青铜器窖藏发掘简报》，《文物》2007年第8期。

［2］湖北省博物馆、湖北省文物考古研究所、随州市博物馆：《随州叶家山——西周早期曾国墓地》，文物出版社，2013年。

材料的发掘简报陆续全部发表，分别是：2016年，《湖北宜昌万福垴遗址发掘简报》[1]发表；2018年，《山西翼城大河口西周墓地1017号墓发掘》[2]发表；2020年，《湖北随州叶家山M111发掘简报》[3]发表。同时，我于2019年3月在临汾博物馆补拍了山西翼城大河口M1017编钟（3件）的图片资料，于2021年4月在吴中博物馆补拍湖北随州叶家山M111编甬钟（4件）的图片资料。我将这些音乐考古新发现的文字资料和图片资料全部吸纳到本书中，大大提升了学术厚度，心里也彻底踏实了。

下面是一些我要感谢的话，而且确实是发自肺腑的感谢。

诚挚感谢李纯一先生。尽管我从未得到纯一先生的当面教诲，但正是纯一先生的2篇编钟纹饰的研究文章，即《周代甬钟正鼓云纹断代》[4]《周代钟镈正鼓对称顾龙纹断代》[5]，为我的音乐考古研究指明了新的方向，使我的研究领域由编钟的乐学、律学与礼制研究，拓展到编钟的纹饰研究，从而才会有今天的这本书。

诚挚感谢我的导师王子初先生。是子初先生引领我进入音乐考古学的研究领域，给予我多年的关爱与提携。子初先生为我提供了《中国音乐文物大系》这个重要的工作平台，使我打下了较为坚实的学术基础。子初先生特别强调出土乐器的音乐学断代，强调音乐考古学独有的研究方法，特别是《中国青铜乐钟的音乐学断代——钟磬的音乐考古学断代之二》[6]一文，对于我的西周编钟断代研究具有高屋建瓴的指导意义与切实可行的应用价值。

诚挚感谢我的博士副导师刘绪先生（北京大学考古文博学院）。虽然博士已毕

[1] 湖北省文物考古研究所、武汉大学历史学院考古系、宜昌博物馆：《湖北宜昌万福垴遗址发掘简报》，《江汉考古》2016年第4期。
[2] 山西省考古研究所、临汾市文物局、翼城县文物旅游局联合考古队，山西大学北方考古研究中心：《山西翼城大河口西周墓地1017号墓发掘》，《考古学报》2018年第1期。
[3] 湖北省文物考古研究所、随州市博物馆：《湖北随州叶家山M111发掘简报》，《江汉考古》2020年第2期。
[4] 李纯一：《周代甬钟正鼓云纹断代》，《音乐研究》1996年第3期。
[5] 李纯一：《周代钟镈正鼓对称顾龙纹断代》，《中国音乐学》1998年第3期。
[6] 王子初：《中国青铜乐钟的音乐学断代——钟磬的音乐考古学断代之二》，《中国音乐学》2007年第1期。

业多年，但我和刘先生始终保持着密切的联系。从认识刘先生的第一天开始一直到今天，先生一直无微不至的关心着我的事业和学术成长。尽管我在硕士和博士期间均在北京大学考古文博学院选修了一些考古学课程，但在考古学方面依然基础薄弱，认识非常有限。故此，我10多年来撰写的一系列涉及考古内容的文章，均经刘先生逐字逐句审阅。然后按照先生的指导意见，从内容到文风认真修改，从而使我在考古学方面的认识和水平逐步得到提升。有时候在刘先生的办公室或家里，我当面聆听先生教诲；有时候电话或微信联系，先生为我答疑解惑。人到中年，难免会遇到人生的各种境遇，刘先生用他的智慧为我指点迷津，温润如玉，如沐春风。由此，刘先生也成了我的精神和心灵导师。本来，刘先生是要为本书撰写序言的。但到2021年3月份本书定稿之时，先生身体有恙，已经没有精力阅读全书、作序。但先生还是坚持为本书题写了书名以及勉励我的话语："欲穷千里目，更上一层楼"，充满着对弟子的殷切期望之情，令我不胜感激！

诚挚感谢项阳研究员、李宏锋研究员和赵为民教授。在李纯一先生所著编钟文章的启发下，我先后指导了2篇有关编钟鼓部纹饰研究的硕士学位论文，分别为《河南所见周代编钟正鼓部纹饰研究》（陈洁著）[1]《山东所见周代编钟鼓部纹饰的音乐考古学研究》（张玲玲著）[2]。项阳研究员、李宏锋研究员和赵为民教授在2位研究生的硕士论文答辩时，提出了诸多建设性的金玉良言，使我对于编钟纹饰研究的认识得到了进一步深化和拓展。

诚挚感谢孙庆伟教授（北京大学）、陈小三教授（山西大学历史文化学院）、常怀颖副研究员（中国社会科学院考古研究所）、郜向平副教授（郑州大学历史文化学院）、冯峰副研究馆员（中国国家博物馆）以及王研究先生（新疆克拉玛依市美术馆国家一级美术师）。我在本书的撰写过程中，曾就纹饰的定名等问题请教以上几位专家。承蒙不吝赐教，受益良多。其中，打扰怀颖君的次数最多，怀颖君始终不厌其烦，耐心指教。

---

[1] 陈洁：《河南所见周代编钟正鼓部纹饰研究》，中国艺术研究院硕士学位论文，2017 年。
[2] 张玲玲：《山东所见周代编钟鼓部纹饰的音乐考古学研究》，中国艺术研究院硕士学位论文，2019 年。

2010年11月，我去陕西实地考察，采录一些西周编钟的资料，先后得到陕西历史博物馆董理主任，西安博物院贾晓燕主任及赵希利、赵其钢、葛天、薛妮等几位工作人员，宝鸡青铜器博物院陈亮院长及赵峰、马继军、付洁等几位工作人员的热情帮助和鼎力支持。另外，陈亮院长还提供了5张陕西扶风五郡西村编钟的原版高清大图。在此向以上诸位领导和工作人员表示深深的谢意。

2013年11月，我在湖北省博物馆参加"叶家山西周墓地国际学术研讨会"，第一次有幸目睹叶家山编钟和万福垴编钟的真容，并拍摄了许多珍贵的照片。真诚感谢方勤馆长和张翔研究员给我提供的这个无比珍贵的学习机会。

在书稿出版校对的过程中，我发现在《随州叶家山——西周早期曾国墓地》和《湖北随州叶家山M111发掘简报》这两部文献中关于叶家山M111:8、13号两件甬钟的图片存在龃龉之处。孰对孰错，无从考订。就这一问题，我专门请教了叶家山考古队队长黄凤春先生。在黄队长的指导下，最终厘定《湖北随州叶家山M111发掘简报》一文的甬钟图片资料是正确的。我马上根据这一意见对本书有关图片和文字做了修改，由此避免了一个重大资料性错误。在此，谨向黄凤春先生致以诚挚的谢意！

诚挚感谢我的研究生们，如李璐、焉瑾、张玲玲、曹葳蕤、陈伟岸、宋骁双、操知箴、郭雯、魏旭爽、陆昕怡、陈健，他们有的协助我出差考察，有的帮我从知网下载文章，有的帮我翻拍一些西周编钟的图片，有的帮我整理有关资料。尤其是张玲玲，她帮我绘制了本书的绝大部分线图，为本书平添了几分色彩。

真诚感谢生我养我的父亲、母亲。作为一个贫农的儿子，我深知父母双亲曾经为了供我上大学，付出了多少世人难以想象的艰辛。他们的善良、坚韧、豁达、乐观和勤劳，是我一生受用不尽的精神财富。

王清雷

2021年4月6日于北京天通苑